ビジネスプロセス変革

競争優位を保つGBS成功への4段階モデル

トニー・サルダナ〔著〕
フィリッポ・パッセリーニ〔著〕
EYストラテジー・アンド・コンサルティング〔監修〕
山本常芳子〔訳〕

REVOLUTIONIZING BUSINESS OPERATIONS
How to Build Dynamic Processes for Enduring Competitive Advantage

Tony Saldanha / Filippo Passerini

東洋経済新報社

私たちの妻、ジュリア・サルダナとルチア・パッセリーニに。
私たちをより良い人間に導いてくれる二人へ。

REVOLUTIONIZING BUSINESS OPERATIONS:
How to Build Dynamic Processes for Enduring Competitive Advantage
by Tony Saldanha and Filippo Passerini

Japanese translation rights arranged with Berrett-Koehler Publishers, Inc.
through Tuttle-Mori Agency, Inc., Tokyo

推薦の言葉

フィリッポ・パッセリーニに出会ったのは2002年11月、P&Gがただならぬ状況の最中にあったときだった。私は、当時CEO（最高経営責任者）だったアラン・G・ラフリーから、会議を3つ行いたいからシンシナティまで来てほしいと要請を受けた。かなり押し迫った連絡だったから、アランは親切にも社用ジェット機の迎えをよこしてくれた。アランは決断を迫られていた。ITやファシリティ・マネジメント、人事、調達など、社内の大半の業務に関して大規模なアウトソーシングを行うべきか否か——社員たちの間で大きな論議が起こっていたのだ。

あるグループは、P&Gはデスクトップサポート、アプリ開発、ファシリティ・マネジメント、給与計算などの一連の業務を大手アウトソーシング企業1社に一括して委託すべきだと真剣に考えていた。

一方、別のグループは、こうした業務を少しでもアウトソーシングするのは大きな誤りであり、P&Gは社内にて、世界トップクラスのやり方で管理すべきだと、前者に負けぬ強硬さで主張していた。目の前の選択肢に偏らず柔軟で創造的なアプローチを求めるアランは、フィリッポに連絡をとり、ギリシャでのP&Gマーケティングの任務から戻って革新的な代案を新たに考えてほしいと依頼したのだった。

さらに、アランは、それぞれのグループに対して、調査結果を私に提出するよう指示した。それをもとに提言をまとめた報告書をアラン向けに作成することになっていたのだ。そんな任務を受けたのは、後にも先にもこのときだけだ。

フィリッポが提唱したアプローチは、社内の一連の業務を3つのパッケージに分け、それぞれ異なる一流アウトソーシング企業に外部委託するというものだった。この案が最も説得力があった。フィリッポと、トニー・サルダナを含むチームが主導で行ったこのアウトソーシングは、結果として業界では最大規模を誇り、最も成功した事例の1つとなった。当時、トニーはこの取り組みのプログラムマネージャーを務め、数々のアウトソーシング・プロジェクトのポートフォリオ管理と、プログラムの日常管理を職務としていた。アウトソーシングの案件が片付くと、次にトニーは、アウトソーシングした業務のガバナンスを設計することになった。アランはフィリッポをP&GのGBS（グローバル・ビジネス・サービス）の新しい責任者に任命した。するとフィリッポは、私にサポートを求め、今後のGBS戦略、すなわちシェアードサービスやアウトソーシングとそれをさらに進めたサービスについて、徹底的に検討する手助けをしてほしいと言ってきた。フィリッポがGBSの長を務めた最初の数年間、私は彼が率いるチームと精力的に働き、その後、仕事のペースは少し落ち着いた。だが、「カーサ・パッセリーニ」、すなわちフィリッポ宅を訪ねる頻度は以前と変わらず、連日極上のイタリアンディナーを楽しませていただいた。

『ビジネスプロセス変革』は、ビジネスプロセスに変革を起こすための優れた指南書となるだろう。本書は、何十年にもわたる現場での実践的な経験に基づいている。そして、オタクのように熱く語って恐縮だが、私が本書で最も卓越していると思うのは、本書で提唱されるモデルが著者の求める結果を特徴的に現している点だ。ビジネス書では稀有な例だ。私が専門とする「戦略」の分野を使って説明しよう。戦略とは、ダイナミックで不確かな環境の中で何かを選択するために行われる、創造的な営みである。これは多くの人が認めるところだろう。戦略の専門家から私宛に、戦略を創り出すためのモデルがよく送られてくる。モデルが支持されたり採用されたりすることを期待しているのだろう。こうしたモデルには恐ろしく手間のかかる、厳格なルールに縛られたプロセスがつきもので、さらに、複雑なフローチャートが添えられていることが多い。創造的な戦略構築を求めているはずなのに、提示されてくるモデルはたいてい創造性と相反している。実際、こうしたモデルは、導入されれば間違いなくわずかな創造性すら踏みにじってしまうのだ。

翻って、これとは明らかに対照をなす『ビジネスプロセス変革』は、ダイナミックな変革についての書である。中核となるモデルは、単にダイナミックな変革を生み出すだけにとどまらない。モデル自体が、ダイナミックな変革そのものを体現している。つまり、一貫性をさらに確固たるものにした点が実によい。ダイナミックであるためのモデル自体がダイナミック（進化し続ける）なのだ。

著者たち自身の執筆の道のりが、そのダイナミズムを現している。GBSがこのモデルを最初に適用した頃（第1章参照）、最も洗練された先進的な考え方は、現在、ステージ2として位置づけられている部分に相当する。だが、本書の執筆時点で、このモデルは4つのステージ構成になっている。ステージ3と4は、フィリッポとトニーと同僚たちが当時のモデルを使用するなかで初めて形となって現れ、追加された部分だ。

言うなれば、この新たに発見された2つのステージは、モデル自体がダイナミックであることの産物である。モデルの中核をなす概念を適用することでさらに学びを進め、より洗練されたモデルの発見を促すのだ。例えば、ステージ2で、効果を求めてオープンマーケット・ルールを適用することにより、新しいビジネス能力についての学びが促され、「ステージ2　効果」から「ステージ3　イノベーション」への移行に役立つ。ダイナミック・オペレーティングエンジンの概念を適用することにより、ダイナミックな組織DNAを創り出す方法についての学びが促され、「ステージ3　イノベーション」から「ステージ4　リーダーシップ」（第12章参照）

への移行に役立つ。

トニーとフィリッポが今後10年で本書の最新版を執筆するならば、現在のモデルにステージが1つ2つ追加されているはずだ。著者が本書のモデルを使用するなかで、その使用が学習を促し思考をさらに深める手助けになるだろう。著者たちの思考がここまでまとまった形となり、本書で展開されていくのを見るのはとても興味深い経験だった。このモデルが使用されて今後生み出されるさらなる進歩を、深い関心をもって見守っていきたい。

作家、ＣＥＯ顧問、シンカーズ50（経営思想家トップ50）第1位
ロジャー・マーティン

はじめに

一見無関係のように見えていた複数の状況から、共通したパターンを発見するのは実に楽しいものだ。本書が生まれた経緯もそこにある。Ｐ＆Ｇで勤続30年以上を経て、私たち二人は次の新たな冒険でも密に連絡を取り続けた。社内の役員やフォーチュン・グローバル５００社のＣｘＯと呼ばれる最高責任者の面々に助言し、デジタルトランスフォーメーション（ＤＸ）やビジネスプロセスの変革について指導しながら、私たちは意見交換を続けていた。あるときはニューヨークで、またあるときはシンシナティで、ビール片手に考えをめぐらすうち、私たちは、個々のクライアントに提供している助言に共通点があることに気づき始めた。最初は、長年の経験から偏った見方をしているのかもしれないと考えた。英語のことわざにも「to a hammer, every problem looks like a nail」（ハンマーしか持っていなければ、どんな問題も釘のように見える、すなわち単一の方法に頼りすぎず他の方法も検討することが大切、という意）とある。だが、この気づきが個人的な経験に基づくバイアスから生まれたものでないことは、すぐに明白になった。ビジネスプロセスの運用や変革で組織や企業が直面する問題には、確かに共通したパターンが存在していた。私たちがそのことにすぐに気づけたのは、GBSやIT変革において最大規模のサクセスストーリーを考案し実施するなかで実際にこうしたパターンを経験していたからだ。

さらに、別のパターンが現れた。ちょうどこのとき、世間ではビジネスプロセスを変革する必要性が飛躍的に高まりつつあり、これは当然ともいえる現象だった。業務のデジタル化や合理化の重要性に対するビジネスリーダーたちの姿勢に変化が起きていたからだ。業務が決算や従業員の管理、サプライチェーンの運営と関係があろうとなかろうと、今日、広範囲において変革が急務となっている。デジタルネイティブ企業、特にアマゾンのような現実の世界で活躍する企業は、社内の運用効率が競争の優位性になりうることを明確に示してきた。となれば問題は、私たちが得てきた考察をどう生かすか、だ。

それを考え始めたまさにこのとき、私たちは最も重要な一連のパターンとなるであろうものに気づき、唖然とした。これまで行ってきた助言や指導、講演などの活動は全て、共通したパターンを示しており、ある一定のモデルに合致していたのだ。そして、それは、私たちが直感的に開発しP&Gや他社で用いた方法でビジネスプロセスを改善することと関係していた。つまり、これまで助言を提供し続けていた内容の基盤となるものだったのだ。さらに、私たちは、このパターンに関する情報の需要を肌で感じ、多くの人々に関連し、役立つものであると認識した。あとは、私たちがこのパターンを頭の中から取り出し、広い世界に届けるだけだ。

そうした考えから、イニクシア創設に至った。同社を通じて、私たちはビジネスオペレーションやシェアードサービスの管理について、世界最大手企業の重役たちを対象に、詳細な記録を取り、研修を行い、修了者には認定証を付与している。実績ある最高の方法論を適用して、業務の専門性の向上にも努めている。イニクシアが大きな成功を収める一方、私たち自身はやがて、他にもやるべきことがあると感じるようになった。ビジネスオペレーションに変革を起こすためのアプローチやモデルを、開かれた領域でさらに広める必要があった。破壊的変化の絶えない今日の世界では、アイデアや知見は貴重なリソースだ。こうしたリソースが自由に広まり、人々がそれらを基盤に発展できれば、その価値はさらに高まる。そこで本書の登場だ。これは私たちのささやかな試みである。私たちがこれまでに得た知見やその他のリソースを共有することで、人々がビジネスオペレーションに革命的変革をもたらすモデルの恩恵を受け、自身でこのモデルを進化させ、改良できることを狙いとしている。第4次産業革命を迎えた今、これは非常に重要なテーマだ。本書が、この変化し続ける時代に成功する方法について皆さんが知識を深める一助となれば幸いである。

本書は、ビジネスリーダーや公的機関の関係者、非営利団体の運営者を対象としている。簡潔に伝えることを念頭に、主に企業向けに書かれているが、その概念は公共部門や非営利団体にも当てはまる。組織の規模や組織内の立場などを問わない。財務、人事、顧客管理との関わりの有無に関係なく、ご自身の関わる事業に業務が含まれているなら、本書がお役に立つだろう。ビジネスオペレーションを単なる改善策にとどまらず、常に勝ち続けるための秘密兵器へと変身させる方法については、明確なパターンが存在する。

そして何といっても、そのパターンを見抜くのに30年も費やす必要は、もはやないのだ。

改善とは変革であり、
完全とは繰り返し変革することだ
ウィンストン・チャーチル

ビジネスプロセス変革　目次

PART 1 ビジネスプロセスの弱みを克服するプロセス変革

PART 4 ビジネスプロセス ステージ3 成熟度 統合型へ

序章

なぜ今、ダイナミックなプロセス変革なのか？

KEY INSIGHT

一時的なプロセス変革では十分とは言えない。継続的なプロセス変革を目指す。

いかなる組織も絶えずニーズの変化を感じ取り、その変化に対応しようとする。中には他社よりもこうした反応を得手とする企業がある。英国に拠点を置く石油大手企業シェルの創業は、エネルギー業界ではない。同社の歴史は1833年の貝殻取引から始まる。(1) 電子ゲーム大手企業の任天堂は1889年、花札のメーカーとして創業したが、シェル同様、数十年かけて現在の姿に進化した。企業が市場で勝ち続けるために進化する方法は2つある。1つは顧客ニーズの変化に対応して競争に勝つ製品を作る方法、もう1つは業務を改善してより効果的に顧客に製品を提供する方法だ。本書が焦点をあてるのは後者だ。後者については、ビジネスオペレーションに改革を起こして、永続的な競争優位性を生み出す手法がある。それは、絶え間なく進化し続ける無敵のビジネスプロセスを創り出すという難問を解決する作業を伴う。

この考え方に直ちに疑問を唱える方もいるだろう。売れる製品を作るほうが、はるかに重要ではないか？　確かにそうだ。２００６年に発売されたマイクロソフトのＭＰ３プレーヤーZuneはご記憶にあるだろうか。仮にこの製品に世界一効果的なビジネスオペレーションのサポートがあったとしても、アップルが先駆けてリリースした伝説の初代ｉＰｏｄの世界的ヒットには、到底及ばない。確かにもっともな指摘ではある。まず、はっきりさせておこう。これは、売れる製品かビジネスオペレーションの変革か、の単なる二者択一の問題ではない。勝ち続ける組織は、製品もビジネスオペレーションも進化させる。ただ残念ながら、ビジネスオペレーションの変革より製品のイノベーションのほうが魅惑的に映りがちだ。企業の関心は製品のイノベーションに大きく偏る。私たちはこの状況を正さなくてはならない。今こそ、ビジネスオペレーションの変革にも等しく目を向けるべきなのだ。

ビジネスオペレーションが時間の経過とともに複雑化、硬直化、サイロ化

商品開発、生産、製造、販売、財務、情報技術（ＩＴ）、人事など業務におけるさまざまな

ビジネスプロセスに関して、企業が共通して頭を悩ませている問題がある。それは、市場やテクノロジーの絶え間ない変化とともに、こうしたプロセスが瞬く間に陳腐化してしまうことだ。ビジネスプロセスは時間の経過とともに、複雑化、硬直化、サイロ化する。それにより、次のような危険な事象が相次いで引き起こされる。

1. ビジネスプロセスが陳腐化する。
2. ビジネスプロセスを再設計、標準化、自動化するために変革プログラムが単発的に発生し、適切な主導者がいない場合、全体最適が失われてしまう。
3. 変革プログラムが行われたとしても、現在のところ7割の確率で失敗に終わる。
4. 一方で、経済的危機や産業の混乱、世界規模の危機（新型コロナウイルス感染症のパンデミックなど）が起きれば、一足先に企業活動を進化させていた競合他社に出し抜かれる。

よく耳にする話だろう。それもそのはず、こうした現象は大手の多国籍企業、中小企業、政府機関、非営利団体を含む、あらゆる種類の組織で起こっている。逃れられない現実だ。「組織は生き物だ」という古くからのビジネスの掟を表している。企業が本当に生き物だというなら、次の言葉もビジネスに当てはまるはずだ。「ダーウィンの『種の起源』によれば、生き残るのは最も知的な生物ではなく、周囲を取り巻く環境の変化に最も適応かつ適合できる生物だ」[2]。したがって、リーダーとしての私たちの任務は、変革プログラムを定期的に実施して一時的な適応に終わるのではなく、ダイナミックなプロセス変革を行い適応し続けて「適者生存」の状況に備えることにある。

ダイナミックなプロセス変革　導入へ

さて、ダイナミックなビジネスプロセスが求められる今、問題はそれをいかにして実現するかだ。社内業務が永続的に進化するよう促すためには、まずビジネスプロセスを陳腐化させないメカニズムが必要だ。そして、ビジネスプロセスの絶え間ない進化と最適化を行うためのダイナミックな生きたモデルが要る。それがダイナミックなプロセス変革モデルである。

このモデルは、ビジネスプロセスが陳腐化を繰り返す根本的原因を突き止め、問題解決に取り組む。根本的原因は3つある。その1、どんなに優れたビジネスプロセス設計でも、他社の、さらには異業種の最も破壊的で斬新な考え方と自社の考え方との比較を怠れば、陳腐化する可能性がある。その2、機能別のビジネスプロセスは、サイロ内で最適化されるケースが多い。これは問題だ。サイロ内で最適化されても、全体的なエンド・ツー・エンド（E2E）のレベル（ビジネスプロセスの最初から最後まで）で最適化が不十分な状況につながるからだ。そして、その3、業務に携わる社員一人ひとりに対して継続的に最適化を促す、規律のある（ルールに則りそれに基づいて行動する）方法論がなければ、ビジネスプロセス変革は一過性に終わってしまう。以上、陳腐化を生むこの３つの根本的原因を心に留めておいていただきたい。以降の章で解説するダイナミックなビジネスプロセスの３つのドライバー（原動力）は、この根本的原因に基づいて考案されている。

ダイナミックなプロセス変革モデルは、機動性、効率、効果の好循環を生み出す、自己改善型の「生きた」改革を実現する。「変革→陳腐化→再び変革」という既存のアプローチでは、この好循環はまず実現不可能だ。２０１９年のパンデミックのような破壊的な変化が起きたとき、その違いは如実に現れる。パンデミックによって、多くの企業では逆境に直面したとき迅速に変化できる力の有無が浮き彫りになった。アマゾンのような巨大企業も、地元の個人営業の小売店も例外ではなかった。そんな中、米国オハイオ州シンシナティ市の小さな地元企業が、パンデミック発生のわずか2カ月前にワインショップを開業した。財政危機を目前にして、この企業はワインやスピリッツの宅配ビジネスで再出発し、１カ月としないうちに事業を成功させている。地域のショップであれ、アマゾンやビデオ会議のズームであれ、逆境をチャンスに変えられる明らかに有利な立場にある企業が存在したというわけだ。こうした企業に総じて見られた大きな共通点がある。それは、刻々と変化する顧客の状況に迅速に対応できる準備が整っていたことだ。

ダイナミックなビジネスプロセスを実現するドライバーとは

適応力の高い企業は、ダイナミックなビジネスプロセスをもたらす特有の資質を持っている。経済危機において市場を先導する企業と後手に回る企業の違いに関する研究と、フォーチュン20に入る企業で私たちが計70年にわたり経営に携わった経験に基づき、ついにその特質を、ダイナミックなビジネスプロセスの特徴的な3つのドライバーと定義づけた（図1）。3つのドライバーとは、次の通りである。

1. オープンマーケット・ルール
2. ユニファイド・アカウンタビリティ
3. ダイナミック・オペレーティングエンジン

オープンマーケット・ルール　この概念を理解するために、多くの企業が社外の顧客とどのように仕事をしているかを、社内の財務やITなどの機能が社内の人間とどのように仕事をしているかと比べてみよう。まず、現実として企業は顧客に製品の購入を強要できない。かわりに、顧客がその製品を「欲しくなる」ような、製品価値の創出に重点を置く。対照的に、社内

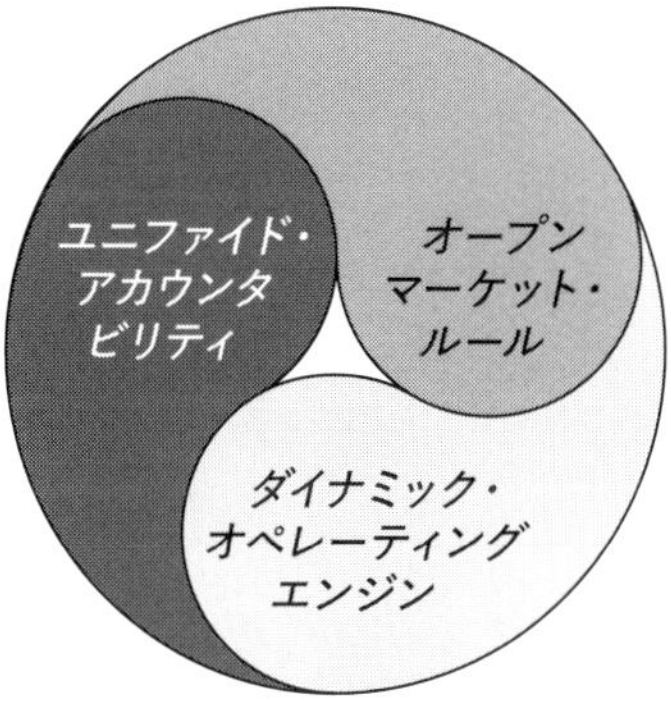

図1　ダイナミックなプロセス変革のドライバー

の機能は、各従業員に対し特定のビジネスプロセス使用の義務づけに重点を置く（顧客の注文処理手順や使用ソフトの指定など）。誤解のないように言っておくが、ここで言わんとしているのは、ビジネスプロセスの合理化や標準化において実績のある戦略を中止して、従業員たちが独自のやり方で業務を行えるようにすべきだ、ということではない。むしろその逆である。実際、先に挙げた「オープンマーケット・ルール」の「ルール」は、明確な規則を設ける必要性を強調するためにあえて選んだ語だ。つまり、こうしたルールはオープンマーケットにおける競争要因に基づいて決定されねばならない。社員に対する義務づけや「画一的」なビジネスプロセスへの過度な依存は避けるべきだ。

正直に言うと、組織が第一段階として内部のビジネスプロセスの標準化に着手するとき、特定の仕様を指示しなくてはならない場合もありうる。例えば、顧客の注文処理に使用するテンプレートには、注文番号や日付など、特定の標準フィールドの設定が必要だ。ただし、経験から言わせてもらえば、強制的な指示や画一的なプロセスに頼っていると、ビジネスプロセスの一部を変更する必要が生じたときに身動きがとれない。ビジネスプロセスにおいて強制的な指示に頼りすぎた場合、トップダウン式で定められた基準のおかげで効率化が実現できるのと引き換えに、社員が示すサインや、技術的に可能な他の選択肢、業界トップクラスのベンチマークを見逃してしまう。その結果、時代遅れのビジネスプロセスが柔軟性を失い凝り固まったり、標準化したプロセスと特殊なビジネスニーズへの対応の板挟みになり危険な妥協策に走ってしまったりするのだ。

一方、ダイナミックな業務を推進するリーダーは、広く認められ確立されたオープンマーケット・ルールを適用する。自社製品の消費者に対し対外的に用いるマインド要素を、社内に取り入れる。例えば、アップルのような顧客中心主義の企業では、顧客との信頼関係を築く方法として、顧客ニーズを深く理解し、カスタマーエクスペリエンス（顧客体験）を常に進化させ、製品に関する透明性を維持し、顧客を効果的に自社サービスに引き込む手法をとっている。とてもではないが顧客に製品を押し付けられるものではないし、それを望んでもいないはずだ。同様に、ダイナミックなビジネスプロセスのリーダーも、法律や倫理、企業の基準において最小限求められる「推奨事項」を、社員や競合他社、技術力や外部のベンチマークから生まれるオープンマーケットの競争要因といかに調和させるかに意識を向けるだろう。

ユニファイド・アカウンタビリティ　アマゾンやズーム、先ほど紹介したシンシナティの地元のワイン小売業者が機動的に対応できる大きな理由は、社内組織のサイロ化に限度を設けている点にある。パンデミックの最中、アマゾンが従業員の大量採用や、配送インフラの大幅拡大、新しいＩＴ能力の導入を行えたのは、社内の人事やサプライチェーン、ＩＴ、財務が一丸となり迅速に動けたからこそである。特に大組織で課題になるのは、１つの機能における目標が他の機能の目標と連動していない場合だ。財務部で資本投資の管理を目標に設定し、他の機能ではパンデミック中に配送車両を速やかに追加購入しなければならない状況にあった場合、双方の目標を連動させるのは難しい。明確にしておきたいのだが、企業内で機能別に分けられた組織はパフォーマンスや効率化、コンプライアンスにおいて重要な役割を担っている。財務部なら、配送サービスの高い水準を確保するために、資本投資とサプライチェーンの厳密な管理が強く求められる。課題は、機能別サイロを超えて意思決定を行わなければならないとき決定を最適化できるか否かだ。ここで登場するのが、ユニファイド・アカウンタビリティ（統合された説明責任）の原則である。エンド・ツー・エンド（Ｅ２Ｅ）のビジネスプロセスがもたらす結果に対するオーナーシップの明確化を促す原則で、サイロ化した機能の問題よりも事業全体としての成果を優先する。

念のため言っておくが、機能別組織にも、もちろん利点がある。構造が確立しており、何十年もかけて手順や基準、対策を構築してきた。特に安定した環境では非常に効果的な働きをするため、存在の意義がある。しかしながら、E2Eのビジネスプロセスを最適化する面において、機能別組織には短所がある。企業が成長し複雑化するにつれ、社内のサイロ化したビジネスプロセスは業務スピードが落ちるのは必至で、連携が失われてしまう。ビジネスプロセスにおけるスピードとスケールの間にトレードオフが生じるのはよくある現象だ。この問題に取り組むには相当な手腕を必要とする。単純にオーナーを1人置いただけでは全ての機能（財務、IT、サプライチェーンなど）を取り込めないため、サイロ化の問題が解決したとは言えない。機能を横断するビジネスプロセスの内容については、ごく細部まで設計しなおす必要がある。

このほかにも認識されているトレードオフは、革新性 対 安定構造の問題に関係する。大規模なビジネスプロセス特有のパラドックスであるという認識が重要だ。ダイナミックなビジネスプロセスを実現するには、組織の随所からさまざまなアイデアが芽生えなくてはならない（1965年に中国で提唱された「百花斉放」がその一例）。しかし、安定したプロセスにも考え抜かれた構造と定義された基準を要する。私たちの経験からいえば、所定のE2Eのビジネスプロセスに対し、オーナーが1人明確に置かれている場合このトレードオフは制御しやすい。スピードとスケール、革新と安定性、この2つのパラドキシカルな問題は、ユニファイド・

アカウンタビリティモデルが必要である理由を示している。このモデルはどちらの問題にも取り組み、調和を図れる。

ダイナミック・オペレーティングエンジン　こんな状況を想定してみよう。オープンマーケット・ルールが推進する正しいビジネス目標の設定を得意とする組織があり、ユニファイド・アカウンタビリティにより行動のサイロ化も回避している、とする。組織は、ビジネスプロセスの適応性に関する最後の問題に直面する。この問題を解決できれば、一貫したオペレーショナル・エクセレンスを実現できる。そのために社員一人ひとりが一貫して戦略を行動に移せるようなオペレーティングモデルが必要だ。財務や人事などの機能は、もともとの業務が断片化し進化しており、一方で、当然ながら企業には百社百様の運用スタイルがある。日常業務や継続的な改善、各プロセスの経費計算などの方法が一貫性に欠ける場合もありうる。一貫したオペレーティングモデルがなければ、継続的な変革を推進するのは困難だ。モデルの問題を解決する唯一の方法は方法論の適用だ。その方法論によって、絶え間なく変化するビジネスプロセスの目標を一貫性のある反復可能な日々の行動に転換し、全員の行動が質の高い実践をもたらし、目標を達成する。これこそ、私たちがダイナミック・オペレーティングエンジンと称するものだ。

ダイナミック・オペレーティングエンジンの特徴はこれだけではない。サイロ化した機能（財務、サプライチェーン、IT、人事など）にいた社員や、さまざまなツール、能力を結束させて「ワン・チーム、ワン・ドリーム」の文化を創り出す。さらに、ビジネスプロセスをダイナミックに進化させるためのアプローチを体系化し、即応性と積極性を特色とするアジャイル文化を社員にもたらす。このように、ビジネスオペレーションは時とともにダイナミックに変革されるため、軌道修正といった一時的な刺激策も必要ない。

オープンマーケット・ルール、ユニファイド・アカウンタビリティ、ダイナミック・オペレーティングエンジン、この3つのドライバーをどのように組み合わせて、永続的でダイナミックなビジネスプロセスを創り出すか。これを示すために、私たちは、P&Gの歴史において最も称賛されるCEO（最高経営責任者）の一人、アラン・G・ラフリーの下で、P&Gが市場を席巻する業績をあげた実例を詳しく見ていきたい[3]。

P&Gの組織再編プログラム

2000年早々、P&Gは深刻な問題に直面していた。それまでの数年間、社内では再編の必要性が認識されていた[4]。1995年から1999年にかけて、収益成長率は1・4%から5・5%の間を推移し、社内目標の7%を大幅に下回っていった。1株当たり利益（EPS）も、目標の14％から大きく割り込んだ。以前の組織設計は数十年のうちに陳腐化し企業成長の妨げとなっていた。１９９８年末、未来への期待を込めて「オーガニゼーション２００５」と銘打った6カ年組織再編計画が発表された。Ｐ＆Ｇの構造、業務プロセス、企業文化を大幅に設計しなおすというものだ。

変革の契機となったのはこの再編計画であり、長期にわたり持続的な成果が得られると期待された。２０００年6月、アラン・Ｇ・ラフリーが再編完了を目指してＰ＆Ｇの社長兼ＣＥＯ職を引き継いだ。その後の10年間で、同社の売上と時価総額は2倍を超え、米国においては時価総額トップ5に、世界的にも時価総額トップ10に入る企業に成長した。この間に起こった出来事は、私たちが提唱するダイナミックなプロセス変革のモデルにとって大いに参考になる。持続的なビジネスパフォーマンスを支えたのは、全ての機能とビジネスユニット、究極的には全社員が「自分に与えられた役割を演じた」、見事に設計されたダイナミックなビジネスプロセス変革だった。(5)

Ｐ＆Ｇの再編　ダイナミックなビジネスオペレーションの実現に向けて

再編当時、ダイナミックなビジネスプロセス変革のドライバーについての概念は存在しなかった。それゆえ、Ｐ＆Ｇが採用した戦略がこの新モデルにぴたりと適合する様子を見るのはとても興味深い。同社が取った具体的なアクションが3つのドライバーそれぞれにどのように合致するのか、説明しよう。

オープンマーケット・ルール　組織再編の設計を進める原則は単純だった。同社の主な活動、すなわち製品ライン、現地国での販売、ビジネスプロセスに関する業務をそれぞれオープンマーケットで直接競争できるように組織しなければならなかった。パフォーマンス指標に加えて企業構造も、この3つを軸に設定する必要があった。

- **グローバル・ビジネス・ユニット（GBU）**　4つの地域別ビジネスユニットを、グローバル規模での製品ライン（ブランド）に基づき7つのGBUに移行した。これにより各製品ブランドが戦略と利益に関する責任を負うこととなった。
- **マーケット・デベロップメント・オーガニゼーション（MDO）**　地域別に8つの市場開拓組織MDOを創設した。各地域の市場で効果的に競争するために、グローバル規模での販売およびマーケティングのプログラムを地域向けにカスタマイズするという目標を設定した。
- GBS　人事や経理、注文管理、調達、情報技術などの業務機能を、地理的な地域分けから1つの企業組織に統合した。25億ドル規模のGBSは後に、本書の共著者であるフィリッポ・パッセリーニが率いることになる。

３つの組織において、オープンマーケット型のパフォーマンスの基準は至って明確だった。ＧＢＵは業界トップクラスの業績、ＭＤＯはさらに約２％の成長、ＧＢＳは効率的かつ効果の高い業務の実現、という基準が設定された。さらに、コンプライアンスやガバナンス、各領域における能力開発のために、コーポレートファンクション（ＣＦ）を担う各組織（人事、ＩＴ、財務など）の人員は少人数のまま現状維持となった。

各組織には、それぞれの「顧客」（ＧＢＵ、ＭＤＯ、ＧＢＳはそれぞれ、消費者、小売企業、社員が対象）に対する成功指標のみを基準に、それぞれの「市場」での勝利が求められた。

ユニファイド・アカウンタビリティ　３つの活動を軸とするマトリックス組織構造の構築により、機能をまたいだ説明責任の統一が容易になり、10年連続で前代未聞の企業パフォーマンスを達成できた。

ユニファイド・アカウンタビリティが業務の成果を何倍にも高める要因となった経緯は次の通りだ。それまでの構造では、サイロ化した組織と報酬システムが企業成長の妨げになっていた。当時、地域や現地国では事業が収益をあげ、運用力を持っていた。その結果、地域間でサイロ化が生じ、およそ10年にわたり、傘下に入っていた化粧品ブランド「カバーガール」のような人気製品のグローバル展開を進められずにいた。

また、従来のマトリックス組織構造もグローバルな機能にサイロ化をもたらした。サプライチェーンが製造費や信頼性において改善される一方、研究開発の報酬制度では、消費者が価格にますます敏感になっているにもかかわらず、プレミアム価格製品の開発が依然優遇されていた。

新しい組織設計のもとで、再編プログラムは、事業成果に対する統一された明確な説明責任を実現した。製品（ランドリー部門など）に対する全ての説明責任はGBUが負っている。国や地域の問題に対する説明責任（ローカル販売、優秀な人材獲得やコンプライアンスの問題、マーケティングや製品のマイナーチェンジなど）は、MDOが全面的に負うことになった。社内のサービス（会計から人事、注文管理にわたる）については統合された説明責任をGBSが、それぞれ負うようになった。

こうした各組織が、それぞれの目標と目的にE2E、つまり一貫して責任を負うと同時に、組織同士が持ちつ持たれつの相互依存の関係にある事実は、誰の目にも明らかだった。

ダイナミック・オペレーティングエンジン　GBU、MDO、GBS、コーポレート・ファンクション、いずれの事業部門も、新たに設計された企業構造に連動したオペレーティングモデルを開発した。GBSを例に説明するのが一番わかりやすいだろう。

GBSが生まれた背景には少し特殊な事情があった。P&G再編前はこの組織は存在していなかった。全ては、さまざまな機能（人事、財務など）や地域（米国、ドイツなど）から切り離された組織が形成されたことから始まった。創設当初は、ＧＢＳが単一部門として機能するためのオペレーティングモデルはなかった。このため、しばらくは機能別サービスリーダーの連合集団のような形態をしていた。が、１年と経たないうちにＧＢＳは変身する。競争力のあるコストや機能別サービスを提供するという任務をドライバーに、ＧＢＳはコスタリカのサン・ホセ、フィリピンのマニラ、イギリスのニューカッスルにオフショア・サービスセンターを創設した。長年置かれていた地域のオフィスからサービスセンターのバックオフィスに業務が移行し始めると、オペレーティングモデルが徐々に明らかになっていった。ＧＢＳは、社内におけるサービス企業のような存在として認識されるようになった。Ｐ＆Ｇの各ビジネスユニットからのサービス要求（月次決算、従業員の給与計算、電子メールサービスなど）を取り込み、それぞれの作業をどのように拡大かつ最適化してサン・ホセ、マニラ、ニューカッスルのサービスセンターを通じて提供するかを決定できる組織に変わった。

言い換えれば、ＧＢＳの社員の働き方が人事や財務など１つの機能のために働くというスタイルから、ビジネスプロセスのサービス業界で働くというスタイルに変わったのだ。微々たる変化だが大きな影響をもたらす変化だった。新組織では、ダイナミック・オペレーティングエンジンは、効率的かつ効果的であること、価値創造する「製品またはサービス」を提供することを目標として、機能別サイロや地域間の境界線、部品外注オプションの違い、ソリューションの違いを超えて業務を進める権限が与えられる。例えば、給与計算の業務を担当してきたベテラン社員であれば、給与サービス企業の実質CEOであるかのように自身を捉えるのも可能、というわけだ。社員のマインドセットや説明責任、イノベーションを行う能力には明らかな違いが生まれた。

やがて、「GBSが一企業として運営されている」と言われるまでになった。こうした取り組みが直接的な成功要因となり、常にトップクラスの結果をもたらし、P&GのGBSは業界ナンバーワンと認められるようになった。P&Gは、GBSのダイナミック・オペレーティングエンジンに、通常の企業であれば求められる実務を全て組み込んだ。ビジネスユニットの社内クライアントに関するアカウント管理や年間サービス製品戦略（年間給与サービス戦略など）、ベンチマーキング（比較分析）、破壊的イノベーション、サービス製品の価格決定、および全ての「GBS製品」に対する明確かつ進化し続けるバリュープロポジションなどが実施された。

このモデルは、社内の業務と事業間にいっそうの透明性をもたらし好循環させ、同時に、経費削減やサービスの質向上、新たな事業構築力の養成を通じて製品やサービスの価値創出を促した。

ダイナミックなビジネスオペレーションがP&Gの業績にもたらした効果

P&Gの新しい組織ユニットはいずれも最高のパフォーマンス発揮を目指して努力を積み重ね続け、一貫性のある持続可能な競争優位性をもたらした。2000年代を通じてラフリーのリードの下、P&Gの売上は2倍以上に拡大した。この間、ポートフォリオでは売上高数十億ドルのブランド数が10から24に拡大し（過去に属していたコーヒーブランドのフォルジャーズと医薬品のアクトネルも含む）、売上高5億ドルから10億ドルのブランドも5倍に増えた。興味深いことに、美容部門の利益トップラインと利益成長率では、当時ウォール街の寵児とうたわれていたアップルを上回った。

この例からも明白なように、ダイナミックなプロセス変革のドライバーは、絶大な影響力を持つ。このモデルをどのようにして段階的に適用するか。その方法を、以降のメインテーマとして解説したい。現代の多くのビジネスリーダーにとっての問題は、消費者志向であるべきか、社外を重視すべきか、イノベーションに取り組むべきか、というものではない。この3点は言うまでもなく、仕事上の基本的な要素にすぎない。問題はむしろ、社員が独自の状況の中でビジネスモデルをサポートするために、どのようにしてオペレーティングモデルを変革していけるか、にある。そのためには重要な目標を実行に移せるロードマップが必要だ。そこで出番となるのが、以降の章で解説するダイナミックなプロセス変革モデルである。

本書の読み方

本書は、組織の持続的な競争優位性を追求している経営幹部を対象に編纂された。絶えず変わりゆく世界で、プロセス変革とデジタルトランスフォーメーション（ＤＸ）のいずれか、あるいはその両方を実施して成功させたいと願うのは、当然である。成功すれば、近未来のビジネスの成功にも寄与するだろう。ここに問題がある。変革プログラムを実施した後も、世界は変化し続けるのだ。本書は、この現実を理解する戦略リーダーのために書かれている。求めるのは、永続的なビジネスオペレーションの構築だ。変化のサイクルが加速し、単発のビジネスプロセス変革の成果が有効となる期間はますます短縮されていく。戦略リーダーは、より長期的に持続する競争優位性を求めるようになる。

本書では、皆さんが組織を持続的かつ継続的な変革へと導くことができるロードマップを立ち上げる。また、フォーチュン20に入る企業で実施し成功した著者たちの経験に基づく、明確なステップと秘訣も提供する。ＰＡＲＴ１では、ダイナミックなプロセス変革モデルを紹介し、このモデルでどのような問題に取り組めるかを解説する。第１章では、ダイナミックなビジネスプロセス変革における成熟度を４段階に分けたモデルを示す。大胆な変革を進めるリーダーにとって喜ばしいのは、ダイナミックなビジネスプロセスに到達するための最適の方法がある点だ。この方法なら、4つの成熟度別ステージにわたる道のりを短縮できる。第1章でこの4つのステージについて解説し、各ステージから次のステージへ移行する方法について述べる。

第2章では、ビジネスプロセス変革に取り組むリーダーが必ず直面するジレンマについて、3つのストーリーを交えて解説する。多くのリーダーにとって、変革がもたらす結果は事業の進化とともに常に変化しているように見える。その変化に抵抗を感じるのも当然なのだが、間違いなく、これも乗り越えていかねばならない現実だ。自動化やテクノロジーは、実施した途端に陳腐化してしまう。よって、何を選択するかが極めて重要になる。こうした問題全てがもたらす結果として、変革プログラムが完了する頃には、状況が再び変わってしまったように感じられるのだ。第2章ではダイナミックなプロセス変革モデルが取り組もうとする問題を考える。

PART2からPART5までは、ダイナミックなビジネスプロセスの成熟度別4ステージについて詳説する。各部でステージ1つを取り上げる。3章構成でオープンマーケット・ルール、ユニファイド・アカウンタビリティ、ダイナミック・オペレーティングエンジンの3つのドライバーをそれぞれ掘り下げる。これは1つの成熟ステージから別のステージへ移行する際に必要な全活動に関するプレイブックを提供するためである。

最後となるPART6の「ビジネスオペレーションを通じて競争優位性を実現する」では、

アクションプランを提供する。現世代のプロセス変革のリーダーの皆さんが社員や事業に価値ある業績をもたらす機会を生み出すだろう。

では、次章に進み、4つのステージで構成されるダイナミックなプロセス変革モデルを紹介し、リーダーの皆さんがどのようにして実績ある道筋をたどり、それぞれの変革を加速できるかを概説しよう。

PART 1

ビジネスプロセスの弱みを克服するプロセス変革

ダイナミックなプロセス変革 モデル

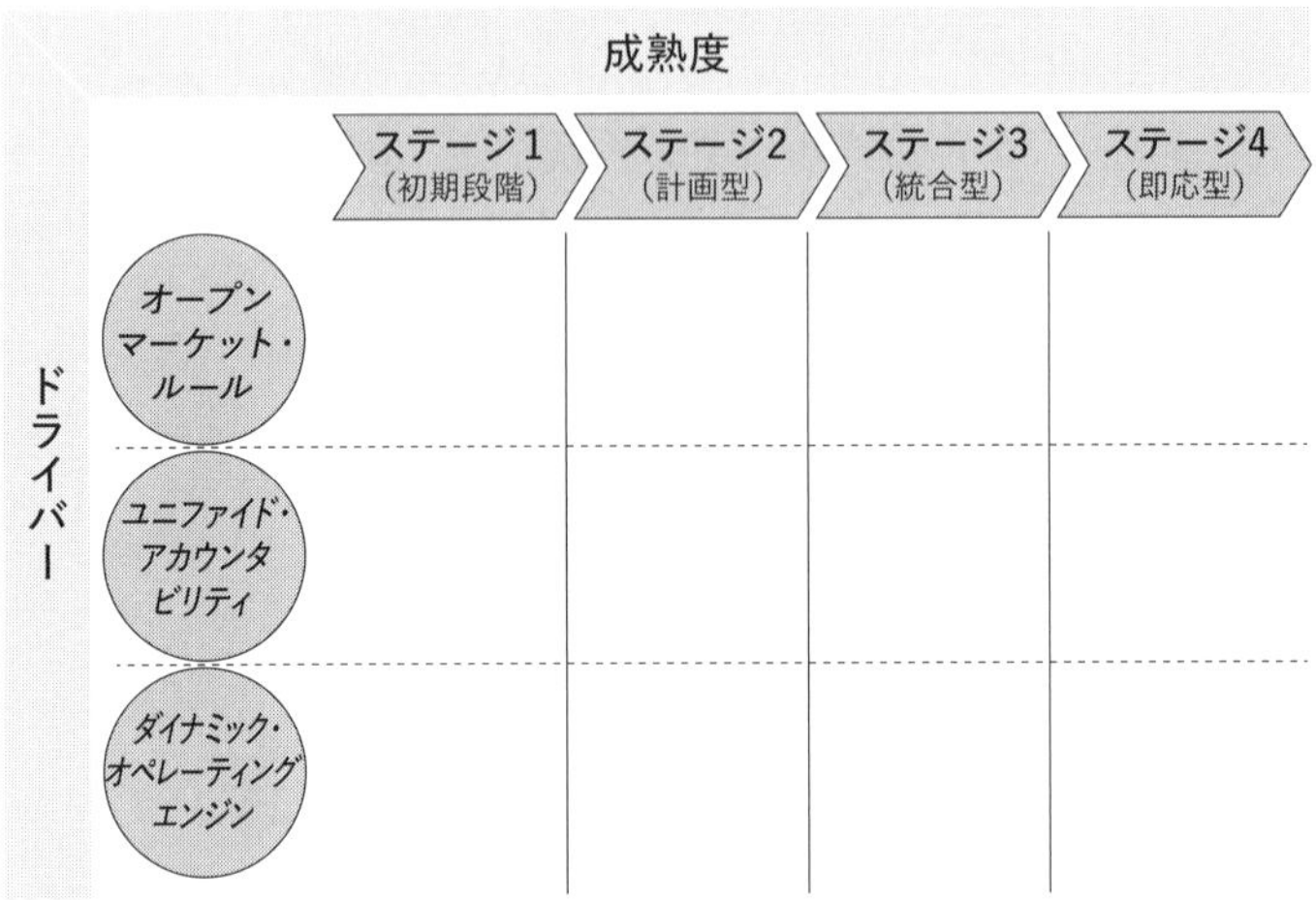

*ダイナミックなプロセス変革*の4列×3行のマトリックスとは？	上記の4列×3行のマトリックスは、*ビジネスプロセス変革*の成熟度とドライバーの相関関係を示している。3つのドライバーが、組織を次の成熟度に移行させる。成熟度の変化に応じて戦略や行動ステップをカスタマイズするのにも役立つ。
出発点から終点までの過程で成熟度を上げていくためのアクション	・ビジネスプロセスの現在の成熟度を理解する ・最終ステージの成熟度に到達することを目標とする ・3つのドライバーに基づく具体的なアクションプランを定義する

図2　*ダイナミックなプロセス変革*モデル

第1章
ダイナミックなプロセス変革モデルの導入

KEY INSIGHT

ダイナミックなプロセスに関する問題の存在が認識できれば、実現は近い。

フィリッポのストーリー

2003年5月のある夕方、私（フィリッポ）は、オハイオ州シンシナティ市のP&G本社から帰る道すがら、なぜもっと喜べないのだろうかと考えていた。そもそも、この日は記念すべき日だった。P&Gが進めてきた機能別バックオフィス業務の一部をアウトソーシングする計画において、特に困難だった時期を上首尾で締めくくることができたのだ。思えば、組織として混乱を極めた数年間だった。まず、ＩＴや財務、人事のような機能をサービス事業として別々に異なる多国籍企業に売却しようとしたが、失敗した。次に、Ｐ&Ｇの社員約６０００名をエレクトロニック・データ・システムズ（ＥＤＳ）および関連会社エレクトロニック・データ・サービシーズに移管する話が失敗に終わった。不透明な出来事が続き、組織は苦しい時期にあった。

その頃、私はこの膠着状態の解決に取り組む一員に加えられ、同僚と新しい計画を考案した。バックオフィス業務の3分の2を、３つの企業にアウトソーシングするのだ。そして今日、私たちはようやく3社との契約のうち最大規模となるヒューレットパッカード・サービシーズとの契約締結を発表した。この日早くに両社が総額30億ドルの10年間契約の締結を発表し、70カ国以上にいる社員約２０００名がヒューレットパッカードに転籍することになった。この契約は、ＧＢＳのアウトソーシング契約として世界最大規模を誇る、最も優れた構造を持つ実例として高く評価された。

その少し前に、私はＰ&ＧのＧＢＳのリーダーに就任した。前述のＧＢＳ移管プロジェクトが頓挫したために、社内はかなり混乱していた。最初の任務は、新しい戦略を立案しアウトソーシング契約を無事に締結して、事態を収拾することだった。そして今日こうして最初の大きな節目となる日を迎えたわけだが、まだ気がかりなことがあった。

P&Gのバックオフィスの機能別業務に関する背景

まずは、2003年の業務委託契約問題の背景について、説明しておいたほうがよいかもしれない。どの企業にも、財務や販売、人事、IT、調達、サプライチェーンなど、機能ごとに分けられた組織が存在する。こうした組織がバックオフィスの基幹を担い、企業の活動を実現する日常のビジネスプロセスをサポートしている。この信頼性の高い機能によってP&Gは世界的な大企業に成長した。前章で触れた同社の再編計画は、この機能別組織をさらにもう一段進化させるものだった。各機能が持つ業務的な部分をGBSに集約し、さらに効率性を図ろうとしたのだ。

一般的に、GBSに属するグループは多くのルーチン的な機能別管理タスクの遂行に重点を置き、そのおかげで各ビジネスユニットは顧客対応や製品に特化した活動に集中できる時間が増える仕組みになっていた[6]。GBSの機能別組織はそれぞれ、注文管理、全子会社に対する給与計算など、取引に関するシェアードサービスを提供する。よって、グローバル・シェアードサービス、またはグローバル・ビジネス・サービスという語が生まれた。事実、P&Gが「GBS」という語を生み出したのだ。

ここまでの話では、P&GのGBSが輝かしく映るかもしれない。確かに、輝かしくはある。ただ、本章の冒頭で述べたように、GBSの大部分をアウトソーシングする計画があったことを思い出していただきたい。なぜこの貴重な資産を企業がアウトソーシングしたがる可能性があったのか。疑問に思っても不思議ではない。

P&GのGBS　創設当初のサクセスストーリー

グローバル・ビジネス・リーダー前任者のマイク・パワーが、GBSの組織づくりを推進し、初期段階をけん引した功績は称賛に値する。前述の企業再編では、サン・ホセ、マニラ、ニューカッスルにオフショア・サービスセンターを設置し、コスト削減という初期の成果を得たが、これはマイク主導のもとで実現したものだ。P&GのGBSは、こうした活動の多くにおいて先駆者的存在だった。コスタリカ政府をシェアードサービス業界に参入するよう説得したことからも、そのことがうかがえる。同政府の決断のおかげで、やがてこの産業は同国の経済を推進する重要なドライバーの一つになるだろう。

オフショア・サービスセンターを擁した新しいGBS事業は、社外でサクセスストーリーとして語られ、人々の羨望と質問の的になった。他の多国籍企業も、P&GのGBSから（ITや財務などの）機能別サービスを購入することに関心を示した。こうしたことから、新組織ではこのサービスを他社へ販売すれば「収益化」も可能ではないかという考えに至った。

P&GのGBS、売却へ

だが、GBSのサービスを他社に販売してさらに収益化を図るという考えが、支持されていたのも一瞬だった。機能別サービスの販売が、同社のミッションの中核ではなかったためだ。大手消費財メーカーがこうしたサービス販売事業に参入するのは本業から外れることになる。やがて新たな選択肢が現れた。P&Gの機能別業務がオフショア諸国で運営可能なら、かつ、GBS業務がP&Gの事業の中核ではないとすれば、さらに、GBSが本当に収益化可能な資産であるなら、サービスプロバイダーに丸ごと売却あるいはアウトソーシングしたほうが良いのではないか。

その考えが、GBS部門の社員約6000名をプロバイダーI社に移管するという、第2のプロジェクト実施につながった。

この移管の決断が当時のP&Gにとって、企業文化を一変させるものであったと言っても過言ではない。P&Gは長らく終身雇用を行ってきた。社員は新入社員から始まり、キャリアの全てを同社で送り、その子や孫がそのあとに続くケースも少なくない。そんな企業が社員をプロバイダーにアウトソーシングするとは想像しにくい。事実上、別の雇用主に移ることを意味するのだから。

プロジェクトがほぼ実現に近づき、ＥＤＳがプロバイダーに選ばれた。だが、不思議な運命のいたずらで、調印までまさにあと数時間というときになってこの取引は破談になった。ちょうどこの日、ＥＤＳ銘柄の株価が契約とは全く関係のない理由で大幅に下落し、予定していた売却価格が成立しなくなったためだ。ＧＢＳを一括して一社に売却する案には不安を感じていたＰ＆Ｇにとっては、かえって好都合だった。

私がＧＢＳリーダーの任に就いたのはその頃だった。ここ数年の紆余曲折でＧＢＳはいささか疲弊していた。この状況を漏れなく収束に導くことが求められていた。おそらく、一社に絞って同社の機能をそっくり移管するよりも、各機能において最良とされるプロバイダーを選び、それぞれにアウトソーシングするほうが良案だろう。言い換えれば、ＩＴ、人事、ファシリティの各サービスのトップ企業3社を組み合わせて活用するわけだ。この案を早急に実行に移しアウトソーシングを成功させて、数年続く不安定な期間に幕を引けたことが肝要だった。

ジレンマの原因が明らかに

最終的にたどり着いたこの案は、戦闘態勢のように準備を万全に整え、緊迫するなか迅速に実行された。最高のプロバイダーを選出したことについては、プロセス変革をテーマとする本書では重要ではないため、詳しくは触れない。6カ月後に状況が落ち着く頃には、委託先としてITサービスはヒューレットパッカード・サービシーズ（HP）、人事サービスにはIBM、ファシリティマネジメント・サービスはジョーンズラングラサールを選んでいた。

HPと契約を結んだ2003年5月のあの日、オフィスからの帰路、私は一抹の不安を感じていた。世界最大規模の、最も複雑なアウトソーシング契約だった。長らく続いた先の見えない期間にようやく幕が下りた日だった。

私は自宅に車を停めてからも、しばし押し黙って座っていた。喜べない理由にようやく気づいた。おそらく、こうしたアウトソーシング契約は一時的な症状に対する解決策にはなっても、根本的な原因を解決する策にはならない。根本的原因は単純だ。GBSを含む機能別業務は、P&Gの事業に限ったものではない。4年前に世界的な競争優位性の一つと期待されていたGBSが、戦略上重要視されなくなるまでの道のりは、残酷なまでに短かった。当時の私には、歴代の前任者はＧＢＳの業務を集約して標準化し、オフショア・サービスセンターを通じて経費を削減するための道のりを何一つ間違えず正しく歩んできたように思えた。と同時に、ＧＢＳがＰ＆Ｇ特有の業務でないとすれば、それは基本的に他社と共通するコモディティ（汎用品）であることになる。したがって、今後、痛みを伴うアウトソーシング契約を何度も行い、ＧＢＳが存在しなくなったとしても、それを阻む理由は何もない。ＧＢＳがＰ＆Ｇの事業に独自の能力をもたらす可能性があったとして、Ｐ＆Ｇにとっては今回の契約がベストの結果だっただろうか。ベストでないなら、それを変えるために何ができるだろう。

ジレンマ分析からダイナミックなプロセス変革の創案へ

その時点では私は自分が感じるジレンマに対して適切な答えが見つからず、答えにたどり着くまでにはまだしばらく時間を要した。実際、このジレンマに関する前述の言葉を今日振り返るに、視野があまりに狭まりＧＢＳしか見えていなかったことに我ながら驚かされる。実のところ、問題はＧＢＳよりもはるかに規模の大きいものだったのだ。

戦略に関して、次のような点が問われていた。アウトソーシングの件が収束した際にＰ＆Ｇのビジネスプロセスが１００％最適化されていたかどうか、あるいは、ダイナミックなプロセス変革によって永続的な競争優位性を獲得するために歩む道のりでは、アウトソーシングはほんの一歩にすぎなかったのではないか。

おそらく、こう問うべきだったのだ。アウトソーシングによって現在実施されるものも含めて、P&GのGBSが運営するビジネスプロセスは、変革の必要がないくらい、優れているのか、と。今日、デジタル技術が効率的な業務さえもさらに変革し続けられると認識されるこの世界で、愚問に聞こえるかもしれない。しかし、これは今日もなお問い続ける価値がある。

ダイナミックなプロセス変革モデルの必要性

ビジネスプロセス変革に関して、多くのリーダーが直面する基本的なジレンマがある。リーダーは、自社の業務の適応力と戦略性を高めたいと強く望む。これは、変革云々の問題ではない。「良い」から「優れた」へ向かう道筋がわからず、コストもメリットも不明確な状態にすぎない。シリコンバレー企業の業務はゼロから設計されているため柔軟性に富むが、事例としては創業年数の長い企業の参考にはならない。先代、先々代から受け継ぐビジネスプロセスを実施する企業は、全く異なる課題を抱えている。問題は、企業は継続的なビジネス価値を確保するためにビジネスプロセスを変革するべきか否か、よりも、変革が可能か、そしてどのように行うか、にある。ダイナミックなプロセス変革は、込み入った事情を抱えた混乱状態から始まり、予想通りの結果をもたらす。そのためには、ロードマップが必要だ。

ダイナミックなプロセス変革のためのモデル

いかなる組織も、ビジネスプロセスの成熟度に関して定義された範囲のどこかに当てはまる。この範囲は、ステージ1の初期段階のビジネスプロセスからステージ4の即応性の高いビジネスプロセスまで、成熟度に応じて4つの異なるステージに分類できる。さらに、範囲上で自社の出発点と終点を特定する必要がある。さてここで、1つ目の問題だ。進化し続ける業界では、ビジネスプロセス変革の出発点と終点を評価する確実な方法がない。本書ではダイナミックなプロセス変革モデルの4つのステージを通じて、この問題に取り組みたい。

次に、出発点を出て終点にたどり着くためには、運転中どのレバーを引くべきかを知っておくことも必要だ。このレバーを、ダイナミックなビジネスプロセスのドライバーと呼ぶことにする。ドライバーは前章（「序章」）で紹介したのと同じ、次の3つ、すなわちオープンマーケット・ルール、ユニファイド・アカウンタビリティ、ダイナミック・オペレーティングエンジンである。

成熟度ごとに分けた4つのステージは、現在から将来までの進捗状況の評価に役立ち、ドライバーは前進するためにどのレバーを引けばよいかを指定する。成熟度別の4つのステージと3つのドライバーを組み合わせることにより、ダイナミックなプロセス変革に進化するためのロードマップができあがる。本書のPART1冒頭に記載した図2に、3つのドライバーを行に、4つの成熟度別ステージを列とするマトリックス形式でモデルを示している。各ステージでは、ドライバーそれぞれに必要な具体的なアクションを記載した。4列×3行のマトリックスは、組織が成熟度を上げるためにビジネスプロセス設計において変革が必要となる要素を示す。成熟度別の4つのステージについては、以下の段落にて説明する。マトリックスの個々の欄については、本書の以降の章で詳述する。

ビジネスプロセス　成熟度別4ステージ

ダイナミックなビジネスプロセスのためのロードマップを模索するリーダーにとって喜ばしいのは、4つのステージにそれぞれ際立った特徴があることだ。加えて、組織の成熟度を向上させることのできる明確なステップが存在する。

ステージ1　ビジネスプロセス　初期段階

意図的に設計されたものであれ、そうでないものであれ、どの事業にも複数のビジネスプロセスが存在する。そして全ての事業は、各ビジネスプロセスのパフォーマンスを評価する。組織であれば売り上げや利益、給与総額、注文などを測定し評価する。その手法として、財務や販売、マーケティング、サプライチェーン、情報技術（ＩＴ）などにおけるパフォーマンス指標（ＫＰＩ）を使用し、適切なコストで予想通りの成果を促す。全ての組織にとってここが出発点だ。主要なビジネスプロセスのＫＰＩを測定し、各機能のリーダーにその指標を実現する責任を課す。俗に言うように、「測定によって評価できるものは手に入る」のだ。

ダイナミックなプロセス変革のステージ１（初期段階）では、まず、この出発点を認識する。ステージ１では、組織は、継続的な改善に向けて各機能のパフォーマンスを標準化し、定着させ、測定することによって利益を得る。この段階を、長期的に許容できるステージだと捉える組織が多い。確かに、事業戦略上、可能な限り外部に焦点を置く必要がある。さらに、現時点で破壊的な脅威の兆しが見えないのなら、しばらくはこのステージで問題ないだろう。経済の変化に対して需要があまり変動しない製品やサービスを扱うビジネスプロセスにとっても、適したステージかもしれない。プロセスがさらに大きな効果を上げても市場シェアに顕著な影響が見られないのであれば、先に進まずひとまずステージ１の成熟度にとどまるのも悪くない。

ステージ2　計画型ビジネスプロセス

それでも、やがては生産性やパフォーマンスの向上がどうしても必要になり、ビジネスプロセスをさらに計画的に改善せざるを得なくなる。顧客注文が手作業を必要とする場合、事業規模が小さいうちは問題ないかもしれないが、成長とともに自動化は避けられなくなる。それと同様に、社員のタイムシートシステムは人事が管理し、財務は自らが管理する全く別のシステムを作動させて給与明細を発行するというやり方は、ある程度の企業規模までなら十分に対応可能かもしれない。しかし、社員数の拡大とともに、この2つのビジネスプロセス間に「連携」を求める声は大きくなるだろう。ステージ2では、サイロ化した機能間で、緊密な連携、計画的な合理化、自動化が必須となる。生産性の向上や社員の効率改善の必要性から、そうしたことが求められるのだ。とは言え、ステージ2では業務のオーナーシップは依然として、人事や財務、調達、販売などの機能内にとどまる。

興味深いことに、多くの企業がこのステージに該当する。多国籍企業であれば、国ごとに進化した、あるいは企業買収によって導入されたビジネスプロセスやITシステムが、さまざまな形でパッチワークのようにつながり機能している可能性がある。この場合、組織にとっての課題は、異なるユニットをまたいでビジネスプロセスを標準化することだ。組織のパフォーマンスをもう1ランク上げるためには、こうしたプロセスは断片化した仕組みから、標準化された仕組みへ進化させなければならない。対策として、コストも労力もかかる一時的な変革が断続的に行われることが多く、加えて、70％の割合で変革プロジェクトが失敗している現状が、変革をさらに実施困難なものにしている。

ステージ2は、こうした課題の克服をめざして計画的な設計を行うことを特徴とする。継続的な改善や生産性向上を推進することも、さらに重視されるようになる。ビジネスプロセスに関して、管理はまだ個々の機能が行っているが、E2Eで改善するために機能間が見事に連携している。

ステージ3　統合型ビジネスプロセス

ステージ2計画型ビジネスプロセスでは、大企業でもさしあたって効率化のニーズに対し十分に機能する。ステージ2に存在する堰き止められたダムを最終的に決壊させるのは、機能をまたいだ効率化と効果の大幅な改善の必要性である。ステージ3では、機能間サイロの構造を打破しなければならない。変化のきっかけは、積極的な場合にも受動的な場合にも生まれる。機能別予算はすでにぎりぎりのラインまで下げられているだろうし、各サイロではこれ以上コストが削減できないレベルまで予算が切り詰められているだろう。また、企業戦略の一環として事業自体が無駄のない業務を行いたいと考えている場合もあるだろう（例　ウォルマートの低価格販売戦略「エブリデイ・ロープライス（Everyday Low Price）」）。直接の原因が何であれ、業務の無駄をなくし即応性を高めなくてはならない。専門的なスキルや知識による運営を行う一握りの企業のみが、関連業界トップに近い位置で活動し、このステージで収益を生み出している。

厳密には必要性はないが、この成熟度のステージにあるほとんどの企業には、なんらかのGBSが存在する。この構造は、機能間サイロをまたいだビジネスプロセスを運営することにより、機能間のサイロ化をなくすのに役立つ。また、E2Eのビジネスプロセスの結果に対する説明責任の確立を容易にする。そこで、ステージ2における構造のサイロ化について考えてみたい。注文管理は販売機能が行い、製品の配送はサプライチェーンが実行し、売掛金は財務機能が運用する。GBS内の「Order to Cash」（オーダー・ツー・キャッシュ　受注から売り上げ回収まで、O2C）というE2Eのビジネスプロセスを構築することにより、先ほどの3つの部門全てをまたいだ作業を最適化する。今日、E2Eのプロセス管理は、成熟したGBS業務の事実上のベストプラクティスになっている。例として、調達から支払いまで、採用から退職まで、コンセプトから製品完成まで、製品展開から撤退まで、市場戦略から見込み客まで、分子レベルの研究開発から商品棚への配置まで、などが挙げられる。こうしたプロセス設計ができるGBSリーダーが1人いれば、機能間サイロの垣根に影響されることなくE2E管理を実現する大きな推進力になるだろう。GBSのような構造は、長らく隔ててきた垣根を超えて各機能のビジネスプロセスを統合し1つにまとめるのに役立つのだ。

ステージ4　即応型ビジネスプロセス

ステージ3の統合型ビジネスプロセスとステージ4の即応型ビジネスプロセスの大きな違いは、変革への適応性に関係している。顧客や経済、他社との競合などの要因に対応して有機的にビジネスプロセスを進化させる力が求められ、このステージを真にやりがいのある目標にする。

ステージ4では、社内業務が継続して競争優位性となる。ネット販売の自動化や分析における優位性および倉庫業務や輸送業務における卓越性、持続的な効率性の飽くなき探求を誇るアマゾン・ドット・コムは、プライム（典型的）な例だ。ステージ4においてビジネスプロセスは単に事業の遂行を可能にするだけでなく、新たなビジネスの可能性を創出する。これを実現するには、ビジネスオペレーションにおける卓越性に加えて、リーダーとしての考え方やスキルが求められる。

ステージ4がもたらすのは、業務の合理化や進化だけではない。「生きた」変革をも促し、その変革によりプロセスの迅速化、効率化、効果が継続的に循環する基盤を創る。ビジネスオペレーションが直面する最大の課題に取り組む。すなわち、ステージ4は、ビジネスプロセスを時間の経過とともに陳腐化させないという課題に取り組む段階なのだ。

この成熟度別の4つのステージと、前章で述べた変革を起こす3つのドライバーを用いて、ダイナミックなプロセス変革を起こすロードマップが作成できる。ただし、どの地図もそうであるように、本当に重要な仕事はある時点（ステージ）から次の時点（ステージ）へ実際に移行する行為にある。PART2では、これに取り組み始める。さて、その前に最初の一歩を踏み出そう。変革への旅に出るか否かを決断するのだ。今一度、フィリッポのストーリーに戻り、フィリッポがP＆Gはあの困難な長旅に出ねばならないと認識するに至った経緯を詳しく探ってみよう。

フィリッポのストーリー（続編）
2003年5月の時点では認識できなかったこと

2003年5月のあの夕方、私は気づき始めていた。P＆Gのビジネスプロセスは時間をかけて変革され続けなければならない。同社がその変革の道のりを運転して進むために、GBSが重要なレバーの役割を果たすだろう。

あとになって考えると、2003年当時、P＆GのGBSは、アウトソーシングされた一部のサービスも含めて、ステージ2の成熟度にあった。だが、この範囲が4段階に分類でき、やがて自分たちがある段階から次の段階へと段階ごとに組織を変革して移行させる秘訣を発見することになるとは、当時は思いもよらなかった。さらに、この変革に関して、P&GのGBSが次の数年間けん引役を務めるとは知る由もなかった。ましてGBSが、程なくして当時まだ狭かったその分野で世界一と評価されたり、業界から何度も賞を授与されたり、『ハーバード・ビジネス・レビュー』誌でケーススタディのテーマに取り上げられるようになったりするとは予想だにしなかった。また、ITが第4次産業革命を推進し、GBSのような組織が、革新を可能にする技術、プロセス管理についての専門知識、チェンジマネジメントのスキルという3つの重要な要素をまとめるユニークな立場に置かれる兆しも全く見えなかった。

ダイナミックなビジネスプロセスがどれほどの可能性を秘めているかも理解していなかったし、それを確実に実現する方法についてロードマップを構築することも知らなかった。しかし、私は、私たちが直面するジレンマを突き止めた。これは、残りの道のりへ進む大きな一歩となった。

GBSを活用した、ダイナミックなビジネスプロセスの推進

やがて私は、GBSの枠組みがダイナミックなプロセス変革の方法をもたらすことを知

った。現在に話を進めると、GBSの構成は一事業として十分成立するまでに成熟している。GBSがプロセス変革のけん引役であることは広く認められている。これまでの結果が堅実に積み重ねられてきたことに基づくものだ。GBSは、正しく構築された場合、生産性向上により年間15%を超えるコスト削減をもたらす。(7) 業種や規模を問わず、10社中9社以上がシェアードサービスを利用している。(8) 多くの大規模・中規模の組織において、GBSの業務範囲は、ほぼ全ての機能に及ぶ。(9) GBSの世界市場規模は、現在1100億ドル（約16兆3886億円）(10)、年平均成長率（CAGR）17%で今も成長中である。

では、次にこの強力なGBSを、ダイナミックなプロセス変革構築のための体系化されたモデルと組み合わせれば、もっと面白いことが起こるのではないか。体系化されたダイナミックなプロセス変革モデルは非常に重要な存在だ。産業間の機能別ビジネスプロセスには、強い一貫性があるからだ。支払処理をする場合、ウォルマートであろうとテンセントであろうと、フランス政府であろうと、行為者は違ってもたどる工程は類似している。すでに実績のあるGBSと体系化されたダイナミックなプロセス変革モデルがあれば、永続的な競争優位性を創出するチャンスは、まさに無限に存在する。

永続的な進化を推進するモデルはGBSだけと限らない

　ここで、GBSの組織構造とダイナミックなビジネスプロセスとの関連について、公平を期すために次の質問をしておくべきだろう。GBSの組織構造は必要不可欠だろうか？そもそも、アマゾンやズーム、前述のシンシナティのワインショップの事例にはP＆GのGBSのような構造は存在しない。

　この点について明確にしておきたい。ダイナミックなビジネスプロセスは、必ずしもGBSのような構造を必要としない。とはいえ、先代、先々代から受け継がれた機能別組織を出発点とする中規模から大規模の企業にとって、GBSは変革を可能にする重要な立役者だ。ダイナミックなビジネスプロセスに必要なのは、たった3つのドライバー、オープンマーケット・ルール、ユニファイド・アカウンタビリティ、ダイナミック・オペレーティングエンジンだけだ。成熟度が高いGBSは、オープンマーケット・ルールに基づいて運営するだろう。E2Eのプロセスに対するユニファイド・アカウンタビリティを明確にして組織化される。次に、ダイナミック・オペレーティングエンジンを基盤とする方法論に準じて日々の業務を遂行する。つまり、正しい状況で、優れたGBS、あるいは、GBSのような構造が構築できれば、ダイナミックなビジネスプロセスの実現を加速できる。ただし間違いのないように。組織構造自体は事業成果を実現するものではない。せいぜい成果実現を容易にする程度だ。

以降の章では、ダイナミックなビジネスプロセスへのロードマップをどのようにして設計し、実現するかについて述べる。ただしその前に、ダイナミックなビジネスプロセスの導入に取りかかるとき、どのような問題を解決しなければならないかについて、よく理解しておかねばならない。これについては次章をご覧いただきたい。

第2章

ビジネスプロセス変革でリーダーが直面するジレンマ

KEY INSIGHT

成熟度のステージを次に進むために、3つのドライバーの最適な組み合わせがある。

祝、第2章到達！　冗談をお許しを。これで目標は達成、皆さんとお別れ、というつもりで言っているのではない。とはいえ、皆さんが関心を持ってここまで読み進めてこられたのは、前章までに紹介した考え方を具現化しようという意思があるからこそだと、私たちは考える。実践は大切だ。元米大リーグ選手で文化の象徴的存在でもあったヨギ・ベラ（本名：ローレンス・ピーター・ベラ）の愉快な発言と思想は「ヨギイズム」として知られ、そこには社会通念が多く織り込まれている。ヨギの言葉によれば、「理論上、理論と実践に違いはない。だが実践においては、同じではない」。トーマス・エジソンは次のような冷静な言葉を残している。「実行を伴わないビジョンは単なる幻覚に過ぎない」。ダイナミックなビジネスプロセス変革において合計で70年の経験を持つ現場の人間として、私たち著者はこの言葉に心から同意する。そこで、本書が実践的なロードマップとして役立つよう構想した。

では、前章で学んだ概念をどのように実践に移すべきか。前章では、成熟度別のステージを使って現状と将来的な目標の明確化から始めると述べた。次は、3つのドライバーを使って、将来目指す状況に進むために必要な一連の実施ステップを立案する。とは言っても、現実はなかなか一筋縄にはいかない。時間の経過とともに、予想もしない新たな課題が生じる。このとき、現実には3つのドライバーが作用し合い互いを補完しながら効果をもたらす。目標達成までは成熟度の到達度に合わせた中間目標を設定する。いわば、這う─歩く─走る、の段階ごとの目標だ。実際のモデルを使って進化のプロセスを考えてみよう。幼児期の赤ん坊は這う状態から、歩く、走る、と発達し（本書では、「成熟度が進む」）、さまざまな能力（「ドライバー」）が作用し始める。手足が床に対してどの位置にあるかというように、空間における体の感覚（前庭感覚）が必要になる。次に体を動かす筋肉の能力（運動感覚）が現れる。続いて脳が発達し、意思を行動に変換する（神経の感覚）。この3つの能力（ドライバー）は別個のものだが、一体となって作用する。赤ん坊が這うから歩く、走るへと発達する各段階では、この3つの力の組み合わせが必要だ。発達の道筋は子どもによって異なるが、この3つの能力と3段階の成熟度は、どの子にも共通する基本的な枠組みだ。

同じように、私たちは3つのドライバーと4つの成熟段階の相関を目指す。ダイナミックなプロセス変革では、4つの成熟段階を登っていくためには、オープンマーケット・ルール、ユニファイド・アカウンタビリティ、ダイナミック・オペレーティングエンジンの3つのドライバーを全て組み合わせて取り組まねばならない。各ドライバーがもたらす特有の効果を切り離して説明するために、本章ではドライバーごとに現実のケーススタディを1つずつ、計3つを紹介する。まずは1つ目のオープンマーケット・ルールから見ていくとしよう。

ドライバー1　オープンマーケット・ルール
フォーチュン・グローバル（FG）500における上位20社の1社、CIOがITを変革　機能重視からサービス重視へ

現在、マケッソン（McKesson Corp）の上級副社長兼米国医薬品セグメント担当CIO（最高情報責任者）を務めるフランシスコ・フラガ氏は、IT業界において稀有な存在である。技術者でありながら、本質はビジネスリーダーだ。フォーチュン・グローバル（FG）500の上位20社に入る企業で最高クラスのITオペレーションを実施してきたが、根底にはイノベーターの資質を持つ。世界をまたにかけた27年にわたるキャリアにおいてグローバルなサクセスス

トーリーを生み出してきた。今のところ、自身最大の成功と捉えているのは、FG500に入る100億ドル規模の世界的な食料・飲料企業で指揮したIT機能の抜本的変革だ。

同社の最高技術責任者（CTO）兼最高情報責任者（CIO）に就任した際、フランシスコはITコストと信頼性の大幅な改善を求められた。同社の株価は過去数年堅調であったが、この数カ月で大きく下落していた。買収や事業の売却を行ったために、ビジネスプロセスにかかる負担はさらに大きくなっていた。入社して3カ月と経たないうちに同社の株価が暴落、財務が縮小され、アクティビスト投資家（物言う株主）の注意を集めているとウォール街で噂されるまでになった。新たに経営トップに就いた人間なら誰でも気の重くなる状況だった。企業再編に関する作業負担が膨大になるのと時を同じくして、コスト削減とサービスレベル向上に対する要求が強くなってきていた。目指す目標はくじけそうなほどに遠い。だが、4年半後に同社を去るまでには、IT機能は改善され、業界標準と同等もしくはそれ以上の働きをすると広く認められるまでになった。

オープンマーケットのIT組織へ
フランシスコのアプローチ

フランシスコが組織を引き継いだ頃、ITはITアプリケーション、ITインフラ、サイバーセキュリティ対策に分けられ、ビジネスユニットごとにクライアントマネージャーとしてITのリーダーが複数名配置されていた。しかし、それと同時に、企業自体は機能志向で、財務、サプライチェーン、人事など機能の観点から組織されていた。たいていの大手グローバル企業は、機能中心型か事業部門中心型のいずれかに該当する。また、2つの要素を調和させるためにマトリックス構造を企業基盤に採用する企業もある。フランシスコがいた企業ではITは機能中心型でもビジネスユニット中心型でもなかった。変わった組織のように思われるかもしれないが、珍しいケースではない。IT組織は規模が大きいため、アプリケーション、ITインフラ、サイバーセキュリティなどに分けて構造化されるケースが多い。共通の作業をグループ化すればコスト削減とサービスレベル向上を同時に実現できる。うまくいけば、の話である。「うまくいけば」と言うのは、こうした構造にはサイロ化がつきものだからだ。IT組織内にサイロを生み、次に社内のビジネスプロセスに、そして確実に、事業の社外顧客に関係するサイロを生み出してしまうのである。フランシスコが選択したのは、組織を社内サイロ志向からオープンマーケット・ルール志向に移行させ、この構造全体を180度転換させる方法だった。

ステップ1では、機能ごとのバリューストリームに沿ったIT再編を行った。機能とは、サプライチェーン、販売、マーケティング、人事、財務を意味する。また、IT内には前述の機能（サイバーセキュリティ、ITインフラ、データ分析など）をサポートするために有効な機能も存在していた。そのため、大規模な変革が行われた。まず、各機能におけるリーダーを、ITインフラやアプリケーションなどの技術的な成果物重視から、サプライチェーンのパフォーマンス優位性などの事業価値重視に転換した。次に、リーダーの役割を拡大し、視点の転換により生まれた新規サービス（日々のサービスと継続的改善の実施、ならびに長期的な破壊的イノベーション）のさまざまな部分を包括させた。メーカーに当てはめるなら、プロダクトマネージャーやブランドマネージャーの役割に近いだろう。例えば、アップルのiPhoneのプロダクトマネージャーが、プロダクトデザインに始まり製品供給や市場での競争、長期戦略に至るまで、全プロセスに対して一貫して説明責任を負うのと同じで、ITサプライチェーンサービスのマネージャーは、サービスの質、所有コスト、価値の貢献に対し全ての説明責任を負う。サービスに関連していたため、フランシスコはこの役割をプロダクトマネージャーではなく、サービスマネージャーと称した。そして最後に、サービスマネージャーの役割に、社外のベンチマーキング（比較分析）目標を組み込んだ。コスト改善の追跡と、場合によっては、さらに高い価値を提供する場合は、第三者のサプライヤーへのアウトソーシングも含まれた。こうした変革により、フランシスコの組織はオープンマーケット・ルールによる運営へと舵を切った。サービスマネージャーは事実上、オープンマーケットにおける独立した小企業のように運営を行う立場となった。

ステップ2では、社内のＩＴ業務プロセスを再設計し、社外のサービスプロバイダーを戦略的に活用した。これにより、社内のプロセスに関する規律が強化され、ビジネスチャンスに迅速に対応する機敏性が改善された。組織は、パフォーマンス指標（ＫＰＩ）やサイロでの実施よりもビジネス成果に目を向けるようになった。

最後に、ステップ3では、ＩＴ組織全体でサービス管理のスキルを開発した。フランシスコはまず組織のリーダーの訓練に着手し、新しいサービス管理のスキルをボトムアップで構築させて組織内で定着するようにした。つまり、フランシスコの戦略は、トップダウンとボトムアップの双方向で進められたというわけだ。

劇的な成果が現れた。前述の仕組みを導入して数年と経たないうちに、フランシスコとそのチームは、意義のある際立ったビジネス価値の実現、サービス品質の向上、収益１％に相当するコスト削減という目標を全て達成した。業務も改善され（ＩＴ運用コストの大幅削減、ＩＴインシデントの総数の60％減少による組織満足度の急上昇など）、ビジネス価値の創出も飛躍的に向上した。数年後にはＩＴ組織は、統合型事業変革など、機能を横断する主要な変革プログラムの推進を任されるようになっていた。

克服すべき課題とは?

フランシスコにとって変革の道のりは決して平たんではなく、数々の障害に直面した。例えば、次のような問いに対する解決法を見極めて、実施しなければならなかった。

- 機能別の効率性ベースの「パフォーマンス指標（KPI）の初期値」を、どのようにしてビジネス中心のKPIに進化させるか。
- E2Eのグローバル・プロセスオーナー（GPO）をどのようにして組み込み、事業成果との連携を高めるか。
- これまでの変革プロジェクトが全てビジネス価値を重視していたことを、どのようにして裏付けるか。
- オープンマーケットの考え方を組織内でどのようにして推進すべきか。

フランシスコが選んだ、サービス中心主義に再編するためのアプローチは、こうした課題を見事に解決した。フランシスコは事業の状況をいちはやく把握し、ダイナミックなオープンマーケット・ルールに則った新組織を構築し、利益をもたらす計画を立案した。

では、2つ目のドライバー、ユニファイド・アカウンタビリティに移り、次の注目すべきストーリーを紹介しよう。

ドライバー2　ユニファイド・アカウンタビリティ フォーチュン・グローバル（FG）500の上位5社の1社、E2Eの説明責任を導入　買掛金管理業務「良」から「優」に

ヤズディ・バグリ氏は米国の医療保険ネットワーク運営グループ大手カイザー・パーマネンテでエンタープライズ・ビジネス・サービシーズ部門の上級副社長を務める。ビジネスプロセスの最適化を実践する、世界的な第一人者と言っていいだろう。ヤズディは30年以上にわたり世界最大規模の企業数社のビジネスプロセスや業務の変革に貢献してきた。彼にとって最も記憶に残るビジネスプロセス変革は、FG500社の上位5社に入る1社での債務支払いが劇的に改善した案件だ。

2018年、ヤズディは、FG500の上位5社に入る小売企業でエンタープライズ・ビジネス・サービシーズ（またはGBS）部門のリーダーの任務に就いた。競争の激しい小売業界では、各企業の経営コストが、市場のリーダーシップを握れるか、はたまた倒産かの明暗を分ける要因となる。費用対効果の大きい信頼性の高い業務を実現するためだけでなく、競合他社より常に一歩先んじるための新しい革新的な方法を開発する点においても、部門リーダーの役

割は極めて重大だ。小売業務においては、買掛金は重要な意味を持つ。サイクルタイムや運営コストに影響を及ぼすほか、仕入先が企業との取引を望んだ場合、買掛金処理が効率的に行われている企業なら競争における優位性を獲得し、ひいては交渉のレバレッジ（決め手）を強化できる。

オペレーションは十分機能しているか、向上の余地はないか

ヤズディには、この事例では買掛金に関するプロセスは表向きは問題なく機能しているように見えた。支払いまでの日数、請求書1枚あたりのコスト、誤支払いの数など、サービス業務に関して指標は盤石であった。買掛金のシェアードサービス全体の運営コストも、業界の水準と変わらなかった。つまり高水準のベンチマーキングという観点からみれば買掛金処理のプロセスに何ら問題がなかった。だが、ヤズディ自身は別の疑問を抱いていた。買掛金処理のプロセスは十分機能しているのだろうか。あるいは、これ以上改善の余地もないほど最高の機能を発揮しているのか。彼が担当する組織では、1000人を超えるスタッフがこのプロセスをサポートしていた。FG500の上位5社に入るこの企業の規模を考えれば、合理化するのは簡単だ。だが、これに対する問いとして「これほどの大企業なら、他社よりも高水準の強みを見出すべきではないか」が現れる。買掛金に携わるスタッフ1000人の存在は、企業のGBSがさらに優れた組織になりうる可能性を示していた。

ヤズディのアプローチ
ユニファイド・アカウンタビリティで買掛金のエラーを減らす

長年にわたり、ヤズディは「制約条件の理論（Theory of constraints、ＴＯＣ）」に基づく業務改善への独自のアプローチを構築してきた。[11]ＴＯＣは「全てのプロセスにはボトルネックとなる制約条件がある」という考えを大前提とする。仕事量の改善に最速かつ効果最大でたどり着くには、その制約条件に集中的に取り組むことだ。まず、買掛金処理の改善を妨げている原因の特定に着手した。これ以後、「やり直し」となった取引はどの種類も「エラー」と呼ぶことにした。例えば、ブロックされた請求書がサプライヤーから送られてきてブロックを解除する場合、これは買掛金部門にとって当然の作業ではなく、「エラー」として認識する。上流工程のビジネスプロセスが優れた方法で実施されていれば、請求書がブロックされなかったはずだからだ。この考え方を前提に、組織ではプロセスで発生するエラー件数の測定を開始した。とんでもない数字が確認された。年間６００万件！　狙いとするべきターゲットがここにあった。だが、もっと困難なパラダイムシフトが待ち受けていた。

ヤズディは現状を感じ取っていた。バックオフィスのシェアードサービスまたはＧＢＳの業務の大部分は、上流工程で生じるエラー対応に費やされてしまっていた。したがって、ＧＢＳは、こうしたエラーを単に効率的に処理するのではなく、エラー件数の削減に注力すべきだった。発生元がどの組織であっても、発生したエラーは取り除かねばならない。実際には、年間600万件のエラーのほとんどが、ヤズディが担当するビジネス・サービスの組織外で発生していた。エラーは他の組織の商慣習によるもので、組織の多くは設計通り稼働していた！具体的には、ブロックされた請求書に関するエラーの半分は、購買の2部署、成人向け飲料と音楽CDの部署に集中していた。この2つの部署では、商品の受領通知の発行方法に問題があり、数量のデータが一致しないために請求書がブロックされてしまうケースが発生していた。これは、部署内のプロセス設計の問題だ。理論上はヤズディの問題ではない。ヤズディは自身の気づきを、残りの部署の同僚たちに伝え、関わらないようにすることもできた。だが、同時にユニファイド・アカウンタビリティを実現するチャンスをよく示す事例でもあり、ヤズディは、今こそこの概念が必要だと強く確信した。

今になって考えると、ヤズディはまさにこのとき選択の岐路に直面していた。買掛金の取引処理に関して、これまで通り与えられた責任を引き受けるか、あるいは、買掛金の質に関する結果全体に対して説明責任を負うこともできた。たとえ、そもそものビジネスプロセスに含まれるステップの多くが組織外で行われるものであったとしてもだ。誤解のないように言っておくが、説明責任を統一するために社員や予算を1つの組織下にまとめるべきだ、と言っているのではない。結果に対してE2Eで負う説明責任と、プロセスを複数の区分に分けて実行する分散型の責任と、2通りが存在すると言っているのだ。後者の場合、責任の担い手が他の組織まで及ぶ可能性がある。

克服すべき課題とは？

ユニファイド・アカウンタビリティを負ったヤズディが次に取ったステップは、自らの組織の結果のみならず企業全体としての結果をより広範囲で改善するために、他の組織にもそれぞれのビジネスプロセスを変革するよう説得することだった。至って簡単に聞こえるかもしれないが、現実はそうではない。多くの場合、問題は目標の不一致に関係している。それぞれの組織の目標が別の組織にとって、単純に都合が悪い可能性もある。

この問題に取り組む際、重要となるのは各上級ステークホルダーとの1対1の話し合いだ。おそらくビジネスユニットのリーダーとの会話は次のような話に沿って進められるだろう。「この変革を行えば、君のユニットの一部の社員が抵抗するだろう。だが、約束する。不正行為をx％減らし、コストをy％削減し、ベンダーに24時間体制のサービスレベルを保証する。この取り組みに君たちのサポートを得て、君たちが管理するプロセスに必要な変革を推進していいだろうか？」

エラーゼロを達成するためには、ユニファイド・アカウンタビリティを粘り強く追求しなくてはならない。エラーが自分の組織以外で発生したかどうかは問題ではない。ヤズディのように、他の組織の支持者を引き込む力を通じて、ユニファイド・アカウンタビリティによりエラーゼロの実現を目指し、人々の支持を得る動きを作り出していかなければならないのだ。ユニファイド・アカウンタビリティの力を発揮して、ヤズディは9カ月の間にブロックされた請求書やエラーの200万件削減を達成した。これにより、関係社員をサポートし資金面では強みをもたらし、事業の推進に貢献した。では次に、3つ目のドライバーであるダイナミック・オペレーティングエンジンの話に移り、新たなサクセスストーリーを見てみよう。

ドライバー3　ダイナミック・オペレーティングエンジン
FG500の上位100社に入る企業、組織再編ダイナミック・オペレーティングエンジンを構築し継続的なビジネスプロセスの優位性を目指す

キャロライン・ベイジン氏は、ヨーロッパのペプシコでストラテジー・アンド・トランスフォーメーション・リードとして戦略・変革を主導する。企業の経営陣が大規模な組織変革の問題を抱えたときに救いの手を求める人物だ。40年近くに及ぶキャリアの中で、FG500の上位100社にランクインする数々の企業でこの役目を歴任してきた。その傍ら、欧州を拠点に女性のキャリアパスを支援するLEADネットワークで長年主導的な役割を果たし、女性エグ

ゼクティブのメンターやコーチとしても活躍する。キャロラインのサクセスストーリーは、モンデリーズ・インターナショナルで世界トップクラスのGBSを創設した歴史を物語る。このときオペレーティングモデルがゼロから作られ、数年のうちにグローバル水準のモデルとして認められるまでになった。

モンデリーズ・インターナショナル（モンデリーズ）は、2012年、FG500の上位100社に入る菓子・食品・飲料の多国籍コングロマリットであるクラフトフーズから誕生した。その前年にあたる2011年、クラフトフーズは国際的なスナック食品企業（モンデリーズ）と北米の食料品企業（クラフトフーズ・グループ）の上場企業2社に分割する計画を発表していた。モンデリーズはBRICs市場（ブラジル、ロシア、インド、中国）の成長を基に、迅速にスタートを切ったが、BRICs4カ国の経済が冷え込むにつれて事業は停滞していった。アクティビスト投資家が役員会に圧力をかけるなか、同社は3段階の戦略を使って売上拡大に注力する方向に素早く舵を切った。その戦略の1つが、GBSを創設して競争力の高い事業運営を実現する計画だった。2014年、キャロラインの電話が鳴ったのはそんなときだった。

ビジネスプロセスの体系的オペレーティングモデルの必要性

2014年10月の着任当時、キャロラインにはまだ戦略もなく、予算も人員も準備されていなかった。それどころか、彼女自身の経費は、脱炭素型あるいは低環境負荷型へ移行するための予算で賄われていた。あるのは、差し迫った任務だけだ。新組織としてGBSを創設し、3年以内にコスト削減と、競合他社と同等もしくはそれ以上の質の高いビジネスプロセスの実現が求められていた。

GBSには、さまざまな組織から成熟度も進行スケジュールも異なる業務が集約された。このため、新しい業務を日常的に一貫性を持って取り込んで変革し、時間の経過とともに自己改善し続けるオペレーティングモデルが必要だった。キャロラインに対しては、一時的に最高クラスとなるGBSを創設する作業にとどまらず、長期的に競争優位性を維持できるダイナミックなプロセスの創出も期待されていた。言い換えれば、ステージ4のダイナミックなビジネスプロセスまで到達することが求められていた。

GBS基盤の創設

いつものようにバックパックを背負い、キャロラインは世界各地のモンデリーズの拠点を見て回った。新しいGBSのオペレーティングエンジンは、会社の本部でコンサルタントが作るようなものであってはならない。モンデリーズの社員自らの手で自分たちのために作り上げよう。そこにキャロラインがP&Gで積み重ねた最高水準の経験も組み込むのだ。

第1ステップは、どのビジネスプロセスをGBS範囲に含めるかを決定することだった。続いてすぐに、業務をどのように行うか決定する。すなわち、自社のオフショア・サービスセンターで行うのか、あるいはベンダーに委託するのかを決定する。まずGBSに移行する対象として選んだ業務範囲は「Record to Report」（レコード・ツー・レポート、記録から報告まで、R2R）、「Order to Cash」（オーダー・ツー・キャッシュ、受注から売り上げ回収まで、O2C）、「Source to Pay」（ソース・ツー・ペイ、ソーシングから支払いまで、S2P）、「Hire to Retire」（ハイヤー・ツー・リタイア、採用から退職まで、H2R）の4つだった。着手から半年までに、主要なアウトソーシング契約数件を結び、並行して、他の業務を新オフショア・サービスセンターに移行させた。モンデリーズはR2Rプロセスをジェンパクト（NYSE：G）に、O2CとS2Pをアクセンチュアに委託した。また、H2Rについては、同社専用シェアードサービス・センターをサン・ホセ（コスタリカ）、マニラ（フィリピン）、ブルヌヴィル（仏）に開設した。

キャロラインのアプローチ
GBSにダイナミック・オペレーティングエンジンを構築

こうして作られたGBSは、リソースの基盤を提供した。その基盤の上に実際のダイナミックなオペレーティングモデルを構築した。GBSのオペレーティングモデルは、共通のプレイブックと体系化されたガバナンスを通じて運営され、社内・外部委託を問わず世界中の配送センター間で同一のものである。予定する各機能サービス（人事など）では、2種類の操作マニュアルあるいは手順書を使用する。1つはビジネスプロセスをGBSに移行するためのマニュアル、もう1つは業務運営に関するマニュアルだ。前者を用いて、既存のビジネスプロセスを合理化してグローバルモデルへ転換するための厳密な調整作業を重ね、当時採用していたグローバルカテゴリー・モデルから新GBSモデルに変換した。また、業務に関する詳しいマニュアルにより、GBSが受託した全てのビジネスプロセスに、業績管理、ガバナンス、諸種統制について整然とした最高クラスの手法を提供した。

規律のあるアプローチは成果をもたらした。GBSの創設とダイナミックなオペレーティングモデルの導入に成功して瞬く間に、さらに多くの業務がGBSに移行された。消費者コールセンター、マスターデータ・分析サービス、不動産・施設サービス、税務サービス、販売・マーケティングのバックオフィス、報告サービスなど、全てが1つのオペレーティングモデルに統合された。

克服すべき課題とは？

キャロラインが提案するダイナミックなビジネスオペレーション・モデルは、5つの軸に基づいて設計されることになった。移行と運用に関するマニュアルに、次の5本の柱にまたがる活動が詳しく述べられている。

1．組織　最初のステップは、GBSに適切な役割とスキルを与えた適切な構造の設計だった。新組織には、ビジネスプロセスに関する卓越した知識、ビジネス中心のマインドセット、最新の人工知能（ＡＩ）、機械学習（ＭＬ）、自然言語処理（ＮＬＰ）技術やデジタル能力を強化して常にマインドセットを自己変革できる力、この３つの力の組み合わせが必要だった。

2. **ガバナンス**　２つの異なる管理体制が含まれた。１つはアクセンチュアやジェンパクトなどのベンダーを対象とする最高水準の管理を行う体制、もう１つはモンデリーズのビジネスユニット・リーダーと構築する「顧客チーム」のパートナーシップに基づく体制だ。

3. **ツール**　前述の移行と業務に関するマニュアル作成は、ほんの始まりにすぎない。改善し続けるビジネスプロセスを円滑に運営するために、さらに基盤となるシステムやダッシュボードを作る必要があった。一例として、コアとなるパフォーマンス指標や優先順位に関する透明性を確保しフィードバックを得るために、経営幹部のステークホルダー向けのダッシュボードが作成された。

4. **オペレーション能力**　ＧＢＳを一企業のようにとらえて各ビジネスプロセスを実施する、

という原則に基づいてオペレーション能力が構築された。ここでの「オペレーション能力」には、日々のトランザクションプロセスだけでなく、GBSの需要管理、サービス価格設定、イノベーション、品質保証、リスク管理、各種管理業務なども含まれる。

5. 財務上の規律　設立したGBSでは、サービスマネージャー（給与サービスマネージャーなど）は、担当する特定のサービスに対しE2Eで説明責任を負うゼネラルマネージャーのような扱いとなった。すなわち、サービスマネージャーには、担当サービスに関して財務パフォーマンス指標を設計し提供しなければならない。

キャロラインのプロジェクトは「GBS2020」と呼ばれた。基本的な設計要素は、ダイナミック・オペレーティングエンジンを創り出すステップと共通点が非常に多い。構築されたモデルには、ビジネスの結果を生み出すための明確な手法と指標、ビジネス・エンゲージメントモデル、および継続的改善を行うダイナミックな組織DNAが盛り込まれていた。

3年のうちに、モンデリーズのGBSでは社員は5000人近くになり、グローバル・デリバリー・センターを12拠点、アウトソーシング契約10件を抱えるまでになった。キャロラインの取り組みは当初の目標を上回った。GBSオペレーション立ち上げの際、オペレーションの

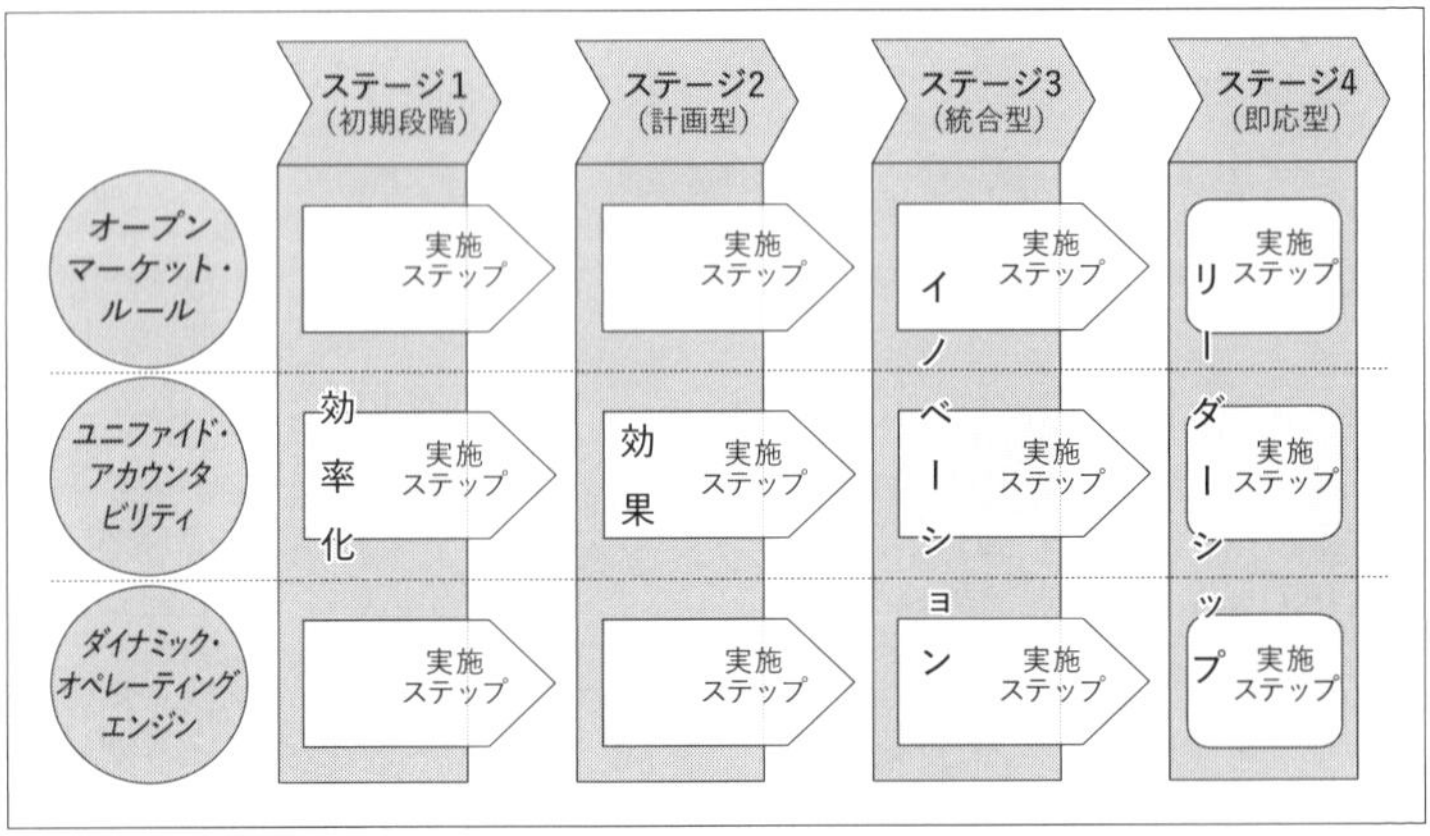

図3　ダイナミックなプロセス変革のための実施ステップ

規模や、標準化やデジタル化を活用する一方で無駄や漏れをなくし、純利益を増やす機会を可視化するための意思決定機能を追加し、その結果、その後4年にわたり企業の価値創造を加速させ続けた。

実践的なロードマップの作成ダイナミックなプロセス変革に必要な実施ステップ

フランシスコ、ヤズディ、キャロラインによる過去のケーススタディは、ダイナミックなプロセス変革の実践例を示している。ここでは、各例において関連性の高い主要なドライバー1つのみに焦点をあてて解説した。前述のドライバー3つそれぞれに注目していただくためである。誤解のないように言っておくが、紹介した特別な状況において、他の2つのドライバーが同程度に重要でなかったとしても、変革には3つ全てが関与している。ご自身の組織のダイナミックなプロセス変革モデルにも、これは当てはまる。状況によっては3つのドライバーをカスタマイズして組み合わせる必要性もあるだろうし、その組み合わせも時間の経過や組織の成熟とともに変化するだろう。

さて、本題に入るためにお尋ねする。ダイナミックなプロセス変革のロードマップを実践する方法とは？　皆さんご自身で正しい計画を組み立てられるよう、私たち筆者は12段階の実施ステップを提供する。組織の状況、プロセス成熟度における出発点と目指す最終地点に基づき、組織の計画を立案していただきたい。図3に、実施ステップごとの考え方を示す。成熟度別のステージ4つとドライバー3つを掛け合わせて4列3行のマトリックスを作成し、計12のステップで構成される。ゼロから始めて究極のダイナミックなプロセスへの成熟レベルを目指すのでなければ、通常、必要となるのは一部のステップに限定されるはずだ。

12の実施ステップについて以降の12の章で詳しく述べる。各章には基盤となるモデルを1つ以上含めている。重要な知見に命を吹き込んでいただくために情報やストーリーを提供し、皆さんがカスタマイズした実践的なロードマップを作成する手助けができるよう願っている。

PART 2

ビジネスプロセス　ステージ1
成熟度　初期段階

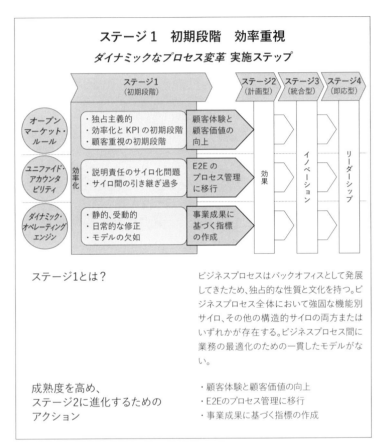

ステージ1　初期段階　効率重視

***ダイナミックなプロセス変革* 実施ステップ**

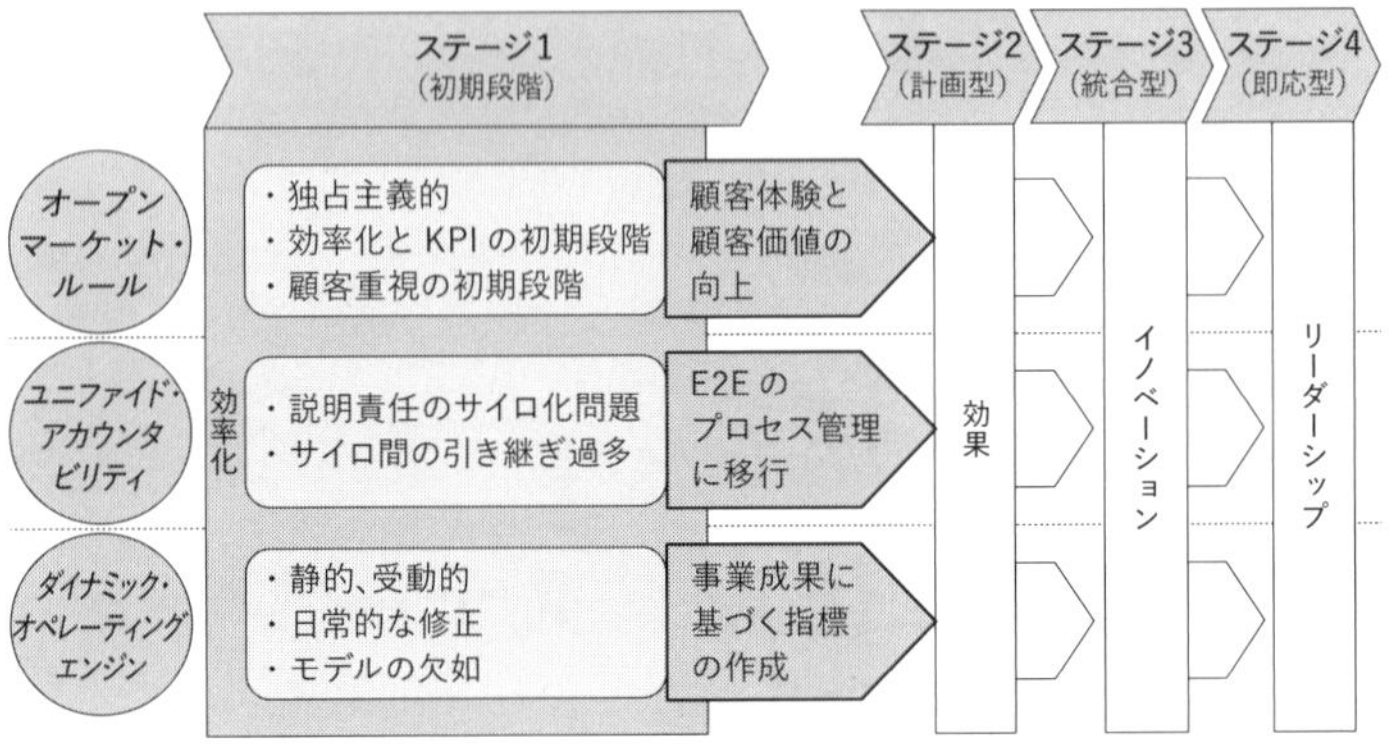

ステージ1とは？

ビジネスプロセスはバックオフィスとして発展してきたため、独占的な性質と文化を持つ。ビジネスプロセス全体において強固な機能別サイロ、その他の構造的サイロの両方またはいずれかが存在する。ビジネスプロセス間に業務の最適化のための一貫したモデルがない。

成熟度を高め、
ステージ2に進化するための
アクション

・顧客体験と顧客価値の向上
・E2Eのプロセス管理に移行
・事業成果に基づく指標の作成

図4　ステージ1　*ビジネスプロセス変革*の成熟度

第3章 ビジネスプロセスを「独占事業」として運営した場合に生じる問題とは

KEY INSIGHT

ビジネスプロセスをオープンマーケットの製品であるかのように運営すれば、ビジネスプロセスの陳腐化を防ぐカギとなる。

独占的なビジネスモデルは、他のモデルに比べて、時間の経過とともに時流から外れ競争力を維持するのが難しくなる。これはビジネスプロセスにも当てはまる。とは言え、あらゆるビジネスプロセスは、本来（ステージ1における状態など）、構造面でもマインドセットとしても独占主義的であるという事実は認めざるを得ない。企業内でITや財務、人事のような機能が最初に作られるのは、まずは社内のさまざまなプロセスを機能させ標準化するためだ。こうした機能は、標準化を推進し、標準から外れる行為に対して「NO」と言える能力に対して報酬を受ける。標準化は、各プロセスを合理化しコストを削減するために不可欠なレバー（ツール）である。

では、このレバーを、私たちが推奨するドライバーの1つであるオープンマーケット・ルールとどのように両立させればよいだろうか。人生における多くの事柄と同様に、オープンマーケット・ルールにもさまざまな段階が存在する。非常に緩くしか適用されないとしても、オープンマーケット・ルールがこの最初の段階（ステージ1）に存在することにはメリットがある。このメリットを逃したくない。かと言って、必要以上に長くこの段階にとどまりたくもない。英語の慣用句「throw away the baby with the bathwater（不要なものと一緒に大事なものを捨ててしまう、の意）」の譬えから、本章ではステージ1のオープンマーケット・ルールにおける「大事なもの」の特定に焦点を置く。また、どのように進化し続けて次のステージへ進むべきか、についても示す。こうした独占主義に陥りがちなビジネスモデルの特徴や課題について、私自身の秘話、ポステ・イタリアーネにおける変革にまつわるエピソードとともに解説していこう。

2015年、フィリッポはポステ・イタリアーネの役員に招聘されていた。イタリアの郵便事業を担う同社は危機的状況を迎えていた。数カ月以内に株市場で株式の40％売却を予定していた。[12] イタリアでは25年間で最大規模の国有株の売却となり、同時期ではヨーロッパ最大のIPO（新規株式公開）の1つとなる。イタリア出身のフィリッポは、役員就任の依頼を謹んで受けた。ここで、ポステ・イタリアーネの民営化の例を詳説する前に、重要な注意点がある。本章で公共セクターの事例を取り上げたのは、公共セクターの企業が総じて、効率性や効果においての民間企業に劣っている状態を示すためではない。それは、シンガポールの驚くべき効率性を誇る国営サービス事業をわずかでも調べれば、理解できるはずだ。あるいは、郵便事業のはるか昔からの歴史を見れば自明である。ここで求める教訓は、ビジネスプロセス変革を成功させるために必要な状況に関係するものだ。

ポステ・イタリアーネ、オープンマーケット・モデルへ転換した道のり

2015年当時、ポステ・イタリアーネは創業153年を誇る、イタリアの象徴的存在であった。年間収益は28・5億ユーロ（約3744億円）で、物流、貯金、保険の事業を展開していた。他国で郵政民営化が進められたときと同様に、ポステ・イタリアーネ民営化の動きに異を唱える声がなかったわけではない。だが、なぜ民営化が必要となったかを知るために、この組織を過去にさかのぼって見ていこう。

ポステ・イタリアーネの民営化を実施

１９９０年代に入る頃には、ポステ・イタリアーネは効率と収益の両面においてすでに存続不可能と考えられていた。財政赤字の原因は人件費で、１９８６年には収入の約93％を占めていた。業務の停止、評判の低下はもはや避けられない状況だった。しかし、民営化の必要性を最終的に支持したのは、マクロ経済の観点からの考察だった。２０１４年、イタリアはＥＵではギリシャに次いで2番目に大きな負債を抱えていた。イタリアの首相は、資金を調達し、国が経済回復の途上にある現状を海外投資家に納得させるために、郵便事業などの公共資産の売却を推し進めた(13)。

イタリア郵便事業の進化の歴史

古代の時代、世界で最も高度な郵便制度を開発した功績で知られるのはローマ帝国だが、公共の郵便事業の歴史はその何世紀も前にさかのぼる。紀元前6世紀には、ペルシア帝国に郵便局が存在し、一方で紀元前２０００年頃にはエジプト、紀元前１０００年頃には中国に郵便制度が存在していた。古代の郵便制度は、諸大帝国にとって、広大な領土を統治し守るための重要な情報技術インフラの役割を果たしていた。

ローマ帝国はその郵便制度を効率、効果の両面から次の高みへと押し上げた。紀元前20年、ローマ帝国の初代皇帝アウグストゥスが通信や官吏、税収入を地方から地方へ輸送する、「クルスス・プブリクス」と呼ばれる駅伝制度を敷いた。だが、ローマ帝国滅亡とともに政府支援による郵便事業は、ほぼ姿を消した。

中世に入ると郵便事業は再び登場するが、このときの所有者は民間企業に代わる。その背景には世界的な交易の拡大とそれに伴う国際郵便の需要があった。イタリアやロシア、フランスを拠点とする複数の企業は、共通のインフラストラクチャを構築し、注文や手数料の処理、決済を行った。

しかし、15世紀後半には民間対政府の所有権の比率は再び政府主導に転じた。仏や英などに中央集権政府を擁する強力な国家が誕生したためである。18世紀から20世紀初めにかけて、郵便事業は愛されるサービスであり、人々の記憶に残る画期的な技術現象の象徴でもあった。馬車から列車、飛行機、電話、電報、印刷媒体、その他多くの通信インフラの必要性を後押ししてきた。それは郵便事業にとって栄光の時代であった。輝きを失った原因は何だったのか。確かに、業務の効率化は永遠の課題であった。30年前、イタリアでは冗談まがいに、この国には郵便サービスが2種類ある、それはひどいのともっとひどいのだ、と言われていた。時とともに同国の郵便事業再編の声は高まる一方だった。そんななか、ポステ・イタリアーネが大進歩を遂げた。

変革の契機となったのは、イタリア政府の負債状況だったが、はっきり言えば、郵便に関するビジネスモデルは壊滅状態だった。ファクスや電子メールといったデジタル通信技術の進歩やインターネットの普及、こうした事情が全て、郵便取扱量に大きく影響し、郵便の利用が減少していた。隅々まで広がる支局ネットワークを特色としていた世界各国の郵便事業組織は、銀行業、携帯電話事業、保険業など、収益性の高い業界にシフトし始めた。イタリアでは、ポステ・イタリアーネの変革がこの動きを加速させた。今や、新ビジネスモデルと、そのモデルに基づくプロセスが、郵便、小包、決済・モバイルサービス、金融サービスの4つの主要分野を支えている。変革が成功したのだ。FTSE MIB（イタリア証券取引所に上場する主要企業の株価指数）が20・8％下落するなか、ポステ・イタリアーネの株価は上場後6年間で71％上昇した。この結果、イタリア証券取引所の主要株価指数が47％の損失を記録したのに対し、TSR（株主総利回り）は137％となった。

ポステ・イタリアーネから学ぶオープンマーケット・ルール

ポステ・イタリアーネの変革は、オープンマーケット・ルールに関するさまざまな教訓を物語っている。最も重要な教訓のうちから幾つか、詳しく見ていきたい。

1. オープンマーケットでは、パフォーマンス指標（KPI）の継続的な変革が必要

2000年代初めのポステ・イタリアーネの業務状況を見てみよう。ビジネスプロセスや標準的な業務手順（郵便局施設の運営、セキュリティサービス、修理、メンテナンスなど）が確立された。パフォーマンス指標（KPI）も設定されていた（配達のタイムライン、運営コスト、郵便ポストのセキュリティなど）。「プロセスオーナー」の立場に相当する従業員、すなわち、基準を設定する管理者も配置されていた。だが、こうした従業員には、世界の状況変化に応じてKPIを調整する権限が与えられておらず、また、結果に対する説明責任も付与されていなかった。例えば、ファクスや電子メール、インターネットの世界では郵便局の支店が（外部のオープンマーケットの要因によって）重要視されなくなっているのに、各支店では、プロセスオーナーに対する報酬システムは、実店舗での顧客対応や手紙の処理が効率的に実施されているかなど、いまだに古いKPIに基づいて運用されていた。ここで学ぶべきは、最初の段階あるいは「初

期設定」のＫＰＩは計画的でよく考えられているケースが多いが、世界の状況が変化するとともに陳腐化するという現実だ。

こうした初期設定された効率ベースのＫＰＩを超えるための刺激策、これがポステ・イタリアーネには欠如していたのだ。

2. 独占的なビジネスモデルは顧客やニーズが変わると苦労することがある

予算が縮小され続けていたにもかかわらず、ポステ・イタリアーネの従業員は健気に業務に取り組み、クライアントのサービスニーズを理解し、それに応えていた。ただ1点だけ、問題があった。重視してきた「顧客」の定義がますます陳腐化していた。事業が手紙の配達業から幅広い通信・物流業へと進化するに従い、ターゲットとする顧客もそれに対応して変えるべきだった。対象は手紙を受け取る一般国民だけではなかったのだから、デジタル志向の顧客やｅコマース事業者などもターゲットに含めるべきだったのだ。

ここでの学びは、ビジネスモデルが重点を置く対象を、昔ながらの顧客から転換して進化するのは容易ではないということだ。過去の、あるいは初期段階の顧客に焦点を置いた段階に長くとどまりすぎるという課題は、ビジネスプロセス組織にも共通する。

モデル　ステージ1におけるオープンマーケット・ルールの適用

ステージ1にオープンマーケット・ルールを取り入れれば、初期段階の効率性に関するKPIや顧客重視に足をとられる状態を回避できる。実行可能な項目を2つ紹介する。

1．効率性の高いKPIを推進する

ここで明言しておきたいのは、ほとんどの組織は、初期段階の効率性KPIのレベルであっても、KPIを測定して効率性を改善するプログラムを持っている、ということだ。時間が経過しても環境に大きな変化のない安定した世界なら、それで十分かもしれない。だが、今日の世界は常に変化している。それは本書における大前提でもある。また、KPIの定義がプロセスオーナーによって異なり、定義が十人十色なら、変更の話し合いかたも十人十色だ。よって変革のスピードは落ちる。

さらに、もっと難しい問題になる場合がある。プロセスオーナー（グローバル・プロセスオーナー、GPOとも）が日常業務に多少なりとも直接関与していない部分があると、そんな意図はなくとも、変革に障害をきたす可能性がある。厳しい意見に聞こえるかもしれないから、この点についてコールセンター業務を例に説明しておこう。初期段階で効率性について、すなわ

ち問題解決にかかる時間について、ＫＰＩが設定されている状況を考えてみたい。各コールセンターで指標の解釈が違っていると、問題が生じる。成熟度の初期段階ではよくある話だ。おそらくこんな状況だろうか。あるコールセンターでは、チケットのステータスを「クローズ」（完了）に変更する前に、問題が完全に解決されたかどうか、かなり入念に確認する。かたや、もう一方のコールセンターでは、問題が十分に解決されたと顧客が判断したかどうかに関係なく、チケットを「クローズ」にする作業にもっと積極的であるとする。後者のコールセンターは、ＫＰＩ上では良さそうな結果を出しているが、実際に提供するサービスは明らかに質が低い。成熟度の低い組織にありがちな状況だ。ＧＰＯがＫＰＩの意味を真に内部に取り込むための時間や経験、リーダーシップを持たないためにこの種の状況が発生する。それが原因で業務の成果が制限されてしまう。

この状況の解決法は、高効率のＫＰＩの推進にある。質の高い測定を行い、実現可能な指標を選択し、ＫＰＩに対するＧＰＯの説明責任を強化すれば実現可能だ。これについては、次に詳しく解説する。

ａ．個々のビジネスプロセスについてコストとパフォーマンスに関するベースラインを確立し、指標の質を改善する

効率に関する初期段階のＫＰＩを設定している組織では、ＫＰＩについて同一定義が全体で

共有されていない可能性がある。コールセンターの業務の事例でも認識した通りだ。そこで、KPIの定義の標準化から始めるよう提案したい。まずは事業に最も重要なKPIの定義を標準化するところから徐々に始めていくのも良い。その後に、完全に合致したベースラインを確立する。多くのKPIは、設定時の基準が不透明だったり論理的根拠をもたなかったりして、信頼度が低下しがちだ。そうした問題に取り組み、指標データの品質の厳密性を高めていかねばならない。

b．事業成果に基づき、実行可能なパフォーマンス指標を幾つか選択する

皮肉なことに、プロセスオーナーが必要以上に測定を繰り返しているために、業務におけるKPI改善が難しくなっている。まず事業の「成果」指標の幾つかに焦点を当て、次にその成果に直接的に影響を及ぼす、プロセス内のKPIに焦点を当てる。こうすれば、社内業務のパフォーマンス項目をあれもこれもと作るよりはるかに効果的だ。複数のエリアや機能にまたがるプロセスについては、E2Eでの指標設定が重要だ。その良い例がサプライチェーンの「パーフェクトオーダー」指標である。パーフェクトオーダーとは、正しい製品を、正しい場所に、正しい時間に、正しい状態で届けるプロセスを意味する。顧客にとっては、こうした総合的な指標は、個々の細かい指標よりも重要な意味を持つ。

c．ＫＰＩの業績結果を総合的に考察して説明責任を強化し、全体を指揮するオーナーを1名指名する

実行能力のあるコマンドセンターの設置を推奨する。問題認識から解決までを行う実行可能性を提供するように設計され、末端まで掘り下げて追求する能力を備えたセンターだ。ＫＰＩの成熟度が低い組織では、ＫＰＩの結果に関する説明責任が断片化してしまい、これを統一し一貫して背負う人間がいない。各ＫＰＩに対してプロセスオーナーがいるにもかかわらず、である。プロセスオーナーは、基準値や期待値を設定して、実務で現実よりも高いレベルのガバナンスの役割を果たそうとする傾向がある。そこで問題となるのは、プロセスオーナーが業務に直接関与しない結果、変革が必要な部分に関して組織をまたいだアクションを指示しない状況が往々にして見られるのが現実だ。

2．効率性の高い顧客重視を推進する

興味深いことに、独占的なプロセス組織の多くは、共通の課題を抱えている。プロセスオーナーが当然のように自身を顧客重視だと捉えているのだ。ただし、現実には問題が幾つか生じている可能性がある。プロセスオーナーが受動型であったり、「顧客」の定義を曖昧にしたまま業務を行っていたりする可能性があるのだ。

まず1つ目の問題、ステージ1において顧客重視が受動型であるという点を取り上げよう。個別の顧客ニーズ対応や、何か問題が発生したときにこうした状況が生じる。なお、この場合、ユーザーやステークホルダーへのサービスを向上させ続けるという、確固とした上昇スパイラルを生み出すプロセスは存在しない。サービス向上という目的よりも、対応の厳密さや完全性の追求に関係している問題だ。

2つ目の問題として、ビジネスプロセスを実施する従業員が「顧客」とは誰であるかを十分理解できていない可能性がある点が挙げられる。ユーザーとステークホルダーに関しては区別が必要だ。両者は異なる存在だが、本来はどちらも「顧客」だ。郵便局の場合、郵便サービスを求める市民はユーザーであり、株主や郵便局の長は、自称ステークホルダーだ。さらに言えば、ユーザーのニーズとステークホルダーのニーズが異なる場合もありうる。例えば、郵便局のユーザーは、ポストに手紙を投函するとき白手袋をはめたコンシェルジュのような対応を喜ぶかもしれないが、ステークホルダーはそんな贅沢なサービスの代償に顔をしかめるだろう。

初期段階において受動型の顧客重視である場合、課題となるのは、ビジネスプロセス変革の必要性を示す大事なシグナルを見逃しかねないリスクだ。発信元がユーザーであれ、ステークホルダーであれ、これは真実だ。ユーザーに関する問題は単純に理解できるビジネスオペレーションの効率がさらに上がっても、ユーザーのニーズが変化しているために、ユーザーエクスペリエンスはかえって悪くなる場合もありうる。

ステークホルダーの側から見ると、初期段階における顧客重視の管理は、他のステージよりもまず間違いなく難しい。組織内のステークホルダー（エグゼクティブマネージャー、社内の上級クライアント、ウォール街の株主、政府首脳など）はユーザーエクスペリエンスの向上を求める一方で、コストは引き続き削減したいと考えている。その結果、ユーザーに及ぼす影響を認識しないまま、サービスコスト削減の意思決定を行っている可能性がある。全体的に見ると、顧客重視の初期段階では、ユーザーとステークホルダーのニーズが相容れず、ビジネスプロセスを実際に行う従業員が板挟みになりやすい。サンドウィッチの具材のように両者に挟まれてしまうのだ。

解決策としては、ステークホルダーやユーザー、プロセスオーナーそれぞれのニーズを提示するための規律ある構造を確立し、全体的なバランスを図る方法がある。方向性を示し問題を解決するために、運営委員会を組織するのも有効だ。顧客重視が明確になるに従い、成熟度がもっと高いステージであればビジネスプロセスを管理するための製品管理やサービス管理など、さらに優れたアプローチがあるだろう。これについては後の章で詳しく述べるが、現ステージでは運営役員会を設置すれば事足りるだろう。

ステージ1　オープンマーケット・ルールの終わりに

要約すると、これまで述べた効率性の高いKPIや顧客重視を推進するための実施ステップは、ステージ1の段階の業務に見られる慣性に取り組むものだ。この実施ステップが、組織がKPIの変革や顧客に関する定義の変化を直接経験するための基盤を作る。続く2つの章では、残り2つのドライバー、ユニファイド・アカウンタビリティとダイナミック・オペレーティングエンジンに関連する実施ステップを追加で行い、ステージ1の業務遂行にいかに役立つかを説明する。

ステージ1　オープンマーケット・ルールにおけるチェックリスト項目

オープンマーケット・ルールをさらに強化するため、パフォーマンスを次に記載するステージ1の特徴と比較していただきたい。

☑パフォーマンス指標がサイロ化され、固定されている。個々のプロセス集団または機能として業務を遂行しており、ビジネス環境の変化に対応した十分な変革を行っていない。

☑継続的な改善を推進するために、ＫＰＩが策定されている。多くは業務効率化やコスト低減に関するもので、主に機能に焦点をあてている。

☑パフォーマンスの報告に対して、しばしば業務の実態を反映していない、またはステークホルダー全員に容認されていない。

☑ユーザーやステークホルダーからの顧客フィードバックは、たいていの場合、業務の改善に使用され、価値の創造よりコストに重点が置かれている。組織全体として系統だったエンゲージメントモデルが存在しない。

☑プロセスオーナーが、自分たちの役割は、事業の成果に対して責任を負ったり外部のビジネス環境に追随し続けられるように変革をサポートしたりすることではなく、むしろ、標準的なプロセスを定義することだと捉えている。

第4章

機能別サイロを越える

KEY INSIGHT

E2Eのプロセス設計は、サイロ化されたプロセス設計よりも優れている。ただし、プロセスの結果に対して説明責任が統一されていればさらに優れた効果を発揮する。

航空業界は、しばしばビジネスプロセスの卓越性を示す例として取り上げられる。荷物が消えたとか、フライトがキャンセルになったなどといった、お決まりのホラーストーリーはあるものの、世界の航空業界の途方もなく広大で複雑な規模で行われている現実を考えると、そんな話は統計上微々たるものだと認めざるを得ない。自分の企業のビジネスプロセスが複雑だと思う人は、試しにオペレーションを経験してみるといい。約2万5000の民間航空機で195カ国にある計1万5000の空港を経由して毎年50億人の乗客を移動させるのだ。しかも、信頼度を99・99999％以上に維持する。さらに興味深い条件を設定してみよう。規則や基準、手順は、一企業内のように厳しく取り締まれない分散型の組織構成でオペレーションを行うこと。単一のCEOのような存在はなく、単一の説明責任を負う階層組織も一切存在しない。しかし、この業界こそが、業務の信頼性におけるベンチマークを提供しているのだ。

確かに、信頼性は飛行機の設計においても徹底的に追求されている。だが、ここでは業界の裏側に着目していきたい。航空業界では、世界各地で多彩な能力を持つ1100万人を超える人材が直接雇用されている。従業員は、航空券の発券から空港の業務、航空機の整備、荷物や食事のサービスまで、全てを担う。こうした複雑で非常に広範囲にわたるオペレーションが分散型で行われ信頼性の高い結果（必ずしも好感がもてるとは言えないとしても）をもたらしているという事実。これは小さな奇跡だ。

分散型の複雑な構造でもビジネスプロセスの卓越性が実現されている航空業界からは、学べる点が多い。チーム間の引き継ぎで発生する不具合やエラーをどんな方法で最小限に抑えてきたのか。何千もの企業にまたがる機能別サイロという組織的な問題に、どのように取り組んでいるのか。学びの一助として、失敗例を見るのは参考になるかもしれない。どんなに辛い経験であったとしても、事後の分析は役に立つケースが多い。

そのとき何が起きたのか　マレーシア航空370便のストーリー

2014年3月8日、マレーシア航空370便（MH370）が行方不明になったと初めて聞いたとき、私（トニー）の心は悲しみに沈んだ。幸い、飛行機災害は稀にしか発生しない。ただ、私はこのニュースと個人的に関係があった。最近シンシナティに戻ってくるまでの2年間はアジアに駐在しており、現地に友人がいたのだ。友人たちに直接的被害を受けた人はいなかったが、事故発生から数日間にわたって繰り広げられた混乱は身の毛もよだつものだった。CNNや24時間放送のニュースチャンネルの報道は、衝撃から希望へ、そして絶望へと変わり、やがて答えのない謎に転じた。航空マニアでもある私は、マレーシア航空370便がレーダーから姿を消したあとの数時間に何が起こったのか、ずっと考えていた。今回の事故は、実績の高い航空業界の一プロセスとされる、航空管制官（ATC）同士の引き継ぎにはあり得ない過失と関係していたため、余計に気になっていた。

ビジネスプロセスにおける失策の連鎖

2014年3月8日12時42分、マレーシア航空370便はクアラルンプールから北京に向けて離陸した。ファリク・アブドル・ハミド副操縦士が機体を操縦(14)、機長のザハリエ・アフマド・シャーは無線を担当していた。離陸から37分後、同機はマレーシアとベトナムの航空管制官の管轄空域の境界に差し掛かった。こうした境界では、飛行機の管制は所定の引き継ぎプロセスを経て次の管制官に引き継がれる決まりになっている。これとともに、クアラルンプール・センターの管制官は、ホーチミン（ベトナム）の管制官の座標を機長のザハリエに無線で伝えていた。「マレーシア370、ホーチミン127・9に通信してください。Good night（おやすみ）」ザハリエの応答は簡潔だった。「Good night（おやすみ）。マレーシア370」興味深いのは、ザハリエ機長がATCから求められた座標のリードバック（復唱）を行わなかった点だ。これは事故との関連性があり、ザハリエの心理状態に関係していた可能性がある。これがMH370便から聞いた最後の言葉になった。数秒後、同機は管制官のレーダーから姿を消した。MH370便は、管制官から次の管制官への引き継ぎプロセス中、まさに責任の継承ポイントとなる瞬間に姿を消した。管制官同士の引き継ぎにおいて次に行うべきステップは、ザハリエがホーチミンの管制官に連絡するか、それができなかった場合はこの管制官がフォローアップして警告を発信するか、のはずだった。今回の事故では、この手順が守られていなかった。

マレーシア航空370便にいったい何が起きたのか？

MH370便が消息を絶って12時間後、マレーシア、シンガポール、ベトナム各国からの捜索救助チームが、ベトナム南東部の南シナ海で残骸の捜索作業を開始した。残念ながら、捜索エリアが間違っていた。レーダーから姿を消した後、ＭＨ３７０便は一連の回避策を行い、最終的に南極へ向かっている。方向転換を何度も行っており、探知を避けようとする意図を示しているように見受けられた。

同機に起きた出来事を再現した説の中で、最も説得力があったのは、『アトランティック』誌の優れた報道記事によるものだ。執筆したウィリアム・ランゲヴィーシェ氏によれば、「今となってはＭＨ３７０便の運命の多くのことが確実に明らかになってきている。まず、失踪は意図的な行為だった。既知の飛行経路で無線や電子機器における沈黙があったのは、システム障害や人為的ミスが重なったためとは考えられない。意図的であることを裏付けたのは、ザハリエが行っていた実験だった。彼が使用したシミュレーターをＦＢＩが法医学検査を行った結果、ＭＨ３７０便がたどったルートとほぼ同じ飛行経路を試行していた事実が明らかになったのだ。インドネシア北部を飛行し、南部へ向かって長時間飛行、最後はインド洋上で燃料切れになるというルートだ」

明確にしておきたいのは、管制官同士の引き継ぎなどのプロセス上の破綻を回避しても、乗客を救えた可能性は極めて低いという点だ。墜落を食い止めるのは、まず不可能だっただろう。しかし、最初の１時間に関係者数名がプロトコルに従わなかったために、残骸やフライトレコーダーを時間内に発見できる可能性はゼロに等しかった。そのため、悲しみに暮れる遺族は、別れの区切りをつける手だてを失ったままだ。

ＡＴＣレーダーから飛行機が姿を消すのは極めて異例だ。だが実際にこの状況が発生したとき、クアラルンプールの管制官は他機とのやり取りに追われ、気づかなかった。後で確認して、同機が自分の管轄を出て、ホーチミンの管制官が安全に管理しているものと思い込んでいた。一方、パイロットからの連絡を受けるはずだったホーチミンの管制官は、同機に連絡を試みるも応答なし。2人の管制官はガイドラインに従わなかった。引き継ぎが行われる5分以内にパイロットがチェックインしない場合、引き継ぐ側の管制官は引き継ぎ前の管制官に連絡しなければならないはずだった。ホーチミンの管制官がクアラルンプールの管制官に連絡するまでに、同機はすでに18分間レーダーから姿を消していた。

航空災害ではよくあるケースだが、さまざまなエラーが重なって最悪の事態となり、大惨事を引き起こす。今回の状況も、本来であれば機能するはずのプロセスの多くが機能しなかった。マレーシアの航空救助調整センターは、同機失踪から1時間以内に連絡を受けるはずだったが、連絡はなかった。連絡があったのは失踪の4時間後だった。その間、ＭＨ３７０機は4カ国とマレーシア軍がそれぞれ所有するレーダーシステム(15)の探知範囲内を航行し続けた。しかし、同機が消息を絶った直後の数時間、そのデータはほぼ活用されなかった。残念ながら、その後に使用されても、時すでに遅しであった。

航空業界からプロセスの信頼性の大切さを学ぶ

マレーシア航空370便墜落事故は、業務プロセスの破綻という点では特異な事例だ。人間の正しくない行為がもたらした結果だったのだろう。先にも述べたように、一般的に航空業界の業務プロセスは、複雑かつ細分化され分散型で行われているにもかかわらず、高い信頼性を特徴とする。どのようにしてこれを実現しえたのだろう？

航空業界がいかにしてビジネスプロセスにおける卓越性を実現したかを理解するために、少し話を戻そう。まず、参考情報として、ビジネスプロセスの改善には幾つかのステージを経なければならない。ビジネスプロセスは、一般的に個々の5つの層からなる行動を通じて卓越性を実現できる。

1. 標準化されていないプロセスを修正する

ここが出発点だ。国ごと、あるいは航空会社ごとに、必要とする手順が異なる場合、航空管制官（ATC）同士の管制移管はどうなるか、考えてみよう。それが、プロセス改善の第一歩だ。

2. **サイロ化しているプロセスを合致させる**　管制官同士のプロセスは標準化されたものの、空港のゲート管理などの他の航空プロセスとは合致せずサイロ化している場合を検証する。引き継ぎのミスは生じうる。このステップではその問題に取り組む。

3. **E2Eプロセスを一貫して実行する**　ターミナルでのチェックインからゲート管理、航空交通管制のプロセスまでは合致しているが、実行に関する規律に抜けがあるとする。これは起こりうる。個々のプロセスを標準化するには時間を要するためだ。この段階では、まだ管制官同士の引き継ぎミスが起こる可能性がある。

4. **E2Eプロセスの実施に対し、強固なフェイルセーフの追加設計を行う**　ターミナルでのチェックインから航空交通管制までの全てのプロセスが円滑に行われたとする。だが、万が一問題が発生する状況に備えてフェイルセーフ手順が設計されていない場合、突発的な問題が発生しうる。これは、プロセスが効率的なE2Eで実施されている一方で、最悪の事態の問題を回避または修正するためのユニファイド・アカウンタビリティが従業員に与えられていないからだ。

5. **結果に対するユニファイド・アカウンタビリティの役割を設計する**　この段階では従業員は、不具合をほぼゼロにする、プロセスの卓越性を維持するために各プロセスを継続的に進化させる、この両方に対して権限を与えられる。

この各アクション層をビジネスプロセスの成熟度に関する本書の内容に当てはめると、ステージ1におけるビジネスプロセスの成熟度では、5項目全てが、プロセス間のギャップを生じる可能性がある。たいていの場合、組織は最初の3項目に取りかかる計画を立てる。標準化やE2Eプロセス管理、実行を改善するための規律の遵守に取り組むのが一般的だ。残りの2項目、さらに引き継ぎを減らし、結果に対するユニファイド・アカウンタビリティの役割を設計する作業については3項目ほどには進展していない。そこで、先ほどの航空業界のストーリーを活用し、この2項目に関する教訓を掘り下げてみよう。

1．航空会社のオペレーションは引き継ぎ業務を改善し、フェイルセーフ構造を構築してきた

マレーシアとベトナム間の航空管制官（ATC）同士の引き継ぎミスを再検証してみよう。何層もの卓越したプロセスが存在していた事実を考えると、この失敗が発生したことは衝撃的だ。航空管制官同士の航空機の管制引き継ぎについては、厳格なプロトコルが定められている。さらに、そのプロセスの各ステップに対する説明責任は明確に、必ず一人に付与される。また、説明責任が一人の人間から次の人間に引き継がれる際には、正式な認証手続きが定められている。最後に、こうした引き継ぎには、必要に応じてフェイルセーフのサポート構造が組み込まれている。これは、離陸手順からゲート管理まで、航空業界のほとんどの業務プロセスに当て

はまる。

対照的に、多くの組織のビジネスプロセスは今なお、説明責任のサイロ化に苦労している。例えば、「Order to Cash」（受注から入金まで、O2C）や、拡大した「Quote to Cash」（見積もりから入金まで、Q2C）などのビジネスプロセスでは、顧客から注文を受け、ITシステムで注文を処理し、物流業務を通じて製品を配送し、顧客から現金を回収する。営業、IT、物流、財務とサイロ化された機能を経て、この一連の業務を行った場合、効率は平均して3割低下する。さらに、この損失には、売上成長に及ぼす影響が考慮されていない。マッキンゼーが行った、企業間取引（Business to business、B2B）に特化した調査では、[16] E2Eの説明責任のためにQ2Cを最適化する企業は、最適化しない同業者よりもはるかに優れた業績を上げると示されている。新規顧客の獲得、既存顧客の拡大、既存顧客の維持率の向上により、競合他社の4倍の成長を遂げる。また、国や地域間でサイロ化している組織も要素として含めれば、成長のチャンスは拡大する。さて、グローバル・プロセスオーナーは、成熟度別の初期段階では、引き継ぎ問題にはあまり役に立たない。現実の取引実施に関与していないためである。

2．航空業界における、E2Eの結果に対するユニファイド・アカウンタビリティの重み

航空業界は、空港ターミナル、航空機、手荷物預かり、航空管制、セキュリティ、整備、機

内乗員など、無数の独立した組織で構成される。乗客全員の旅が首尾よく終わるようにするには、この数々の組織が1つにまとまらなくてはならない。しかも、最も重要なE2Eプロセスの結果（旅程の遵守や乗客の安全確保など）に関しては、各ステップに必ず一点集中型の説明責任が付与される。搭乗中はゲート係員が、飛行中は航空管制官が、それぞれユニファイド・アカウンタビリティを負っている。プロセスの重要なステップにおいて、E2Eの結果に対し単一の説明責任者を配置する体制は、航空業界のプロセスの信頼性を高める設計では根幹をなす要素なのだ。

多くのビジネス組織において、ビジネスプロセスに対するユニファイド・アカウンタビリティを上級役員レベルで付与するべきだとする考えもあるだろう。そもそも、ほとんどの機能（営業、財務など）のリーダーはCEOに、場合によってはCOOに報告する。その設計では、ビジネスプロセスにおけるE2Eのコラボレーションを可能にすべきだ。その際の課題は、主要な報酬構造として、機能ごと（営業、IT、サプライチェーンなど）にサイロ化した部門は維持され、かつ組織末端までサイロ化されている点にある。したがって、従業員自身が所属する機能プロセスの最適化を犠牲にしてE2Eのプロセスを最適化することを、各人の「コーポレートシチズンシップ（corporate citizenship）」の意識に頼らなければならない。これは難しい問題だ。

E2Eの結果に対するユニファイド・アカウンタビリティの設計は、各ビジネスプロセスの末端まで浸透させる必要がある。どのようにしてこれを実現するか、さらに掘り下げてみよう。まずO2C（「Order to Cash」（受注から入金まで））の過程では、ユニファイド・アカウンタビリティとは、従業員1人が受注1件について、交渉から売上回収までのO2Cの活動を全て行うことを意味するのだろうか。それは絶対にあり得ない！　多くの組織において、それはまず実現不可能だ。だが、タスクの専門化（例えば航空管制官の仕事はかなり狭い）とユニファイド・アカウンタビリティ（効率的な機能ごとのタスクの完了よりもE2Eの結果を優先する説明責任と報酬システム）の共存は可能だ。航空会社はE2Eの業務を設計するだけでなく、顧客から示された結果に対するユニファイド・アカウンタビリティを業務に携わる一人ひとりに深く浸透させる術をも完成させた。

航空業界から得たこの2つの学び（より信頼性の高いプロセスの引き継ぎと組織の隅々にまで深く浸透した、ユニファイド・アカウンタビリティ）は、本書の「ステージ1　ユニファイド・アカウンタビリティ」のモデルに織り込まれている。

モデル　ステージ1におけるユニファイド・アカウンタビリティ

ステージ1の成熟度では、E2Eの結果に対する説明責任が存在する例は多くない。組織の上級レベルにおいて、担当する機能内で成果を出すことに対する強い説明責任は付与されている可能性がある。一方、Ｅ２Ｅのプロセスに対する説明責任が広範囲に存在するとは考えにくい。この状況に対処するために、先の、航空業界の分析から学んだ教訓を、改めて適用できる。ステージ１におけるユニファイド・アカウンタビリティのモデルは、次の２つの部分で構成される。

１．標準化とE2Eでの自動化により引き継ぎミスを低減

念のため言っておくと、ステージ１の成熟度であっても、多くの組織にはプロセスの標準化と自動化を行うプログラムがある。問題は、意図ではなくアプローチだ。ビジネスユニットや機能、国が異なれば、それぞれが独自の基準を定義するのに最適なポジションにあると考える可能性がある。使用するＩＴシステムに関して、自分たちが選んだシステムが自分たちのニーズに最も対応していると力説するユニットもあるかもしれない。こうした組織では、Ｅ２Ｅのプロセスの協調を念頭に、グローバル・プロセスオーナー（ＧＰＯ）を指名する場合がある。ＧＰＯは、通常、プロセスごと（給与計算、会計、注文管理など）に基準を提供し、指示を与える。また、サイロをまたいで業務を進め、Ｅ２Ｅプロセスの効率を改善する。さらに、ＧＰＯは、全社で知見を共有し基準を実現するために、「コミュニティ・オブ・プラクティス」（community of practice、ＣＯＰ、実践共同体）を構築する場合もある。さて、何が欠如しているのだろう。

問題は、こうした初期段階の構造がどれほどの効果をあげるかだ。このステージでは、プロ

セスや自動化の基準は、まだ機能別のサイロや、国、ビジネスユニットごとに管理されている。GPOおよびCOPの構造には、意思決定の権限が与えられていない。そこで、ステージ1を通じて成熟度を高める過程をさらに加速させる必要がある。その方法を紹介する。

a. E2EでのGPOの役割もしくはCOPが存在しないなら、作ればよい。すでに存在するなら、成功指標を変革することによって成熟度を加速させる。成功指標については、実践の推奨からビジネス結果目標の達成へとシフトする必要がある（全事業部門のプロセスのコストとサイクルタイムの両方もしくはいずれかを、世界規模で1割削減する、など）。

b. プロセスの引き継ぎにおける無駄に関連するデータを収集、分析、改善する。引き継ぎにより生じる無駄は生産性に致命的なダメージを与える。引き継ぎ時に行われている個々の修正をロスとして捉えなければならない。私たちはこうした無駄を個人の生活のなかですでに経験しているはずだ。自分の医療記録を全て持っている主治医から、専門医を紹介されたとする。専門医の診察室で詳しい病歴をもう一度記入させられた場合に、こうした無駄を感じていたはずだ。これは、ビジネスプロセスにも当てはまる。この段階で、こうした引き継ぎ時の無駄を全て測定し改善しなければならない。

c. ITシステム標準化の成功指標を更新する。ITシステムの実装に成功したとしても、それは単にプロセス上の中間目標を達成したにすぎない。真の成果とは、ビジネスプロセスをシームレス（継ぎ目なし）かつタッチレス（接点なし）に行う、E2Eプロセスでなくてはならない。組織やビジネスプロセスのさまざまな部分でITシステムがサイロ化していれば、企業の生産性という全体的な問題に十分に対応できない。

d．可能な限りITシステムとデータ構築を飛躍的に進化させる。今日の最新テクノロジーとITアーキテクチャをもってすれば、テクノロジーが完全に標準化されていなくても、プロセスの卓越性は高められる。数十年前P&Gは、SAPによりエンタープライズ・リソース・プランニング（ERP）の基盤を整備し、中核ITプラットフォームを標準化した。この単一プラットフォームは、あらゆる事業、あらゆる国で、中核とするビジネスプロセス（財務、人事、製造、物流、販売、流通）を全て実践できた。これは驚くべき成功だった。たとえ成熟した企業でも、これを実現できないところは多い。だが、実のところ、もし今日、ビジネスプロセスに関して同じ結果を求めるなら、複数のERPがあっても同じ成果を出せるような、より高度なテクノロジーがあれば、目標達成は可能だ。ERPを1つに絞る必要はないだろう。プロセスやシステムにおいて初期段階の成熟度にある組織は、今なら確実に飛躍的に成長できる。

2. E2Eにおけるユニファイド・アカウンタビリティを組織の隅々にまで浸透させる

2つ目のアクションアイテムは、ユニファイド・アカウンタビリティを組織の隅々にまで浸透させることだ。これを怠ると、従業員は企業としてのより広い観点から正しい行動を取るのが難しくなる。私たちのモデルで推奨するのは、組織構造と報酬システムを進化させ始めるという実施ステップだ。これにより、プロセスに携わる従業員の、E2Eの結果に対するやる気を引き出せる。前述のO2Cプロセスの例で、システムに販売注文を入力する従業員の意識について考えてみよう。自身の業務が売上収益や売上債権回収日数（DSO）、的確なサービスの提供などの目標達成に貢献していると考える方が、注文を受けてデータを入力するオペレーターとして捉える場合に比べ、はるかにモチベーションが上がるだろう。組織内で下位層にあるという理由で、従業員に権限が与えられないという事態があってはならない。各自に業務範囲における効率と効果の両方に対して責任をもたせることが重要だ。

E2Eのユニファイド・アカウンタビリティを全従業員に徹底する場合、GBSのような部門横断型の業務組織が最も適している。これまでの機能別にサイロ化された組織よりもはるかに効率性が高いはずだ。歴史的な背景を見てみると、20世紀初めの組織構造は業務の専門化に重きを置いていた（ヘンリー・フォードの労働の専門化など）。この手法は階級型や機能別の組織構造とうまくかみあっていた。しかし1980年代には、企業が繁栄するためには、効率性に加えて柔軟性やスピードが必要であることが明らかになった。こうして生まれたのがマトリックス構造だ。従業員や部門が複数のレポートライン（指揮命令系統）のレポーティングマネージャーを置く場合もあった。組織構造は階層型や機能別からマトリックス型に進化したが、社内のビジネスプロセスを実行する情報やデータはほとんど変わらなかった。機能別部門で働く従業員のために一部でマトリックス構造のレポートラインが導入されたりしたものの、社内の情報やプロセスに関するフローは変わらなかった。情報革命が起こりデジタルネイティブの競合他社が台頭するとともに、この問題は大きな機会をもたらした。そこで、GBS型構造によるE2Eのユニファイド・アカウンタビリティが、変革をもたらす強力なレバー（ドライバー）となりうる。

では、（GBSのような）ユニファイド・アカウンタビリティを基盤とする組織構造の進化を、どのようにして加速させればよいだろう。まずは次のステップから始めよう。

a．集約型「シェアードサービス」組織に集約可能な機能別プロセスを決定するための調査を委託する。調査の実施と推奨案の策定を行う、機能をまたいだチームを任命する。上級経営陣がチームを後方支援する。

b. ベストプラクティスの原則を適用して、業務範囲を定義する。新設予定の組織に組み込む業務の対象とするのは、事業部門や市場に共通するプロセスで、性質としてトランザクション型で「運用化」が可能なプロセスである。

c. この新組織にリーダーを任命し、リーダーをサポートするリーダーシップ・チームを創設する。なお、こうしたチームは、実務重視の編成が可能で、創設当初は対象範囲の業務のプロセスオーナー（人事、財務、ITなど）で編成できる。チームの具体的な成果物として、統合された事業計画と、最低価格とサービスレベルに関するコミットメント（約束）、およびより大きな価値創造を目指す戦略が含まれていなければならない。

d. 業務を機能別組織から集約型の「シェアードサービス」に移行する。このとき、スタッフ（レポートライン）、コスト（予算）、その他業務を一斉に移行させるビッグバン（大規模改革）ではなく、実績あるモデルである段階的な移行の実施を推奨する。

e. E2Eプロセスによる結果を確実に実現するために、従業員を対象とする報酬プログラムや表彰プログラムを再設計する。

ステージ1　ユニファイド・アカウンタビリティの終わりに

組織の設計は何世紀にもわたって、より洗練されたマトリックス構造へと進化してきたが、ビジネスプロセスは最近まで情報共有（企業内外ともに）の問題に阻まれて、その進化に追随できなかった。その結果、O2Cやサプライチェーン計画、さらには新卒採用の受け入れに至るまで、ビジネスプロセス内の意思決定が、機能別にサイロ化されたまま行われていた。デジタル技術の発展により、ビジネスプロセスを効率化するだけでなく、ダイナミックなプロセスに変革できるチャンスも大きく広がってきた。説明責任の機能別サイロ化が関係する課題は、前述のマッキンゼーによる調査で指摘された、効率の3割低下にとどまらない。もっとはるかに規模の大きいものだ。サイロ化は、ユニファイド・アカウンタビリティがもたらす無限のチャンスを逃す。喜ばしいことに、より新しいオペレーティングモデルを用いれば、こうしたチャンスに対応でき、さらに体系化も可能なのだ。次章では、これを達成する方法について、さらに詳しく述べたい。

ステージ1　ユニファイド・アカウンタビリティにおけるチェックリスト項目

ユニファイド・アカウンタビリティを強化するために、パフォーマンスをステージ1における次の特徴と比較していただきたい。

☑プロセスオーナーシップが、機能の範囲と優先度内に限定されている。異なるプロセスとの調和や一貫性が見られない。

☑プロセスがE2E管理されていない。1つのプロセスが複数の機能にまたがるレベルでは、各パートで責任者が異なる。引き継ぎに関して重大な問題やロスが生じる。

☑組織の奥深くに及ぶE2Eの結果の実現よりも、サイロ化されたプロセスの効率に重点が置かれている。その結果、主要な顧客成果が最適化されず二の次になっている。

☑E2Eで関わる企業や顧客とは対照的に、業務の報酬制度が、サイロ化もしくは機能別の経費削減や信頼性に基づいている。E2Eでのプロセス結果を推進するGBSのような構造が存在しない。

☑標準化や自動化を行うITシステムもサイロ化されている。サイロ化されたプロセスや機能間のシステム重複部分を排除する準備ができていない。

第5章

優れた戦略には優れたオペレーティングモデルを

KEY INSIGHT

オペレーティングモデルは企業レベルで戦略を行動に転換する。これはビジネスプロセスにも当てはまる。卓越したプロセスを持続させるためには周到なダイナミック・オペレーティングエンジンを持つことが極めて重要だ。

ビジネスプロセスの効率性、有効性、革新性について正しい目標を設定する。これは、まだ戦い半ばの段階だ。残る半分は、設定した目標を組織全体の日々の行動に落とし込むために、信頼できるモデルを持つことにより実現する。そこで登場するのがオペレーティングモデル（オペレーティングエンジン）だ。

こうしたビジネスプロセスのオペレーティングエンジンは、（a）一貫性があり、（b）市場とともに進化できる能力においてダイナミックでなくてはならない。オペレーティングモデルの一貫性について見ると、企業が財務や人事の業務を行う方法は、ビジネスユニットや国、子会社によって異なる可能性がある。買収や一部売却などあれば、さらに多様化する。その結果、ビジネスプロセスによるオペレーションのやり方や継続的な改善、評価などを行う方法は、かなり多岐にわたる。したがって、まだ初期段階のステージ1の成熟度では、プロセス目標を日々の業務に落とし込むための、一貫した、あるいは周到なオペレーティングモデルが存在しない。

「現実」のビジネス界で、ダイナミックなプロセスを行う必要性を考えると、企業内の多くのビジネスプロセスは有機的に緩やかに進化する。そのため、ダイナミックな市場ニーズとスローペースのプロセス変革という現実との間にギャップはさらに拡大する。そこでダイナミックオペレーティングエンジンの登場だ。ステージ1の成熟度では、一貫性とダイナミズムを確立する必要がある。そのためには、他の業界のストーリーから、最高のオペレーティングモデルを創る方法を学んでいこう。今回のストーリーでは、歴史上最も成功を収めた大企業再建の事例、２００６年のフォード・モーターを検証する。

アラン・ムラーリーはどのようにしてフォードの再建を成し遂げたか

アラン・ムラーリーが２００６年に行ったフォード・モーター再建は、ビジネス史上、最大規模の再建だと言われている。[17]その評が正確かどうかについては議論の余地があるかもしれないが、この再建がオペレーティングモデルの変革に関する最高の事例の１つであるのは確かだ。２００６年ムラーリーが前職のボーイングから着任した頃、フォードは１２７億ドルという記録的な赤字を出したばかりだった。２０１０年までには66億ドルの純利益を上げ、株価は２００８年の底値から１０００％以上高騰した。一般の基準から見ても見事な変革であり、さらに優れているのは変革の方法だ。再建戦略には、コストを徹底的に削減するアプローチから組織文化の崇高な変革まで、さまざまなものがある。ムラーリーがとったアプローチは、後者に基づいていた。そのアプローチは、ダイナミックなプロセス変革のトピックに、確かなオペレーティングモデルを持つ重要性を説く教訓を提供している。戦略と実践の間のギャップがいつまでも解消されない場合、原因はたいていオペレーティングモデルにある。[18]すなわち、顧客価値を提供するためにビジネスモデルをどのように具現化するか、が重要だ。特に老舗企業においては、オペレーティングモデルの変革を成功させるのは、本当に難しい。したがって、このストーリーから、ステージ１におけるダイナミック・オペレーティングエンジンに適用できる、貴重な教訓の数々を学びたい。

アラン・ムラーリーは、フォード・モーターに入社した際、従業員たちが多忙を極め限界に達している現状を瞬時に見抜いた。さらに、社内会議に費やす時間と社外の顧客価値に費やされる時間のバランスが崩れていた。[19] 通常、こうした状況に遭遇するのは、オペレーティングモデルが機能していないときだ。従業員は急ぎの仕事の対応に追われ、重要なタスクに割ける時間がないのだ。また、フォードのオペレーションでは、従業員たちをビジネス結果に対する個々の説明責任と結びつけようとして長らく苦戦していた。

事業パフォーマンスを評価するシステムが機能していなかったのだ。そこで、ムラーリーは、マネージャーたちに提出する報告書を色分けするよう求め、順調な案件は緑、要注意案件は黄色、問題のある案件は赤などとした。多くのリーダーは、スコアカード上の自分の結果を「緑」（順調）だと感じていたが、事業全体では目標から大きく外れていた。これも、オペレーティングモデルの粗悪な状態を明確に示す典型的なサインである。

フォードのオペレーティングモデルと企業文化を変革する

ムラーリーは、ボーイング時代に使用していた事業計画見直し（Business Plan Review、ＢＰＲ）ミーティングのモデルを、フォードにも適用することにした。事業計画見直しでは、毎週のミーティング実施を必須とし、各部門はそれぞれの取り組みを細かく解説し、評価可能な進捗状況を示して報告を行わねばならない。このミーティングは、非生産的なミーティングをなくす一方で、自身の結果に対する従業員の説明責任を強化し、ムラーリーの戦略において中核的役割を果たすようになった。

そのBPRがフォードのリーダーたちに最初どのように受け止められていたかを示す興味深い逸話がある。第1回のBPRミーティングで、ムラーリーは集まった社内のリーダー16人に対し、優先事項の上位5項目はどの色に該当するかと尋ねた。ほぼ全員が緑だと答えた。しかし、その年、フォードは170億ドルの損失が見込まれていた。どう見ても、優先事項が全て順調に進んでいるとは思えない。ムラーリーは尋ねた。「では、当社の事業計画では、今年170億ドルの赤字を出す予定になっているんだな？　この問いに対する答えが『はい』なら、私たちは緑色、順調だということになる。そうでないなら、私たちは間違っている！」。最終的に、リーダーの一人が、赤色であると認めた。ムラーリーはそのリーダーに拍手を送り、赤色である現状を非難するよりもむしろ、正直に認めた行為に対して感謝した。そして引き続き、新たな透明性の高いオペレーション文化の導入に取り組んだ。

組織設計の観点から見れば、ムラーリーはフォードを、地域型のビジネスユニットからグローバルな機能別モデルに移行させたのだ。これにより、例えば、車両プラットフォーム数を減らして、より効率的・効果的なオペレーションが可能になった。ムラーリーはこのアプローチを「ワン・フォード」戦略と称した。[20]あまりの単純さに騙されているのではないかと思わせられるような、考え方だった。フォードを一企業として運営し、一連の製品群を提供するというものだ。ムラーリーは現行97車種を3分の2以下に減らすよう求めた。その結果、フォードは中核ブランドで販売する自動車とトラックの品質、魅力、収益性の向上に注力できるようになった。同時に、ムラーリーはコスト再編を行い、年金や医療負債、工場や従業員の数を削減した。

新戦略とオペレーティングモデルの再設計（グローバルな機能別構造への移行、個人の説明責任の強化、車両プラットフォーム数の整理など）により、フォードはその後4年で黒字に回復した。2008年のリーマンショックも、米国の税金による救済を受けずになんとか乗り切った。

より広い視野でとらえるフォードの抱える問題は、自動車業界特有のパターンの一部にすぎなかった

だが、ムラーリーのストーリーには重要なエピローグがある。私たちは、フォードの問題をより広い視野で米国自動車業界全体の現状の中で捉えなければならない。具体的に言えば、かつては圧倒的なシェアを誇った米国自動車産業が過去半世紀にわたり失墜していった歴史の中にフォードの問題を位置づけ、見つめ直すアプローチだ。現実として、かつて強大だった大手自動車メーカーの衰退は、あるパターンの一部となっている。米国の自動車メーカーが直面し

た問題に関する文献の多くは、各メーカーのビジネスモデルに言及している（強力な大型自動車の製造への集中、労働組合の人件費、生産性の問題、予期せぬ石油価格の高騰など）。こうした文献は、指摘については正確ではあるが、これでは不完全とも言える。オペレーティングモデルの欠陥に関して、業界のリーダーの説明責任を追及していないからだ。

事実、米国の自動車メーカーには、１９５０年代にはすでに問題発生の初期兆候が見られた。フォルクスワーゲンの米国台頭や、小型車の人気を深刻に受け止めていなかった。さらに、デザインや品質よりも利益を重視した。一方、日本では企業文化としてどちらにも重きを置いた。その姿勢が後に日本企業に大きな恩恵をもたらすことになる。１９７０年代に石油危機が起こると、時代遅れのビジネスモデルやオペレーティングモデルに過度に依存している現状がにわかに露顕した。例えば、大量生産技術に重点を置くオペレーティングモデルの場合、原材料、労働力、販売について厳格なスケジュールが定められ、それに従って車両が大量生産された。業務に柔軟性をもたせれば、標準化が脅かされると考えられていた。時代を進めて現在を見てみよう。１９７０年代のオペレーティングモデルが米国自動車メーカーにとって一過性の問題に終わらなかった事実は明白だ。自動車の設計、製造、人件費、その他コスト要素が米国と海外の自動車メーカー間で同等になってきているのに、米国の自動車メーカーの市場シェアは着実に低下している。企業活動を進化させる柔軟性が、競合他社よりも乏しいのは明らかである。さらに重要なのは、米国の大手自動車メーカー各社が幾度も変革を行ってきたにもかかわらず、こうして業績が不安定である点だ。こうした事情全てが、オペレーティングモデルの単発的な変革は必ずしも持続可能でないことを切に物語っている。オペレーティングモデルそのものがダイナミックでなければならない。ビジネスの状況変化に合わせて、オペレーティングモデルも進化する必要があるのだ。

ビジネスモデルとオペレーティングモデルの違いを明確にする

前のセクションでは「オペレーティングモデル」という言葉を多用して解説した。「オペレーティングモデル」と「ビジネスモデル」の2語に馴染みのある人は多いが、ここで両者の違いを明確にしておくのも重要だ。私たちのドライバーの一つ、ダイナミック・オペレーティングエンジンは、基本的に、ビジネスプロセスに適用されるオペレーティングモデルのダイナミック版だからである。

ビジネスモデルはビジネスがどのようにして価値を獲得するかを示すのに対し、オペレーティングモデルはどのようにしてビジネスを実行するかを示す、という点で最も簡単に区別できる。引き続き自動車メーカーの例を見ていくとしよう。自動車メーカーは、自動車の設計、生産、販売を行う。そこにはサプライヤーや顧客、メーカーが付加する価値が含まれる。したがって、結果として生まれる製品は、投入された全原材料の総額よりも価値がある。ビジネスがどのようにして市場で価値を獲得するかについては、ビジネスモデルが動力源となる。

オペレーティングモデルは、高度な企業戦略をオペレーションの結果に変換する。オペレーティングモデルは、ビジネスモデルを日常レベルで実現するための人材、プロセス、技術によって、やや単純化して表示できる。つまり、ビジネスモデルを構成する全ての要素がどのように連動するかを示す。破綻したオペレーティングモデルを修復するのは、経営者にできる最も賢明な投資の一方法となりうる。ベイン・コンサルティング（ベイン・アンド・カンパニー）が8業種、21カ国を対象に行った調査では、オペレーティングモデル指標が上位25％に入る企業、すなわち、明確で堅固なオペレーティングモデルを持つ企業は、下位25％の企業に比べて5年間の平均売上成長率と営業利益率がそれぞれ、120ベーシスポイント、260ベーシスポイント高くなっていた。

フォードから学ぶ　ダイナミック・オペレーティングエンジンとは

フォードのサクセスストーリーはビジネスモデルとオペレーティングモデルの関係について

重要な事実を示している。組織のオペレーティングモデルがビジネスモデルと合致しているとき、前者が後者を全面的にサポートするため、その組織が成功する可能性ははるかに高くなる。ビジネスモデルには、魅力的なものが多い。そして多くの注目を集める。オペレーティングモデルは、厳密な実施を表すものだから、それほど注目されない。ステージ1のダイナミックなプロセス変革の作業に適用できる重要な教訓が2つある。その1、オペレーティングモデルはビジネスモデルと合致していなくてはならない。その2、オペレーティングモデルは、時間をかけて進化し続けるために、ダイナミックでなくてはならない。

1．ムラーリーは、ビジネスモデルと合致したオペレーティングモデルを設計

前述のように、オペレーティングモデルは企業のビジネスモデルを実践するための日々のプロセスを表している。日常業務のスコアカードの各欄がどれも順調を示す緑色で、事業結果がどれも問題ありを示す濃い赤色であった場合、オペレーティングモデルとビジネスモデルは明らかに合致していない。これは、ステージ1のビジネスプロセスの変革において非常に重要な教訓である。ビジネスプロセスの成熟度の初期段階では、最終の事業結果を実現する点が重視され、社内の機能別プロセスが必ずしもうまく組織されるとは限らない。欠如しているのは、同期を余儀なくされる方法論やエンジンである。ムラーリーのＢＰＲミーティングは、この種の方法論を、わずかではあるが明確に示していた。

また、ムラーリーは製品プラットフォームと社内の機能別プロセスの両方を簡素化し、規模を拡大した。思い出してみよう。「ワン・フォード」戦略は、組織を一企業として運営する。これには機能別プロセスの合理化および車両プラットフォーム数の削減が必要だった。この戦略を、ステージ1のプロセス成熟度にある組織に適用するというのは、革新的で大胆なアイデアだ。ただし、実際には、成熟度の初期段階では、社内プロセスの規律はビジネスユニットや国により異なる。まだ「ワン・オペレーティングエンジン」の段階には達しておらず、複数のエンジンが存在する。ただし、これを1つのオペレーティングエンジンに集約し、規模を拡大すれば、効率化は可能だ。

2. ダイナミック・オペレーティングモデルを持たなかったために代償を支払ったフォードをはじめとする米国の自動車メーカー

さらに、オペレーティングモデルは常に進化し続ける必要があるという教訓も忘れてはならない。繰り返すが、ビジネスのアジリティに関する現代の文献の多くは製品の再開発に注目し、ダイナミック・オペレーティングモデルの必要性には目を向けない。過去数十年にわたって米国の自動車メーカーの業績が不安定だった事実は、持続的な競争優位性を確保するためにはダイナミック・オペレーティングモデルが必須であるという重要な教訓を示している。

こうした教訓をステージ1に適用するのは、非常に有益となりうる。前述の通り、まだステージ1にある組織では、オペレーティングエンジンが1つではなく幾つも存在するのが現実だ。スリム化に際して、ダイナミックであると認識されているオペレーティングエンジンを1つ選ぶことが重要である。「ダイナミック」であるとは、オペレーティングエンジンが絶えず変化する顧客ニーズやビジネス上の優先事項、市場環境に継続的に適応する状態を意味する。これにより、ビジネスプロセスのオペレーティングモデルが、時間の経過とともにビジネスモデルと合致しなくなる状態を未然に防げる。ただ、さしあたって現ステージでは、プロセスを成熟させるにあたり、複数あるオペレーティングエンジンを1つにする作業に主眼をおく。その後の段階ではダイナミックでありつづける力を強化する。次の段落では、「ステージ1　ダイナミック・オペレーティングエンジン」向けのモデルの概要を紹介し、どのようにすれば実現できるかについて情報を皆さんと共有したい。

モデル　ステージ1におけるダイナミック・オペレーティングエンジン

ステージ1においてダイナミック・オペレーティングエンジンを構築するためのモデルは、フォードの再建や、より広範な米国の自動車業界から学んだ教訓を大いに適用している。具体的には、オペレーティングモデルはビジネスモデルと合致していなくてはならない。また、オペレーティングモデルは1つ。複数は不要だ。最後に、オペレーティングモデルは、ダイナミックでなければならない。本書で述べる業務では、ビジネスニーズに合致しダイノミックに進化できるモデルを共有する。このモデルは、社内のプロセスに関する作業のみに該当するため、オペレーティングモデルというより、単にオペレーティングエンジンと呼ぶことにする（これに対し、オペレーティングモデルは企業の製品や社内のプロセス作業にも適用される）。私たちが推奨するダイナミック・オペレーティングエンジンには、アクションアイテムが2つある。

1．ビジネスモデルに合致したオペレーティングモデルを構築する

代々受け継がれてきた初期段階の成熟度では、ビジネスプロセスは、サイロ化した機能別（財務、販売、人事など）の効率化を実現する。企業にはオペレーティングエンジンが多数存在する。個々のプロセスは、サイロ化した機能やビジネスユニット内ではうまく合致しているが、サイロをまたぐまでには拡大していない。ステージ1のダイナミック・オペレーティングエンジンに取り掛かる手始めとして、3つの質問をするだけでよい。その回答が、「1つ」のオペレーティングエンジンを創り出す基盤となる。

a．ビジネスプロセスをE2Eで運営しているか

多くの事業はビジネスプロセスがサイロ化した状態から始まる。つまり、前章で述べたように、注文を受けるビジネスプロセスと、注文を処理するビジネスプロセス、さらに、製品を配

送するビジネスプロセスと、現金を回収するビジネスプロセスとが別々になっている可能性がある。これは、こうした作業を、「Order to Cash」（O2C）と呼ばれるE2Eプロセスの一環と見なす考え方とは逆になる。企業経営に必要な、こうしたE2Eのビジネスプロセスの数は限られる。最も一般的なのは、「Hire to Retire」（ハイヤー・ツー・リタイア、採用から退職まで、H2R）、「Record to Report」（レコード・ツー・レポート、記録から報告まで、R2R）、「Procure to Pay」（プロキュア・ツー・ペイ、調達から支払いまで、P2P）、「Order to Cash」（オーダー・ツー・キャッシュ、受注から入金まで、O2C）、「Idea to Offering」（アイデア・ツー・オファリング、アイデアから製品提供まで、I2O）の5つだ。プロセスの内容については確かに業界によって異なるが、ほとんどの企業がこの5項目を上位に選ぶ可能性は十分にある。

図5は、世界有数のビジネスプロセス管理ソフトウェアメーカーのSAPが開発したソフトウェアがサポートする、E2Eのビジネスプロセスのリストだ[21]。

b．ビジネスプロセスにかかるコストをE2Eで把握しているか

1つ目の質問は、各E2Eプロセスの効率をどのようにして評価すべきかという、重要なフォローアップにつながるものだ。サイロ化（E2Eとは対照的）して、説明責任がサイロ別に分断（E2Eのプロセスオーナーを1名配置するのとは対照的）しているプロセスにおける問題は、E2Eでの効率性を求める設計の難しさだ。ここで手始めとして重要なのは、ビジネスプロセ

A2R	Acquire to Retire（固定資産の取得から償却まで）
F2D	Forecast to Delivery（予測から納品まで）
H2R	Hire to Retire（採用から退職まで）
I2O	Idea to Offering（アイデアから製品提供まで）
I2R	Issue to Resolution（問題発生から解決まで）
M2O	Market to Order（市場開拓から受注まで）
O2C	Order to Cash（受注から入金まで）
P2I	Plan to Inventory（計画立案から在庫まで）
P2P	Plan to Produce（計画立案から生産まで）
P2P	Procure to Pay（調達から支払いまで）
Q2C	Quote to Cash（見積もりから入金まで）
R2R	Record to Report（記録から報告まで）

図5　E2Eのプロセス一覧（例）

スのE2Eでのコスト全体について問う行為である。受注1件ごとのO2Cや、事業部門あたりのR2Rなど、各ビジネスプロセスのE2Eにかかるコストを評価し、より適切なベンチマークを得て、E2Eでの全体的な説明責任の創出に役立てる。この説明責任こそ、ダイナミックなオペレーティングモデルを実現するための1要素なのだ。

c．各E2Eプロセスにおける接点の数を把握しているか

質問bは、E2Eプロセスの効率性を理解するのに役立つ。こちらの質問cでは、E2Eプロセスがどの程度合理化されているかを示す段階から始める。サイロ化あるいは断片化しているプロセスを緩くまとめて「E2Eプロセス」などと呼ぶような落とし穴は回避すべきだ。接点の数（1つの取引に関して、人が実際に関わった回数）は、

E2Eプロセスがどのくらい統合されているかを明確に示す代替指標になる。この3つの質問を尋ねれば、第2のアクションステップである、ダイナミック・オペレーティングエンジンが設計しやすくなる。

2. 拡張性と柔軟性を備えたオペレーティングエンジンを設計する

このステップでは、全てのビジネスプロセスを管理する規律を体系化する。ただし、長期的に拡張可能なかたちで行う。目的は、ある特定の時点に限定されないオペレーティングエンジンづくりだ。例えば、コスト削減を優先するあまり、ビジネスプロセスを低コストのオフショアベンダーに大きく依存したオペレーティングエンジンを設計してしまった状況を考えてみよう。組織の優先事項が急速な成長に変更された場合、エンジン設計がボトルネックになる可能性がある。顧客ニーズやビジネス優先度、市場状況は変化する。この変化に合致させ続けるためには、拡張性と柔軟性を備えたオペレーティングエンジンの設計が重要である。こうしたダイナミックなエンジンの構築には、企業内の全てのビジネスプロセスを横断する、9つのステップが必要である。

a. 拡張可能なビジネスプロセスの範囲を定義する

具体的には、プロセスのどの部分を集約し拡張すべきか、またどの部分をビジネスユニットや機能内に置くべきかについて、組織が決定できる基準を定義する。

b．業務をうまく移行させるための方法論を設計する

ステップ1が完了したら、業務と要員を、ビジネスユニットや機能から集約されたプロセスグループに移行させるためのアプローチが必要になる。ただし、こうした移行の3分の2が失敗する。だからこそ、方法論は非常に重要だ。第2章で述べたモンデリーズのストーリーのような、標準的なアプローチや詳しいマニュアルが役立つ。

c．運用管理手法を定義する

最高品質の業務を実行するための方法論を設計する。プロセスの質とコストを継続的に改善するための方法論が幾つか存在する。例えば、シックスシグマのような方法論に基づくのも1つの選択肢だ。

d．ベンダーを最も効果的に活用できるモデルを創る

標準的なサービス（給与計算やITサーバーなど）を自社で構築するのではなく、外部から購入する方法を定義する。また、こうしたサービスを最適に管理する方法を定義する。

e．社内クライアント管理を実践する

これは、ビジネスプロセスのマネージャーがビジネスの優先順位と常に緊密に連携できるようにするための方法である。

f．製品管理の手法を適用してビジネスプロセスを組織化し運営する

製品管理の実践にさまざまな方法論やツール、テクニックを適用すると、顧客ニーズやコスト構造、外部環境の変化などに対する認識に関して、規律ある取り組みをせざるを得なくなる。これはビジネスプロセスに適用すべき卓越したモデルだ。

g．専門性の高いパフォーマンス管理を導入する

プロセスに関して正しいパフォーマンス管理指標を選択し組織内に伝達する技術は、継続的な改善のみならず、ビジネスプロセスにおける信頼関係構築の中核となる。

h．ビジネスプロセスのための財務モデルを自社向けに定義する

各ビジネスプロセスのコストを算定し、回収するためのアプローチとステップを定める。専門性の高いモデルに従い、各ビジネスプロセスのコストと便益の透明性を確保する。

ⅰ．自社のプロセス組織の構造を設計する

この作業は、機動性やイノベーション、ビジネス中心主義を実現するために、人材やモデルを組織する方法を、熟慮の上で選択する作業を伴う。優れた組織モデルはダイナミック・オペレーティングエンジンも可能にするだろう。

これまでの経験から、企業自体を経営するための最良の方法と、最高水準の業務を実行するためのオペレーティングエンジンとの間に、極めて強い相関関係があることがわかっている。私たち筆者が推奨するこのモデルは事業運営の原理に基づいている。このモデルによって、世界で最も競争力のあるオペレーションの幾つかを構築・実行し、これに関する助言を提供してきた。

ステージ1　ダイナミック・オペレーティングエンジンの終わりに

オペレーティングモデルを強化する必要性は、役員会レベルでもますます注目を集めている。先に引用したベイン・コンサルティング（ベイン・アンド・カンパニー）による調査によれば、多くの企業がオペレーティングモデルを優先事項の上位3位に入ると捉えている。しかし、自社のオペレーティングモデルが競争優位性をもたらすと感じる経営幹部はわずか5分の1にす

ぎないのも事実だ。つまり、組織が強力なオペレーティングモデルを実施できるようになるには、まだかなりの道のりを進まねばならないようだ。

社内のビジネスプロセスに関しても同様で、筆者たちの在籍年数合計70年にわたる経験を総合すると、ダイナミック・オペレーティングエンジンに関して多くの企業がステージ1の成熟度にとどまっていると言える。企業は今後も、効率化の目標追求に重きを置く。公平を期すために言うと、標準化や自動化には、いまだ手つかずの莫大な価値が眠っており、現在も業務に関連する戦略の主要部分を占める。しかしながら、デジタル化が進む現代の世界では、柔軟性か効率化かという二者択一の選択肢はもはや存在しない。ビジネスプロセスのオペレーティングエンジンはダイナミックでなければならない。

本章は、ビジネスプロセス変革の3つのドライバー、オープンマーケット・ルール、ユニファイド・アカウンタビリティ、ダイナミック・オペレーティングエンジンに関する、ステージ1における成熟度についての締めくくりの章である。一般的に、ステージ1の成熟度はプロセスの効率化を実現し、これがコスト低減につながる。ただし、この効率性は適応性に乏しいため、ビジネスニーズが変化するにつれ十分に進化できなくなる。次の3つの章では、ステージ2に、または計画型のビジネスプロセスに焦点を当てる。ステージ1からステージ2へ移行することで、組織は業務の効率化と効果の両方に焦点を当てられるようになる。

ステージ1　ダイナミック・オペレーティングエンジンにおけるチェックリスト項目

ダイナミック・オペレーティングエンジンを強化するために、パフォーマンスをステージ1における次の特徴と比較していただきたい。

☑プロセスの範囲は、E2Eプロセスの定義ではなく、組織の構造によって決定される。
☑手法については、双方向の相乗的な相互依存関係を構築するのではなく、各ビジネスユニットや機能が必要とするものを提供することを必須とする。
☑プロセスの自動化とデジタル化はかなり進んだが、組織の収益に対する価値基準が必ずしも明確になっていない。
☑パフォーマンスやビジネス価値の提供に関して、業務を行う組織と事業の間に認識のギャップがある。
☑社内全体でビジネスプロセスを実行する方法の基盤となる、一貫したオペレーティングモデルが存在しない。たとえ存在したとしても、柔軟性に乏しく、時代の変化に追随していない。

PART 3

ビジネスプロセス　ステージ2
成熟度　計画型へ

ステージ 2　計画型　効果を重視

***ダイナミックなプロセス変革* 実施ステップ**

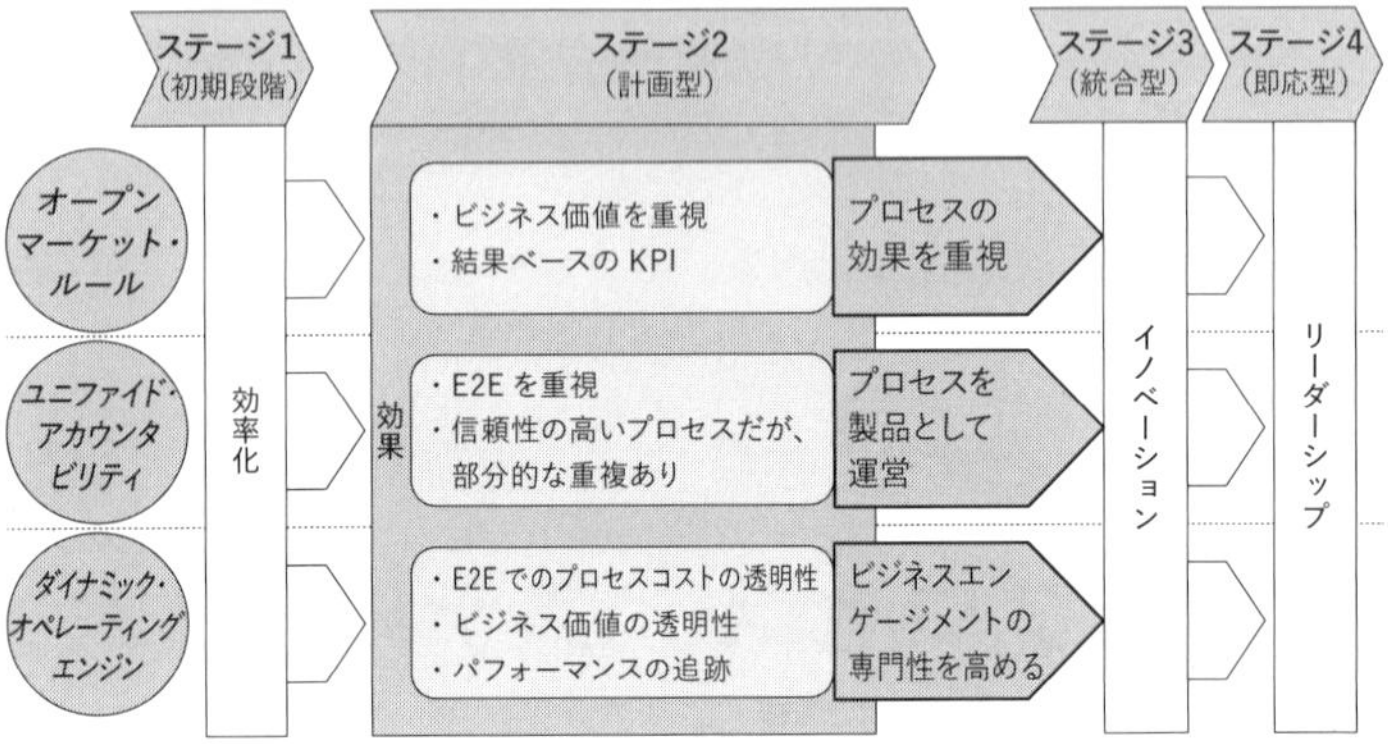

ステージ2とは？

効率化に加えて顧客のための効果創出を目指し、ビジネスプロセスをE2Eで構築し運営する。カスタマーエクスペリエンス（顧客体験）を含むパフォーマンス指標（KPI）は十分に顧客に基づいたものであり、透明性とビジネス価値の創出を中核として構築されている。
しかし、ビジネスオペレーションは依然としてバックオフィスとして運営されている。全ての変革は一時的な介入を必要とし、プロセスに部分的な重複が見られる。イノベーションは不規則に実施され一貫性が見られない。

成熟度を高め、
ステージ3に進化するための
アクション

・プロセスの効果向上にフォーカスする
・プロセスを製品として運営
・ビジネスエンゲージメントモデルの専門性を高める

図6　ステージ2　*ビジネスプロセス変革*の成熟度

第6章

ビジネスプロセスにおける効率偏重は問題か

KEY INSIGHT

ビジネスプロセスの効率に無意識のうちに過度に焦点を当て取り組んでいる可能性がある。その場合、ビジネスオペレーションの効果が損なわれる。

ＰＡＲＴ２の３つの章では、ステージ１またはプロセス変革の初期段階の成熟度に焦点を当て、効率は常に改善できることを述べた。効率はさらに高められる。オープンマーケットの作用に対する感度を高め（前述のポステ・イタリアーネのストーリー参照）、Ｅ２Ｅのプロセスに対する説明責任を推進し（前述のマレーシア航空３７０便の事例）、ダイナミック・オペレーティングエンジンを創出するのだ（フォードの事業再建と同様に）。ただし、効率偏重のビジネスオペレーションには、明らかに欠点がある。効率以外にも、ビジネスプロセスの効果やイノベーション、リーダーシップについても改善や成長の余地がある。こうした余地について、成熟度に関する次の3つのステージについて解説する中で、詳しく述べる。次のセクションでは、ビジネスプロセスの一例を紹介する。効率改善に過度に焦点を当てたために苦痛の体験を余儀なくされたエンドカスタマーたちがいる。その一人がフィリッポ・パッセリーニだ。彼の体験を紹介しよう。

ストーリー　実績あるビジネスプロセスが突如支障をきたす

私（フィリッポ・パッセリーニ）には、本章に関係した忘れられないストーリーがある。残念ながら嬉しくない理由で忘れられない経験になっているのだ。この経験から、プロセス改善が効率偏重になると思わぬ落とし穴があるという貴重な知恵を得た。

そもそも、引っ越しにはつきものの荷造りや荷ほどきといった一連のドタバタや、山ほどある緻密な作業を喜ぶ人はいない。ましてや国をまたいで引っ越すとなると、面倒な作業は膨大だ。有難いことに、P&Gから新しい任務を与えられるたび、冒険好きな私の家族は荷造りをし、別の国への転居に協力的だった。1989年から2001年にかけて、家族とともに4回、海外で引っ越しを経験した。楽しい経験とは決して呼べないが、引っ越し自体は、P&Gの手厚いサポートのおかげで驚くほどスムーズに進められた。しかし、P&GがGBS創設後の2001年に、米国からギリシャへ赴任したときの出来事は、鮮明に記憶に残っている……。あのときは、本当に大変だった。まるで妻と二人で、何十社というサプライヤーが関わる複雑なプロジェクトを管理しているようだった。サプライヤーたちは単純な作業ですら、連絡を取り合い調整したりしなかった。それ以前の転勤とは事情が全く違っていた。さて、大変ではあってもなんとか対処できたはずのプロセスが、どうしてこんなに急に手に負えないほど複雑になってしまったのだろう？　その答えは、効率性を追求するステージーでの変革から、効果を追求するステージ2での変革へと進む道のりにおいて重要な意味を持つ。

前提として、いかなる転勤も本来、非常に複雑な作業である。住んでいた家や車を処分し、新居を購入あるいは賃借し、荷造り業者を手配したり、水道・ガスといった公共サービスの契約をしたりと、さまざまな手続きが要る。子どもの転校手続きが必要な場合もあるだろう。配偶者が転職を余儀なくされる場合もある。さらに、海外転勤の場合は、国際的な要素が加わる。ビザ申請の手続き、言語や教育制度の違いも考慮しなければならない。転勤先で使える電化製品を新たに買い揃えたり、荷物も直近で必要なものは航空便に、残りの大量の荷物は船便に仕分けしたりせねばならない。そして課題はまだ他にもたくさんある。海外転勤はすでに何度も経験済みだったから、今回も大きな期待はしていなかったものの、ギリシャへの引っ越しは、結果的に極めて複雑な作業になってしまった。その理由を説明するためにはまず簡単に、多くの多国籍企業における海外転勤の仕組みを説明しておく必要がある。

海外転勤の流れと仕組み

企業が、経営幹部を海外に転勤させる必要がある場合、家族も含めて支援できる方法は幾つかある。例えば、企業は、幹部が赴任に関する意思決定を行うための出張費用を負担する。ビザ手続きの専門業者から荷造りや荷物の輸送を管理する業者まで、複数の代理店を雇う。住居の手配のために送り出し国と受け入れ国の不動産業者を雇う。人事方針によっては、語学レッスンや、子どもの学校入学などのために、さらに代理店を手配してくれる場合もある。

こうした代理店同士を全て調整するために、各国の人事部は、現地の業者数社と契約を結ぶケースが多い。転勤する幹部は、単純に現地の人事部とだけ関わって作業を進めていればよい。作業が比較的単純であるのがこの方法の利点だ。現地人事部の人間は本社の事情をよく理解しているし、転勤してくる幹部と個人的に面識がある場合もある。転勤経験のある幹部は、赴任先の人事担当者とどのように協調すべきかがわかっている。転勤に関する社内のポリシーも理解しており、必要があれば意思決定も速やかに行える。つまり、比較的シンプルで各人のニーズに合わせた体験になるわけだ。ただ、この転勤プロセスの設計には、規模が限定されている、拡大できないという点がある。つまり、国ごとに独自に業務を立ち上げなければならず、対応する人事機能が必ずしも、渡航や転勤に関する専門知識を持っているとは限らない。そのため、コストが割高になる可能性がある。したがって、多くの企業にとって変革の出発点は、転勤プロセスの費用対効果の改善だ。本書で述べるダイナミックなプロセス変革の枠組みで言えば、ステージ1の取り組み（ビジネスプロセスの効率化）に該当する。

効率化の問題に取り組むため、企業は転勤に関する「シェアードサービス」を創設する。転勤に関わる人事部門の全従業員、ベンダー契約やポリシー、システムを集約型オペレーションに統合する作業が必要だ。海外まで視野に入れた大型契約を求めて競合するグローバルベンダーは少ないため、業務集約により、コスト削減を推進できる。また、国をまたいで、一貫した福利厚生を推進できる。さらに、ビザの手配や荷物配送などの分野に専門家の導入も容易になる。フィリッポがギリシャに転勤する前、まだシンシナティの本社にいた頃は、P&Gはこんな状況だった。ところが、ステージ1の効率偏重のこのビジネスプロセスには限界がある。ギリシャへ転勤したとき、フィリッポはこの限界に直面することになった。

フィリッポが米国からギリシャへ転勤した際に発生した問題

幹部として転勤したフィリッポの観点から見れば、転勤に関するプロセスは、シェアードサービスの構造が作られたために、かえって複雑極まりないものになっていた。まず、第一段階として現地の人事の転勤担当マネージャーとデスクを挟んで行われていた最初の打ち合わせは、プロセスの必要な手順を全て記載した包括的なメール1通に置き換わった。まあ大丈夫だろう、とフィリッポは考えた。経験ある作業ばかりではないから理想的とは言えないが、まだ対処可能な範囲だ。しかし、その後に起こった一連の出来事は、ビジネスプロセスが効果を犠牲にして効率を追求した場合どんな問題が起きうるかを学ぶ教訓になった。

P&Gは、最善のコストとサービスを求めて、専門のベンダーを複数、転勤プロセスのパッケージに起用していた。おそらく世界指折りのベンダーだったのだろうが、それぞれの担当は、転勤に関わる作業のほんの一部分だけだった（国内トラック輸送、国際輸送、ビザ、通関、不動産仲介業者など）。どのベンダーもフィリッポの情報を入手するために、非常に形式ばった、詳細な質問を記載した用紙を準備していた。また、それぞれが、とても親切に、フィリッポや家族をサポートする「一本化した単一窓口」を設けていた。専門のベンダー同士は、情報を全て共有する必要はなかった。となると、この先どうなるかはおわかりだろう……。詳細な質問が記載されたひな形用紙に、ベンダーごとに何度も同じ情報（自分と家族の氏名、住所、パスポート情報、旅程など）を記入し、何十人もの窓口担当ともろもろ調整するのだ。フィリッポたちは苦痛に感じるようになった。問題が起きるたびに状況はさらに悪化した。

明らかに、このプロセスは当初の計画とは正反対の結果を生み出した。世界最高水準のベンダーによる善意のネットワークが力を合わせ、お粗末な効果の海外転勤プロセスを提供することになったのだ。これは、関係する組織全てにとって間違いなく非常に残念な状況だった。質の高いチームばかりなのに、いざ集めてみると、サービスを利用する幹部にとってもP＆G自体にとっても残念な結果に終わってしまった。

さらにその2年後、状況はさらに悪化した！

P＆Gの海外転勤プロセス上の問題は悪化の一途に

それから2年経った2003年、P＆GはGBS業務の3分の2をヒューレットパッカード（HP）、IBM、ジョーンズラングラサール（JLL）にアウトソーシングした。委託された多くのサービスの中には、比較的規模の小さい、人事部門の海外転勤も含まれていた。数カ月、数年と経過するうちに、状況はさらに悪化の一途をたどる。この頃には、フィリッポはGBS部門のグローバルヘッドに任命されていた。GBSの海外転勤サービスはフィリッポにとって最大の課題の1つとなっていた。

結果はこうだ。2年前、フィリップポが米国からギリシャに転勤した際はサイロ化した複雑なサービスで苦労した。効率偏重から、海外転勤に必要なさまざまなサービス間に、すでに大きな綻びが複数生じていた。そこでP&Gはこの業務の大部分を世界的なベンダー1社にアウトソーシングした。パートナーとなったベンダーは輸送業者、ビザ、地元不動産など、それぞれに専門業者を雇わねばならない。それまでにもサービスはサイロ化していたものの、ここで状況がさらに悪化した。サイロ化していた部分の多くが、さらに複数のベンダー企業に移管されたのだ。その結果、海外転勤のプロセスは、ますます受け入れがたい、困難な作業と化した。2001年にフィリッポがギリシャへ転勤した際には、被害を受けるのは、もっぱら転勤する従業員だった。2003年、アウトソーシング後も状況は悪化の一途をたどり、その余波はP&Gの事業ばかりか、ベンダーの事業にまで及んだ。残念極まりないプロセス設計が原因で、海外駐在幹部の重要な任務に遅滞が生じる結果となった。さらに、一部の関連ベンダーでは、プロセス設計の欠陥を補うために過払いが発生して損失を被った。こうして、GBS内の最も小さなサービスの1つがP&Gにとって一時期、最大の頭痛の種になっていたのだ。

GBSは、この問題に体系的に取り組むために、優先順位の高いプログラムを立ち上げた。海外転勤サービスをE2Eで再設計した。これまでアウトソーシングしていたサービスの一部を社内に戻した。必要に応じてベンダーも変更した。海外転勤サービスには新たに、効率性と効果を兼ね備えた一連のパフォーマンス指標を導入した。E2Eの管理の一環として、GBSはサービスの各パートに担当リーダーを1名ずつ任命した。この結果は、他の企業が社内の転勤サービスに適用できるモデルとなった。

効率を偏重するあまり崖っぷちに追い詰められた状況になった場合、企業も転勤する幹部も大きな痛手を受ける。私たちは、この教訓をステージ2のオープンマーケット・ルールに活かし、同じような失敗を防止できる。

教訓からの学び

効率偏重は予期せぬ・思わぬ・予想外の悪影響をもたらす

このストーリーには極めて貴重な教訓が幾つか含まれている。

1. フィリッポが転勤の際に経験した効率偏重のプロセスは、カスタマーエクスペリエンスに悪影響を及ぼす

転勤に関する調整作業は、人事の転勤担当の専任メンバーが行っていた。だが、2001年にフィリッポがギリシャへ転勤する直前、この作業は、転勤になる従業員と転勤の代理店に分

割して引き継がれた。机上では効率性が改善されたかもしれないが、新たにプロセス上の問題ももたらした。こうした「効率偏重」の状況は、私たちが思う以上によく見られる。例えば、カスタマーサポートにも事例がある。コールセンターサービスは、オンショア（国内）からオフショア（海外）へ、そして大半が自動化へと、業界を問わず時代とともに進化してきた。その進化の過程で、現実にアクセスが難しくなったもの、人の温かみを感じられなくなったものなどがある。その他、対話が難しくなったり、問い合わせや問題解決に対して単に効果的に対応できなくなったりしたものもある。

その結果、費用対効果がどれほど上がったとしても、それと引き換えに顧客体験や顧客満足度が低下するという事態が生じている。公正を期すために言えば、多くの事業において、コスト削減の必要性に迫られたとき、効率化重視は、理にかなった選択である。これまで紹介した事例として、標準化、自動化、オフショア化、アウトソーシングなどがあったが、いずれもコスト削減には実績のある手法である。確かにコスト削減には効果的だ。それ以外の点では、「効率偏重」の解決策がもたらす効果には限界があり、やがてビジネスプロセス全体の効果に悪影響が及ぶ。ここから学ぶのは、プロセスの効率化がプロセスの効果とともに、実現されるよう努めなければならないという教訓だ。同等もしくはこれまで以上に効果を重視する必要がある。

2. アウトソーシング後の海外転勤プロセスはオープンマーケットに適合しなくなり、ビジネス価値がさらに低下した

フィリッポの転勤から2年後、業務がアウトソーシングされ、海外転勤に関するプロセスはサイロ化が進み、事業成果にも影響が出ていた。また、前述のように、ベンダー自身も損失を被った。プロセスが最適に設計されていないために人手が必要となり、スタッフ増員を余儀なくされた。プロセス設計がお粗末だったのに加えて、全ての転勤サービスを管理するグローバルベンダーがこのプロセスに不慣れだった。そのため、特定の作業はさまざまな国の専門業者数社にアウトソーシングしていた。専門業者間の全体の調整には多大なコストがかかった。その上、プロセス管理、プロセス設計、ガバナンス業務も、このグローバルベンダーに一部委託されていた。今にして思えば、P&Gはこの業務を自社内で行うべきだった。実際、海外転勤プロセスのアウトソーシングを管理するための設計全体が、オープンマーケットが推奨するものと合致していなかった。確かに、最先端の設計を目指していたはずだった。しかし、市場に受け入れられる新設計と市場の能力に基づかない市場設計とは別物だという教訓を学ぶに至った。あらゆる問題は、海外転勤に関する新たな設計の一部として後に修正された。

ステージ2のオープンマーケット・ルールに関する次のモデルでは、前述の問題（カスタマーエクスペリエンス問題と事業成果）のどちらにも対処している。

モデル　ステージ2　オープンマーケット・ルール

海外転勤のストーリーからの学びは、プロセス改善に対する取り組みの足並みが揃わない場合、思わぬ落とし穴が生まれるリスクを教えている。カスタマーエクスペリエンスを犠牲にして、あるいは全体的なビジネス価値からかけ離れて、費用対効果を追求するのは間違いだ。幸い、こうした間違いの防止に役立つ、明確なアクションアイテムに裏打ちされた単純な原則が２つ存在する。

1．効率追求型のビジネスプロセス変革を推進する際はカスタマーエクスペリエンスの向上が必須である

プロセスの効率化に関連する変革を推進する場合にも、カスタマーエクスペリエンスに関するパフォーマンス指標（ＫＰＩ）を念頭に置く。現代の世界では、ＫＰＩが不明確なまま効率化を求めるのは誤りである。単に、顧客が重要であるという理由だけでなく、現代のデジタル能力なら効率もカスタマーエクスペリエンスもともに改善できるからだ。これを推進するアクションアイテムを紹介しよう。

a．ビジネスプロセスのＫＰＩをＥ２Ｅで測定し、顧客に関するＫＰＩを向上させる。

b．カスタマージャーニーマップなどの専門ツールを活用し、顧客体験を意図した方向に導けるように設計する。プロセス変革によって偶発的にカスタマーエクスペリエンスが生まれる状況は避けたい。カスタマーエクスペリエンスは計画的なものであるべきであり、全体的なビジネス価値の一環として最初の段階から設計の対象としていただきたい。

c．プロセス組織の設計は、Ｅ２Ｅのプロセスの卓越性およびＥ２Ｅのカスタマーサポートの両方を実現する。サイロ化した組織設計は命取りになる。

d．サイロ化したプロセス管理ではなくＥ２Ｅのプロセス管理を目指して設計された、新しいテクノロジープラットフォームを活用する。こうしたプラットフォームの多くは、複数のシステムにまたがる問題解決も可能にする。

2．オープンマーケットに則した、ビジネス価値の効率と効果の両方を実現するためのプロセス設計

ビジネスプロセスが効率化できれば、ビジネス価値が向上するという考え方はやめたほうがいい。Ｐ＆Ｇの海外転勤の事例が明らかに示す通り、サイロ化した組織の各サイロの効率性が向上しても、ビジネス価値の向上にはつながらない可能性がある。それどころか、新しいプロ

セス設計そのものが最適化されていない場合、またはオープンマーケットの状況と矛盾している場合には、逆に全体のビジネス価値を損なう可能性がある。

この成熟度の段階で、可能なビジネス価値を全て設計して獲得するための実施ステップを説明しよう。

a．ビジネス価値を最大限に引き出すプロセス設計のアプローチを採用する。プロセスマッピングやバリューストリーム分析、損失分析などのツールは、プロセス設計を事業成果に結びつける上で、他のツールより優れた効果をもたらす。

b．変革プロジェクトが終了した後もビジネス価値を実現できるように、E2Eのプロセスオーナーを任命する。製品管理の原則をどのように活用してこうしたE2Eのオーナーシップの役割を作り出すかについては、第7章で詳しく述べたい。

c．事業が適切だと認識する内容に基づき、業績結果を定期的にかつ一切の漏れなく報告する。クライアントとユーザーの区別を定着させる。クライアントとは上級ステークホルダーを指し、サービスに対し最終的に「支払い」、サービスレベルに関する選択を行う権限を与えられる。ユーザーとは従業員を指し、サービスを使用し許容できるサービスレベルについて意見や提案を持っている。これについては、以降の章で詳しく見ていきたい。

d．ビジネスプロセスにかかるコストと利益について詳細をつかむ。プロセス変革にあたり、ビジネスプロセス全体にかかるコスト、消費される各サービスアイテムの単価、各ステークホルダーの組織に対する定量化された利益について、より正確に把握する。

ステージ2　オープンマーケット・ルールの終わりに

カスタマーエクスペリエンスの向上を常に追求し、効率と効果の両方に関するビジネス価値の実現を計画的に行う。この2つの原則は、ビジネスプロセスの成熟度を体系化する上で非常に有効である。さらに重要なのは、この2原則があれば、効率を追求するアイデアを追いかけて崖を踏み外してしまうような、思わぬ落とし穴を回避できる点だ。

プロセスの有効性に関する価値を実現するための知見とモデルがさらにある。次章では、次のドライバーユニファイド・アカウンタビリティの活用について検証する。

ステージ2　オープンマーケット・ルールにおけるチェックリスト項目

オープンマーケット・ルールをさらに強化するために、パフォーマンスをステージ2における次の特徴と比較してみよう。

☑プロセスは、業務の効率化ではなく、顧客に対する効果の実現や、プロセス上の継ぎ目や引き継ぎをなくすことを目的として設計する必要がある。

☑(業務をまたいだ)全ての同僚の時間を解放し、不必要な接点を排除して、ビジネスプロセスの効果改善をさらに重視する。

☑パフォーマンス指標には、顧客が重要と考える顧客価値が含まれている。顧客価値は、使いやすさからよりよい体験や新機能まで幅広い意味を持つ可能性がある。

☑ユーザーおよびステークホルダーのフィードバックは、実施可能で有用な情報を入手できるよう、慎重に吟味しなければならない。フィードバックの適切性については定期的に見直しを行い、事業との適合を図るべきだ。

☑ビジネス価値を十分に測定して評価し報告するために、規律ある指標を設計しなければならない。その指標は、効率、効果、イノベーションに関連したものであるべきだ。

第7章

ビジネスプロセスに製品管理を適用する

KEY INSIGHT

製品管理の手法を適用することにより、ビジネスプロセスはさらに顧客中心の運用が可能になり、パフォーマンスに対する説明責任が明確になる。

ちょっと用事を済ませようとしたら、部署から部署へたらい回しにされる。こんな嬉しくない経験は誰にでもあるだろう。おそらく、保険金の請求やベンダーへの支払い、といった状況だろうか。そして最終的に、担当者に連絡を取ってほしいと頼むに至る。つまり、問題解決に最終責任を負う人物を要求しているのだ。結果に対する説明責任の明確化は、さまざまなビジネスプロセスに共通した課題である。私たちはこの課題を、ビジネスプロセスのステージ1（効率性）から、ステージ2（効果）への道のりに含まれる一環として、解決してから先へ進まなくてはならない。著者たち自身も、ビジネスプロセスの説明責任に関するこの問題を考える機会を、長年にわたり幾度となく経験してきた。どのように体系的に設計すればよいのだろう。E2Eでビジネスプロセスを再設計する。これだけでは答えにならない。ビジネスプロセスのステップをスリム化はできても、最終的な説明責任は誰が負うのかという組織上の問題は解決していない。

そこで、E2Eのプロセス結果に対する説明責任を強化するための組織構造を模索するうち、プロダクトマネージャーの役割について詳しく調べることになった。製品の世界（iPhoneなど）では、プロダクトマネージャーは、財務から製品品質、市場投入まで、パフォーマンスにまつわるあらゆる側面において最終的な責任を負う存在だ。私たち筆者が抱いた疑問は、製品管理に適用されている規律を企業が社内で行うサービスに適用できないか、というものだった。そして調査の結果は、「適用できる！」。さらに興味深いことに、著者である私たち（フィリッポ、トニー）は、P&GのGBSに在任中、めいめいこれを実践していたのだ。それも無意識のうちに。私たちのDNAには、製品管理（P&Gでは「ブランドマネジメント」と呼ばれる）の意識がとうの昔に組み込まれていたのだ。説明責任を1つに絞る、消費者を理解する、特徴的なブランドを創り、素朴だが印象に残るメッセージを送る。こうした一連の行動が、GBSを創設するまでに第二の天性として習慣化していたというわけだ。製品管理は、さまざまな組織からリソースを結集し、顧客やサービスという名の「製品」に重点的に取り組める組織モデルを提供していた。

プロダクトマネージャーのモデルを無意識のうちに社内のビジネスプロセスに変換させた行為は、まさに適切というほかない。実は、製品管理の概念自体が1931年のニール・マッケロイという名のP&Gブランドマネージャーが考案したものなのだ。プロセス管理に対するユニファイド・アカウンタビリティを強化するため、マッケロイ氏のストーリーを掘り下げて、ステージ2の成熟度に適用できる教訓を探ってみよう。

ニール・マッケロイのストーリーとブランドマネジメント発案

ニール・ホスラー・マッケロイは、1957年10月9日から1959年12月1日までアイゼンハワー大統領の下で国防長官を務めた経歴で最もよく知られているだろう[22]。一方で、マッケロイは驚くべき数のアイデアを生み出してきた。テレビのソープオペラのフォーマットを創ったのも彼だし、NASAの設立に貢献したのも、ブランドマネジメントの考え方を生み出したのも彼だ。1925年にハーバード大学の経済学専攻を卒業し、P&Gの広告部で働き始めた。1943年に広告・宣伝担当副社長に就任し、1948年には社長に昇進した。

マッケロイは1931年、3ページにわたる有名な報告書をまとめ[23]、数名の人材を「ブランドマン」として雇うべきだと提言した。数名の人材が、売上追跡から製品管理、広告、販促に至るまで、特定のブランドに関する全責任を負う必要性を説いたものだ。この「ブランドマン」（現代ならブランドマネージャー）は、1ブランドを1人で担当する。特定の製品の顧客を深く理解し、製品がもたらす全ての結果に全責任を負う。1ブランドに注力できるため、特定のブランドを（ひいては最終的には社内の他のブランドも）包括的な一企業のように売り出せる。こうした構造によって、意思決定が分散して行われるようになり、事業の成長とともに重要な意思決定もブランドマンに委任できるまでになった。

世界指折りの有名企業家は優れたプロダクトマネージャーでもあった

ジェフ・ベゾス、スティーブ・ジョブズ、ビル・ゲイツ、マイケル・デル、ラリー・ペイジ、ウォルト・ディズニー、ミケーレ・フェレロ（フェレロチョコレートの創業者）は、世界で最も成功した企業の創設者だ。彼らには共通点がある。まず、ビジネススクール（経営大学院）まで進んでいない。次に、皆、未開拓市場におけるニーズを把握する名人だった。さらに、顧客に関する問題を解決するために新興技術を応用する達人だった。現代の世界でいえば、この3点は、プロダクトマネージャーの役割とスキル（製品機会の特定、製品戦略の確立、製品の定義、製品の使用推進など）にあたる。

近年、プロダクトマネージャーの役割は飛躍的に重要性を増し、人気も急上昇している。2021年にグラスドアが発表した「米国で最高の仕事50」ランキングで、プロダクトマネージャーが3位に入っている。この需要のドライバーとなっているのは、1つの認識だ。満たされないニーズを素早く抽出し、喜ばれる製品に変える規律あるアプローチが勝利への方程式であるという認識である。前述の起業家たちは皆、顧客に対する深い共感、何が可能かを見抜く洞察力、何が本質で何が付随的かを見分ける力を備えていた。また、顧客だけでなく、自身のチームの能力についても深く理解していた。知識と自信という強固な礎をもとに、事業を行っていた。その結果、破壊的に勝利をもたらす製品を生み出した。こうした事情を背景に、顧客中心の現代のビジネスの世界で、製品管理が急激に注目されつつある。

ブランドマネジメント、各業界で進化へ

ブランドマネジメントと製品管理が消費財業界に変革を起こしたのは、1930年代に

入ってからであった。「ブランドマン」の考え方は、この業界だけでも、十分にすばらしい成果をもたらしたと言える。だが実際には、業界を超えて次第に広まり進化していった。世界的ブランドでプロダクトマネージャーを歴任した経験を持つ作家マーティン・エリクソンは、マッケロイの「ブランドマン」の考え方がコンピューター・ハードウェアや自動車、消費者電子機器、最近ではソフトウェア開発をも含む多岐にわたる業界に浸透していく様子を明らかにしている。

マッケロイがスタンフォード大学で顧問を務めていた頃、影響を受けた2人の若い起業家がいた。後にヒューレットパッカードを創業する、デビッド・パッカードとビル・ヒューレットだ。2人の若者は、「ブランドマン」の理念とはできる限り顧客に寄り添った意思決定を行うことだと解釈した。パッカードは名著『HPウェイ』（海と月社）の中で、「ブランドマン」の理念に基づく方針が、ヒューレットパッカードの1943年から1993年までの50年間、途切れのない年間成長率20％の記録を支えたと語っている。

一方、マーティン・エリクソンの著書が示すように、戦後の日本の産業は人手不足と資金繰りの問題から、ジャストインタイム生産方式の開発を迫られていた。大野耐一（トヨタ自動車工業元副社長）と豊田英二（トヨタ自動車創業者の豊田佐吉の甥、後にトヨタ自動車の最高経営責任者（CEO）兼会長）がこのアイデアを実行に移し、30年以上にわたり継続的に改善を進める中で、トヨタ生産方式やトヨタウェイを開発した。焦点が置かれたのは、生産プロセスの無駄の排除だけではなかった。現代のプロダクトマネージャーなら誰もが認める、2つの重要な原則も対象とされた。すなわち、イノベーションと進化を絶えず推進しながら事業を継続的に改善する「カイゼン」と、正しい決定を行えるよう、事実確認のために現地の現物のもとへ赴く「現地現物」である。

また、ジャストインタイム生産方式が欧米に上陸したとき、いち早く取り入れた企業の一つがヒューレットパッカードだった。ヒューレットパッカードの元社員（OB）がシリコンバレーのあちこちに散らばるにつれ、この考え方をハードウェアやソフトウェア企業に大いに広めた。この進化の期間を通じて、プロダクトマネージャーは、さまざまなマーケティングの要素「マーケティング・ミックス」（製品、製造地、価格、販促）に対する説明責任に、製品価値の提案や製品開発の要素を織り込む役割を担うようになった。

2001年、製品管理は、アジャイル・ソフトウェア開発へと変身する。17人のソフトウェアエンジニアがユタ州のスキーリゾート施設に集まり、「アジャイル・マニフェスト」を宣言した。ソフトウェア開発企業にとって、大きな転機を迎えた瞬間だった。もはやソフトウェア開発企業は、（仕様が適切かどうかにかかわらず）指定されたものを正確に作り上げるだけ、という機械的作業を行うプログラマーではなくなった。迅速に繰り返し行われる製品開発と、顧客との直接的な連携も重視するようになったのだ。

興味深いことに、アジャイル・ソフトウェア開発と、リーン・スタートアップやリーン・エンタープライズが採用するジャストインタイム・モデルによって、消費者向け製品開発が再び注力されるようになり、製品開発の一連のサイクルを完成させつつある。

アイボリー石鹸事業の成功を基盤に、P&Gのリチャード・デュプリー社長はブランドマネジメント構造を拡大し、従来の機能ベースのモデルから置き換えた。その後、デュプリー以降にP&GのCEOに就任したほぼ全員が、ブランドマネジメントに豊富な知識や経験を持っていた。

第二次世界大戦後、ブランドマネジメントとそれに伴う分散型の機構が、アルフレッド・スローン率いるゼネラルモーターズをはじめとする多くの企業に浸透していった。ブランドマネジメントは何十年にもわたり進化し続けた。「トヨタウェイ」と結びつき、ヒューレットパッカードの製品管理にも革命をもたらしている。最近では、アジャイル・ソフトウェア開発やリーン・スタートアップなど、さまざまな派生形が生まれている。

マッケロイのストーリーから学ぶ
ステージ2　ユニファイド・アカウンタビリティ

マッケロイが当初考えていた、各ブランド専任の説明責任を持たせ、各ブランドが常に進化できるようにするという考え方は、ビジネスプロセスにもそのまま適用できる。本書の冒頭でビジネスプロセスが時間の経過とともに経験する最大の課題は陳腐化だと述べたことを思い出していただきたい。周囲のビジネス環境が速度を上げて進化するなか、ビジネスプロセスは硬直化し柔軟性を失っていく。プロダクトマネージャーなら、ビジネスプロセスの説明責任の問題に加えて、この問題の解決にも貢献できる。

この手法を「製品管理」ではなく「サービス管理」と呼ぶとしよう。社内のビジネスプロセスは物理的な製品ではなくサービスなのだ。両者に共通するのは、それぞれのビジネスプロセスを独立した一事業のように運営する手法が重要だという点である。組織には何百というビジネスプロセスが存在すると考えると、この手法は一見、高度過ぎるように思えるかもしれない。だが、私たちの経験では、このアプローチによって役割が明確になり、焦点への集中を促し、組織間の継ぎ目が減り、重複部分が極めて少なくなる。しかも諸経費がほぼかからない。

ビジネスプロセスを独立した事業のように運営するためには、最低でもこうしたプロセスをなんらかの一貫したカタログにまとめ、各プロセスのバリュープロポジションを明確化する必要がある。加えて、継続的な戦略や、各プロセスを一事業として運営するためのアクションを創出する方法論も必要だろう。ダイナミックなプロセス変革モデルにおいて、該当するものは次の通りである。

- ビジネスプロセスの構造の組織化　→　サービスカタログ（製品カタログに該当）を作成
- 各ビジネスプロセスのバリュープロポジション　→　サービスバリュープロポジション（製品価値に該当）を定義
- 実施のための方法論　→　サービス管理のフレームワーク（ブランド構築のフレームワークに該当）を活用

ステージ2の成熟度に関するこのユニファイド・アカウンタビリティモデルは、こうした3つの学びを統合し、サービス管理の卓越性を実現するアプローチを体系化するものである。

モデル　製品管理の手法をビジネスプロセスに適用する

サービスマネージャーの役割（プロダクトマネージャーの役割をビジネスプロセスに適用した場合）は、ユニファイド・アカウンタビリティの強化である。これは、プロセス運用の結果の観点からも、プロセスを長期的に適切な状態に保つ観点からも言えるものだ。先ほどの箇条書き3点もここに当てはまる。

1. ビジネスプロセスのサービスカタログを作成する

サービスカタログなんてどうして作成する必要があるのか、疑問に思う人もいるかもしれない。実際、多くの組織では、組織内の機能やプロセス（財務、人事などの機能、記録から報告、調達から支払いなどビジネスプロセス）を列挙できる。カタログを作成する理由は2つ。カタログの各項目に対する説明責任を強化するため、そしてビジネスプロセスの重複をなくすためだ。

1つ目は直観的に理解できるので、2つ目について給与計算の例を使って解説しよう。一部の組織では、過去の経緯から給与計算に複数のビジネスプロセスを採用している可能性もある。時間をかけてこうしたビジネスプロセスを整合させたいと考える。また、給与計算の各ビジネスプロセスが対象とする範囲が同一でない可能性がある（例えば、ある企業では給与計算プロセスに福利厚生管理を含めているが、別の企業では含めていない、など）。プロセス・カタログはこうした重要な違いを浮き彫りにする。また、その違いに対処するために説明責任の割り当ても容易になる。

興味深いのは、正式なサービスカタログを作成する理由が、先駆者としてマッケロイがブランドマネジメントの概念を思いついた理由とあまり変わらない点だ。1931年にマッケロイが作った「ブランドマン」の報告書は、当時P&Gでマーケティングを行っていた石鹸ブランドのアイボリーとキャメイ各社がターゲットとする消費者市場にやや重複が見られた現状に対する不満から誕生したものだ(24)。マッケロイは、同社の石鹸ブランドのキャメイの広告キャンペーンを手がけるうちに、競合他社であるリーバやパルモリーブの石鹸ばかりか、自社の主力品であるアイボリーとも競争しなければならない状況に不満を感じ始めた。マッケロイの有名な報告書の中で、キャメイに、いっそう注意を集中させるべきであり、ひいては他のP&Gブランドにも注意を向けるべきだと主張した。言い換えれば、製品ヒエラルキーの中に各ブランドを明確に位置づける構造を作ろうとしたのだ。

ここで注目したいのは、マッケロイがキャメイとアイボリーというP&Gの石鹸ブランド2つのうちいずれかの排除ではなく、差別化を提唱した点だ。同様に、製品カタログの概念をビジネスプロセスに当てはめた場合（サービスカタログ作成時など）、その目標は必ずしも画一的なサービスの実現（全てのビジネスユニットに単一の給与計算プロセスを適用する、など）にはなら

プロセス・カタログ　製品カタログに倣って作成（例）

ビジネス製品カタログ	サービスカタログ
ビジネスユニット ファブリック&ホームケア	サービスライン 人事 プロセス・サービスライン
カテゴリー ランドリー	サービス・カテゴリー 報酬・福利厚生
ブランド タイド	サービス 給与計算サービス
ストック・キーピング・ユニット（SKU） タイドボッド　64個	解決策 勤怠管理システム

図7　ビジネスプロセス・カタログ

ず、むしろ重複するサービスそれぞれの特徴の明確化にある。

特定のビジネスプロセスサービスカタログを構築し始め（人事機能内の報酬と福利厚生など）、次いでプロセス内の個々のサービスの位置づけを行うと、製品カタログの階層設計との類似性が明白になる。階層の最上位には、ビジネスプロセスの場合は通常、広範囲を対象とするE2Eのビジネスプロセスが存在する。本書では、ビジネスユニットのラインに類似したこの部分を「サービスライン」と呼ぶことにする。図7を見れば、人事に関する全てのビジネスプロセスは、ビジネスユニット（例えばファブリック&ホームケア）における1製品カテゴリーのように捉えられるはずだ。

サービスラインの下には、複数のサービス・

カテゴリー（報酬と福利厚生、人材獲得、研修、能力開発など）がある。製品カタログなら、製品カテゴリーが幾つか存在する（ランドリー、食器洗浄など）。階層構造は、製品やサービスの複雑さによってさらに幾層か下まで続く場合もある。サービスカタログをレイアウトすれば、ビジネスプロセスの特徴的なマップが作成でき、各サービスの会話を促進し、それぞれのサービスが企業に価値を創出する上で独自性を持つ状態を目指す。次のステップでは、さらに踏み込んで、個々のサービスのバリュープロポジションを特定する。

2. サービスの明確なバリュープロポジションを定義する

ブランドのバリュープロポジションは、ブランドがどのような特徴的なニーズに対応できるかを、明確に顧客に伝える。ウォルマートは、最安の価格で必要なものを提供することを約束する。アマゾンは、24時間いつでも何でも簡単に購入できる、究極のオンラインストアを提供する。米会計ソフト大手インテュイット（会計ソフトTurboTax、QuickBooks、およびMintのメーカー）は、中小企業や個人向けの使いやすい高性能の会計ソフトのバリュープロポジションを提供する。いずれのブランドも、あらゆる活動面でブランドエクイティを高める努力をしている。つまり、顧客のニーズを満たす上で、競合他社よりも卓越した何かの提供を約束しているのだ。

ビジネスプロセスの世界では、こうした考え方が欠如しているというリスクが現実に存在する。つまるところ、非常に特殊なタスク（例えば、可能な限り低コストかつ高いサービスレベルで給与計算を行う）を実行するために設けられた機能の場合、サービスのバリュープロポジションの定義すら不必要に思える。最終的に求められる仕事は給与計算作業の提供であり、何が何でも実施するのが使命だ。給与計算を期日通りに実行するために、必要に応じて従業員をしつこく追い回してタイムカードと出勤簿を提出させる。サービス品質やコストは毎年着実に改善していくが、週次や月次の給与計算サービスに支障をきたすようなイノベーションにはあまり投資しない。リスクとしては、消費者のニーズや理解に関して十分な成績をあげられない点が挙げられる。あるいは、継続的な改善の努力をコストだけに集中させ、それ以外にも存在するユーザーエクスペリエンス向上の可能性や革新的なアイデアに目をつむってしまう可能性がある。給与計算が、ペイパルやベンモのような消費者志向の便利な決済サービスへの転換を考える必要がどこにあるだろう？

多くのサービス志向の事業には、バリュープロポジションを定義する簡単な公式がある（図8参照）。分子に来るのは、機能上のメリット（サービス品質など）や経験上のメリット（ユーザーの喜び）、事業成果上のメリット（狭い分野のサービスを超えた価値を提供する革新的モデル）など、さまざまなメリットを組み合わせたものだ。エクスペディアやエアビーアンドビー、ウーバーは、経験上の便益や小規模なイノベーションを組み込み、サービス品質の便益を補完しており、サービス志向の優れた例と言える。また、分母は、平均的な「コスト」指標よりも洗練された、広範な視点から捉えたものになっている。「オーナーシップにかかる全コスト」、すなわちサー

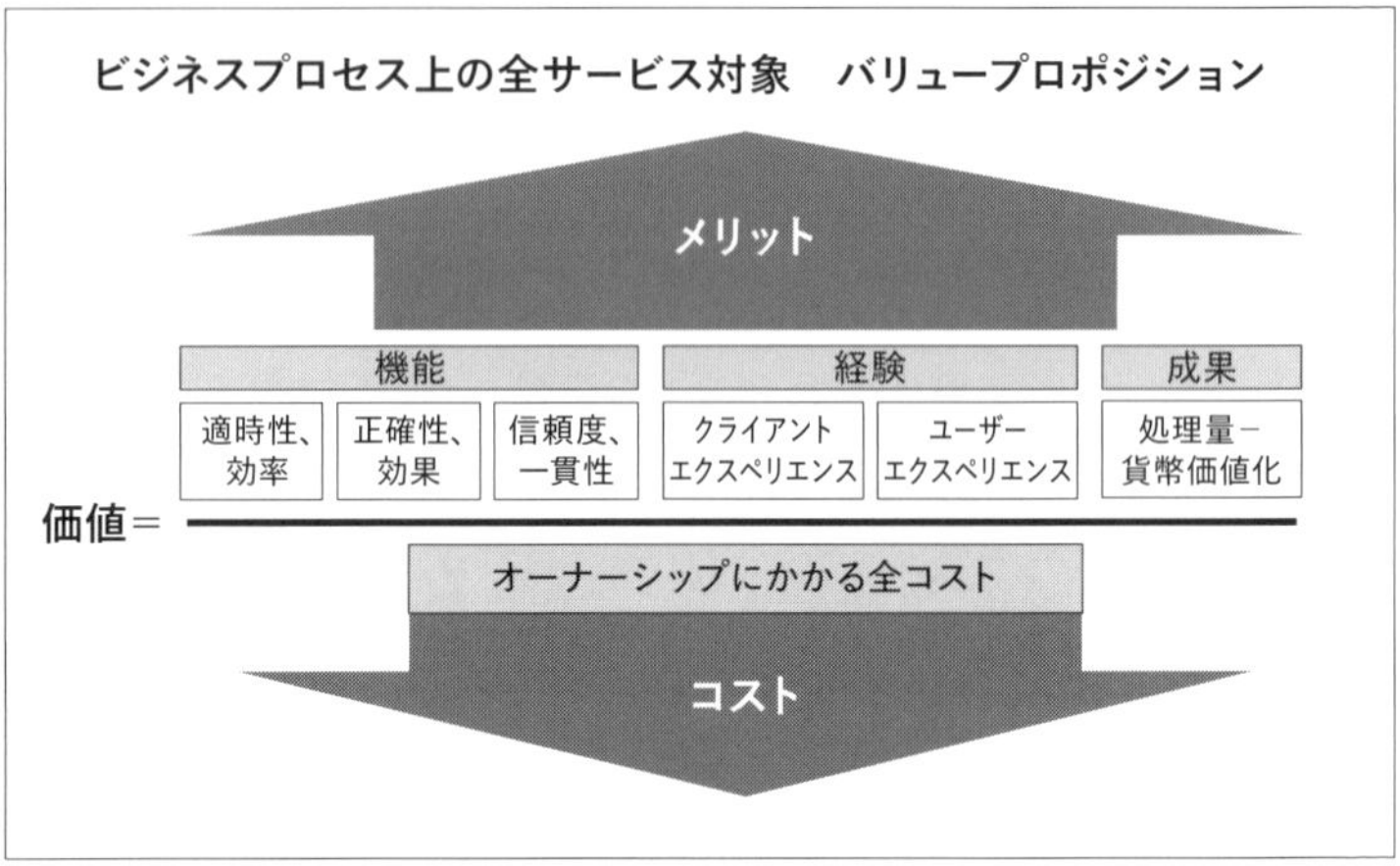

図8　ビジネスプロセスのバリュープロポジション

ビス提供に費やすあらゆる種類のコスト（サービス品質が低い場合ユーザーが無駄に費やしてしまう時間など）が考慮されている。

サービスカタログの中で自分たちのサービスが際立った存在となり、明確なバリュープロポジションが示せれば、実施の方法論を適用し、サービスを「一事業として」運営する段階に入る。次に、P&Gのブランドマネジメントモデルの基盤である「ブランド構築のフレームワーク」に基づく方法論について解説する。

3．規律あるサービス管理のフレームワークを活用する

プロセスを製品として運営する3つ目のステップは、ブランド戦略の実施と同様の方法でサービス業務を実行することだ。ニール・

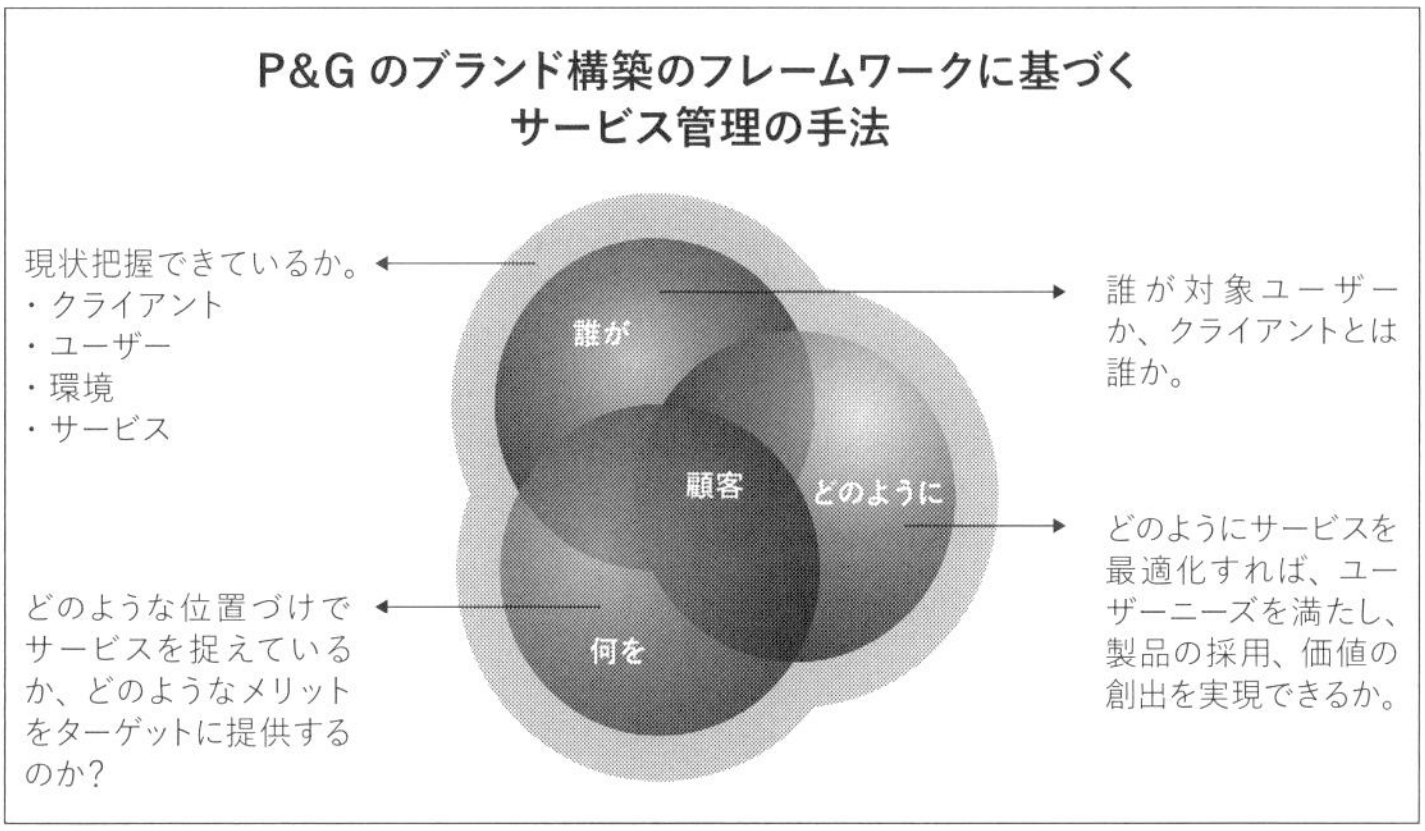

図9　ブランド構築のフレームワーク

マッケロイが創案した、各ブランドを独立事業のように運営する仕組みを目指したアプローチは、この90年間に進化し続け、実績ある定番的手法としてP&Gの全ブランドに採用されている。この手法は「ブランドマネジメントのフレームワーク」(Brand Management Framework)と呼ばれ、優位性を備えた製品またはサービスを構築するために一連の質問を行う。さらに、ブランド構築のフレームワーク(Brand Building Framework、BBF)は、顧客をプロセスの中心に置いた枠組みをいう(図9参照)。一貫して顧客を満足させるために、4つのステップが採用されている。図9のステップを、ステージ2ユニファイド・アカウンタビリティに当てはめて実施すると、次のようになる。

a．サービスを提供するための全体像を評価する

ビジネスプロセスに関する状況を360度理解する。これには、ユーザー（サービス利用者）、クライアント（費用負担者）、および事業環境について詳細な調査の実施、ならびにサービス自体の現状に対する深い理解が含まれる。ビジネスプロセスのオーナーの中で、自らが提供するサービスの状況について定期的に深く見直す機会を設ける者はごくわずかだ。多くの組織は、日々の業務に追われて規律ある戦略を練り直す余裕がほとんどないからだ。製品リーダーが定期的に戦略評価を行うのとは極めて対照的だ。

b．「誰が」を理解する

次に、各プロセスのユーザータイプを分類する。例えば、管理職の出張経費レポートを実際に入力する管理アシスタントは、管理職とは異なるニーズを持っている。ユーザーとクライアントは、往々にしてダイナミックな緊張関係にある。ユーザーはコストをあまり考えずに魅力的なサービスを受けたいと考え、クライアント（会計上の相互請求の一環として、支払者として費用を負担する経営陣）はコストとサービスのレベルを釣り合わせたがる可能性がある。クライアントについて理解し、さらに分類していく必要がある。

c.「何を」を理解する

自社が提供するサービスに対してどのような特徴をもたせたいかを正確に見極める。言い換えれば、サービスをどのように位置づけるか、どのようなイメージをユーザーに持ってほしいか、対象とするユーザーにどのようなメリットを提供するか、を考える。この作業の一環として、戦略的な意思決定も含まれる（どんなサービスを作りたいか）。そしてもう1つ、コミュニケーション・プランニング（ブランドエクイティを簡潔かつ明確に表現できるか）も含まれる。

d.「どのように」を理解する

全体像に関する最初の3ステップ（全体像、誰が、何を、を把握）が終わったら、次はどのようにサービスを提供するかを決定する。製品管理において類例となるものを、マーケティングの伝統的な「4つのP＝Product（製品）、Place（場所）、Promotion、Price（価格）」とともに示す。

- サービスの設計と運用（製品）
- 対象範囲と採用（場所）
- コミュニケーション（プロモーション）
- コスト予算と配分戦略（価格）

要約すると、この方法論は、サービスカタログを作成し、各サービスの明確なバリュープロポジションを定義し、専門的なサービス管理モデルを使用する。これを実施して、ビジネスプロセスをステージ2に成熟させるために必要な規律を提供する。自分たちが提供するものを明確にし、取り組まねばならない価値を計画的に設計し、規律ある方法論を用いて成果に対する説明責任を果たす。これにより、ビジネスプロセスが陳腐化するリスクを低減する。

ステージ2　ユニファイド・アカウンタビリティの終わりに

ビジネスプロセスをそれぞれ独立事業のように運営する手法は、90年にわたり製品管理において認められてきた手法を、対象を変えて適用しているにすぎない。つまり、各ブランドの成功に重点的に取り組めるよう、説明責任を伴う専用のリソースを確保する必要がある。筆者たちの場合、サービス管理で競争に勝つために、ブランドマネジメントから方法論を再適用した。規律あるアプローチで、満たされていない中核ニーズを迅速に抽出し、サービス管理を繰り返し行って魅力ある製品やサービスに転換する方法は、非常に効果的だった。ステージ2でビジネスプロセスの成熟度をさらに高めるにあたり、方法論を超える要素、具体的には組織において効果を促進する行動に目を向け始めた（次章を参照）。

ステージ2　ユニファイド・アカウンタビリティにおけるチェックリスト項目

ユニファイド・アカウンタビリティを強化するため、パフォーマンスをステージ2における次の特徴と比較していただきたい。

- ☑プロセスが「製品」として運用されている。説明責任は一元化され、適用されるスキルセットとツールには優れた一貫性がある。
- ☑コスト、フィードバック、KPI、品質、継続的な変革など、E2Eで総合的にプロセスを管理するサービスマネージャーが任命されている。
- ☑プロセス・カタログが定義されており、ユーザーやステークホルダーに対しプロセスが高い透明性と明瞭性をもって理解されている。
- ☑個々のプロセスの継続的な改善を推進する責任や権限を持つ従業員が誰であるかに関して、全く混乱がなく整然としている。
- ☑各プロセスは、明瞭かつ整合性のあるバリュープロポジションを持っている。これにより、業務と事業間の相互作用が極めて明確になり、生産性が高まる。

第8章
ビジネスプロセスに透明性を確立する

KEY INSIGHT

ビジネスプロセスにおいて、透明性は強力な戦略となる。協力関係を促し、ビジネスプロセスがもたらす効果を組織全体で飛躍的に向上させる。

ビジネスプロセスが効率性および効果において成熟するにつれ、次のような疑問が生じる。効果に関して組織内の行動を体系化したモデルは存在するのだろうか。答えは「存在する」だ。このモデルは、透明性を基盤とするダイナミック・オペレーティングエンジンの構築を必要とする。ビジネスプロセスにおいて、透明性を戦略的に活用するというのは非常に優れた考えだ。透明性は、連携やコラボレーションを促す働きをする。興味深いことに、透明性を戦略として活用するのは、今に始まった手法ではない。一部の製品組織でビジネスモデルとしてすでに実績がある。なかでも注目すべきは、米国のアパレルメーカーのパタゴニアである。同社のストーリーを掘り下げ、透明性がビジネスプロセスに与える効果を示す教訓を探ってみよう。

パタゴニアにおけるビジネスモデルとしての透明性のストーリー

皆さんなら、例えば一年で最も重要な小売販売日とされる日に、米新聞大手のニューヨーク・タイムズに全面広告を掲載し、読者に自社製品を買わないよう呼びかけたりなど、するだろうか。大手ファッションブランドのパタゴニアが、２０１１年のブラックフライデーにこれをやってのけた(25)。「Don't Buy This Jacket（このジャケットを買わないで）」と銘打ったマーケティングキャンペーンの一環だ。この異例の取り組みは、社内監査の結果、一部のサプライヤーが劣悪な労働環境を強いていた事実が発覚したことを受けて実施された。労働者に対して数千ドルを支払わせるなどの過酷な条件が明らかになったためだ。これは広告の仕掛けといった類のものではない。パタゴニアの企業文化やビジネスモデルの中核をなす部分に大いに関係している。

パタゴニアの創業者イヴォン・シュイナードが次のように語っている。「こんなことを言うとおかしく思われるかもしれないが、地球にとって最善の決断をするたびに、私は利益を得てきた」

企業の価値や目的を体現しようとするブランドにとって、パタゴニアは、模範的存在だ。２０２２年、シュイナードは自身と家族が保有する同社の全株式を、気候変動に取り組む非営利団体に寄付すると発表した。パタゴニアを創業した当初から、シュイナードはクライミングギア以上の何かを世に提供したいと考え続けてきた。クライミング界の問題を軽減すると同時に環境のためになる活動をしようと模索していたのだ。それをまさに実現したのが、パタゴニアの取り組みだ。

同社は50年以上にわたり、環境活動や製品生産の原材料における責任ある使用で、先駆的な取り組みを続けてきた。現在、同社では米国拠点の１００％、海外拠点の76％の施設で、再生可能資源による電力によって操業している。[26] ２０２５年までに、事業全体で埋め立て地への廃棄物ゼロを含むネットゼロ、すなわちカーボン・ニュートラル達成に向けて活動を推進している。古着は最終的に埋め立てられ、さらに、炭素集約型のサプライチェーンの問題もあり、アパレル業界では厳しい目標だ。パタゴニアは、自社製品と事業の副産物を全てリサイクルする取り組みを公約として掲げている。[27]

しかし、サステナビリティに関する目的志向の取り組みに加えて、注目すべきは同社の透明性の文化である。この文化には、社内の問題を認める開放性という、前例のない要素も含まれている。グリーンウォッシュ（企業などによるポーズとしての環境保護への関心や活動）や情報操作、あからさまな虚偽情報が横行する現代において、これは注目に値する。英グラスゴーで国連気候変動枠組条約第26回締約国会議（COP26）が開催された後、パタゴニアは『フォーチュン』誌に記事を掲載した。同社は「サステナブル」という言葉を使用しない、同社自身がすでに環境問題を呈していると認識している、という内容だった。画期的な第一歩である(28)。

さらに同社は「透明性」をアパレル業界全体のスローガンとして使用してきた。2025年までに二酸化炭素排出量ゼロを達成するという目標を掲げ、他の業界のパートナーたちに支援を呼びかけている。

また、同じ記事でパタゴニアは、「現在の最大の問題は、当社の炭素排出量の95％がサプライチェーンによるものであり、現段階において当社の排出量の占める割合はわずかだということだ。当社は、他の小規模ブランドと提携して共同出資制度を立ち上げ、サプライチェーンにカーボン・インセッティングの取り組みを展開している。この制度により、当社は他社工場の『グリーン化』（環境負荷を軽減）に投資できる。当社が採用しているさまざまな先進的な考え方と同様に、現時点では、この制度が効果を上げるだろうという予感はしているが、やってみなければわからないと考えている」としている。

ビジネスモデルとして透明性がもたらすメリット

ビジネスモデルとして透明性を求める動きは、近年加速している。オンラインのレビューサイトやディスカッションフォーラムでは、企業は自社の主張や業務、世界に及ぼす影響について、これまで以上に説明責任が問われている。これを受けて各組織は守りに入るか（最低限の対策しか講じない、結果を粉飾するなど）、攻めの姿勢を取るか（透明性を取り入れるなど）のはざまで選択を迫られる。パタゴニアをはじめとする一部の企業は、後者の道を選択する明確な理由を身をもって示してきた。透明性は、信頼、協力、業務パフォーマンスの向上をもたらす。

米携帯大手TモバイルUSは、透明性を用いて信頼を築いた好例で、その1つに大規模なシステム障害に陥った後に顧客の信頼を取り戻した過去が含まれる。2015年秋、信用調査業務を請け負うエクスペリアンのデータ侵害を受け、TモバイルUSのCEOジョン・レジャー氏は直ちに、SNS上の自分の個人アカウントを通じて、顧客一人ひとりの質問に回答した。データ侵害はTモバイルUSの過失によるものではなかったが、レジャー氏は情報を提供して顧客を安心させる責任を果たしたほか、問題となり得る部分を全て監視および管理するためのリソースも提供した。

透明性がさまざまなコラボレーションを促す一例として、パタゴニアが小規模ブランドに対し同社の工場使用を提案したケースが挙げられる。これにより、サプライチェーンの「環境負荷」の軽減に援助が行われた。

また、パフォーマンス向上のための戦略としての透明性も存在する。1993年、米ブリッジウォーター・アソシエイツで起こった出来事を紹介しよう。創業者レイ・ダリオは同社のパフォーマンスを向上させる方策を模索していて、オープンな企業文化を競争優位性として打ち出すアイデアを思いつく。こうして生まれたのが「徹底した透明性」と呼ばれるもので、各従業員が、従業員全員について何でも知っているという状態を意味する。効果的ではあるが、必ずしも容易ではない。結果、このアイデアはブリッジウォーター・アソシエイツに成果をもたらした。同社は、1975年にダリオ氏がニューヨークのアパートで立ち上げたスタートアップから、世界最大規模のヘッジファンド管理企業へと成長した。

パタゴニアは、企業目的と透明性が利益をもたらしうることを証明してきた。並外れたブランドロイヤルティ（ブランドへの忠誠心）を生み出し、目覚ましい財務パフォーマンスを実現した。さらに、栄えある国連地球大賞を受賞するなど、持続可能性への取り組みが世界的に高い評価を得ている。(29) 目的主導の取り組みを超えて、同社は、開放性や謙虚な姿勢、組織的な変革という企業文化を取り入れる取り組みが何倍もの大きな力となることを証明してみせた。ビジネスプロセスの成熟度を高め続ける取り組みにおいて、同社の戦略としての透明性には学ぶべき教訓がある。透明性はビジネスプロセスの顧客とサプライヤーを連携させ、オープンな協力環境を促し、継続的に改善を行う文化を好循環させる。本章の以降の部分では、こうした透明性を基盤とするダイナミック・オペレーティングエンジンをどのようにして構築したのかに焦点を当て述べていきたい。

企業活動において透明性を活用したパタゴニアの教訓

透明性は信頼、コラボレーション、業績を築く。信頼できるメッセージングという基盤から全てが始まる。プロダクトマネージャーとプロセスマネージャーがぜひとも強化したがる部分だ。まず信頼について言えば、パタゴニアに対し忠実な顧客の多くは、同社に絶大な信頼を置いている。「このジャケットを買わないで」というキャンペーンによって、同社が極めて倫理観の高い企業であるという世間の認識はより確かなものになった。次にコラボレーションに関しては、アパレル業界のサプライチェーンを「グリーン化」（環境負荷を軽減）する試みに関する透明性と、他社に参加を呼びかけた取り組みは、好例である。最後に、業績に関しては、同社の堅調な財務業績が右記以外のさまざまな重要な研究結果を裏付けている。同社の倫理観や透明性が優れた実績をもたらし、その高品質な製品に対する顧客の購買意欲をさらに喚起しているのも、その一例だ。各企業の一過性の経験を超えて、透明な環境に置かれた組織や従業員は、さらに優れたパフォーマンスを発揮するとの研究データがある。神経科学の研究では、ミスを隠したり、ごまかしたり、失敗について悩む必要がないと感じたとき、私たちの脳は最高の働きをすると明言している。[30]

透明性は明らかに、大きな効果や影響をもたらす強力な戦略だ。ダイナミック・オペレーティングエンジンの一環として、透明性は信頼、コラボレーション、業績を組織全体で強化できる。また、経験上、非常に効果的なのもわかっている。この問題を長年にわたり研究した結果、透明性がビジネスプロセスに非常に有効なのは、謎に包まれたバックオフィスのプロセスのベールを取り去るからだと、現在は考えている。

現実をよく見てみよう。組織のほとんどの従業員は、ＩＴや財務、サプライチェーンのプロセスの恐ろしく詳細な内容まで理解する必要はない。確かに、従業員に強要してはならないのだが、バックオフィス業務は他の従業員にとって無関係である、つまり、こうしたプロセスについては受け身の顧客でいれば十分だ、という誤った考えは正さなくてはならない。顧客にとって関連する情報とは何か、さらに重要な情報として、どのような共通目標が顧客にとって重要なのかを、プロセス組織は考え抜く必要がある。

また、プロセス組織は信頼、コラボレーション、効果に関して常に守りの態勢でい続けなければならないのもわかっている。つまり、透明性をダイナミック・オペレーティングエンジンの一環として取り入れるべきか否か、ではなく、どのようにしてこれを取り入れるか、が問題なのだ。では、具体的に、何に関して透明性をさらに高めるべきか。なおかつ、ユーザーやビジネスパートナーと必要以上に情報を共有しないためにはどうすればよいだろうか。幸い、透明性を取り入れる方法については確かなデータがある。このデータをコスト、価値、ＫＰＩパフォーマンスの3つに活用しなければならない。ステージ2のダイナミック・オペレーティングエンジンモデルでは、この3項目について詳しく解説する。

ビジネスプロセスにおける透明性のモデル

このモデルの背景を理解しておきたい。多くのプロセス組織がコスト、価値、ＫＰＩに関する情報をビジネスパートナーと共有していない、といった状況ではない。問題は、現在採用されている情報共有のアプローチが十分な効果を上げていない点にある。コスト、価値、ＫＰＩは他の要素よりも守られねばならない、という根本的な問題に対応できていないのだ。ここで重要なのは、透明性を実現し始める取り組みではなく、透明性をさらに高める取り組みだ。図

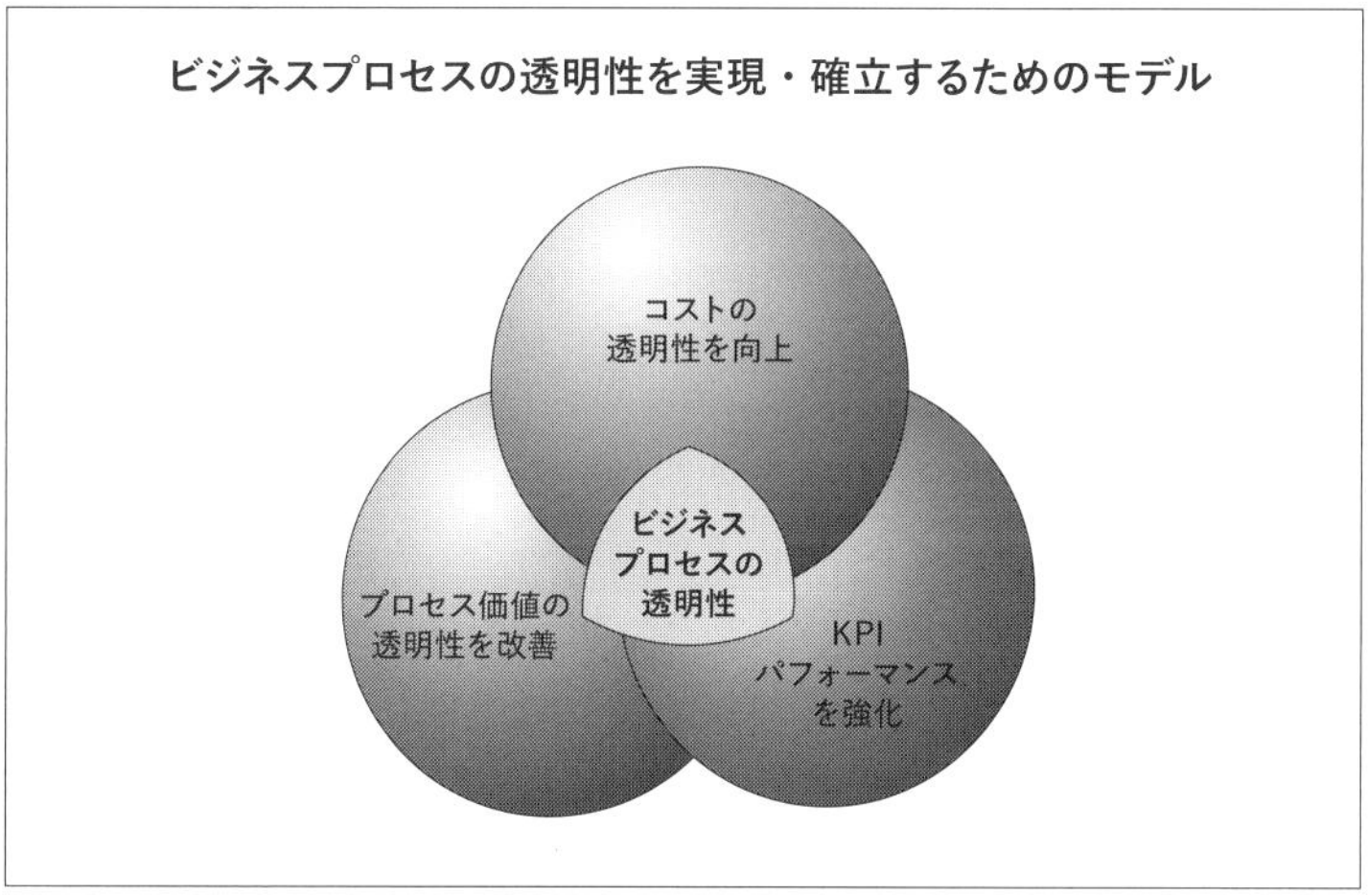

図10　プロセス変革のドライバー

10にこのモデルの3要素を示している。

1.「リソースユニット」の利用によるコストの透明性の向上

コストの透明性に関して、プロセス組織のほとんどが課題を抱えている。有用な情報や、重要な情報があまりに少ないのだ。次の例を使って考えてみよう。情報を提供する対象となる顧客が企業の上級幹部やビジネスユニットのリーダーであるとする。PCサポートなどのビジネスプロセスでは、コスト（PCハードウェア、同サービスに従事する従業員の数と人件費、サービスの信頼性など）の全体像を共有しているとする。これは透明性が実現されている状態とは言わないのだろうか。問題は、全体管理という観点では十分であるものの、共有される情報の内容が重要でないどころか役に立たない可能性がある点だ。家庭で電気サービスを利用する顧客が、発電や人件費、電力供給の信頼性に関する情報を知らされているようなものだ。こうした情報は、顧客の直接的なニーズとはまず無関係だ。顧客が求めるのは、顧客にとって役に立つ、単位あたり（キロワットアワー、など）の電力消費コストの情報だ。

ここで「リソースユニット」（ＲＵ）の概念が重要になる。リソースユニットとは、ビジネスプロセスやサービスを測る消費単位をいう。各リソースユニットに対応するコスト上の影響を伴うオプションを定義できる。先ほどの従業員がＰＣサービスを利用する例で言えば、単価の高いハイエンドのノートＰＣと単価の低いローエンドのノートＰＣなど、リソースユニットに関してさまざまなオプションを提供できる。さらに、経営幹部向けのコンシェルジュ・サポートについては追加のリソースユニットを、それ以外にはセルフサポートのリソースユニットを提供し、それぞれ異なる単位コストにさまざまな影響を含めることができる。こうしたリソースユニットを提供することにより、ビジネスプロセスの顧客はさまざまな選択が可能になる。この場合、ビジネスリーダーである読者の皆さんは、コストを最適化するために、従業員のいる各セクションに対して最も適したサービスレベルを決定できる。

有用なリソースユニットを特定することで、組織のビジネスプロセスに関する適切な行動を従業員に促すのにも役立つ。ただし、選択肢はむやみに提供するものではない。例えば企業内でSAPのような共通のエンタープライズ・リソース・プランニング（ERP）システムの使用に関する基準など、譲れない基準が存在する場合もある。その場合はリソースユニットの選択肢は必要ない。目的は、有用なコスト指標を通じて組織内で適切な行動を可能にすることなのだ。

コストの透明性をもう1段階引き上げるためには、コストに関する状況について情報共有が必要だ。オープンマーケットにおけるコストと比較するとどうなのか。企業のプロセスにかかるE2Eコストはいくらなのか。例えば、「Order to Cash」（オーダー・ツー・キャッシュ、O2C）のような機能をまたいだプロセスを行う場合、離れ業のような財務計算でもない限り、本当にかかったコストを明らかにするのは不可能ではないか。ビジネスプロセスのコスト情報が事業の実態や有用性を反映している度合いが高くなるほど、組織内の関係者などのエンゲージメント（関与）や信頼はより確かなものになる。

2. 価値の全体像を共有しプロセスの透明性を改善する

ビジネスプロセスの透明性を高める2つ目の方法は、その価値の明確化だ。財務帳簿の管理、顧客からの注文処理、従業員への給与支払いなど、組織内のどのビジネスプロセスにも、それに付随するなんらかのビジネス価値がある。ビジネスプロセスによっては、事業コストとみなされるものもあるだろうし（従業員の給与など）、プロセスに直接起因する財務価値を持つものもある（新規オンライン顧客の獲得など）。

プロセス価値の透明性に関して最も一般的な課題は、価値そのものの測定と関係している。組織は、プロセスがもたらすメリットよりもプロセスにかかるコストを明らかにする面に長けている傾向がある。価値を測定する際、よくある別の落とし穴は、プロセスのメリットを判断する基準に財務の数値しか使用していない点だ。財務の数値は確かに重要だ。しかし、多くの場合、価値の全体像を表すには、それだけでは不完全であり、あるいはさらにひどい場合には不正確になるおそれがある。プロセス価値に関しては3種類の指標が使用できる。価値の全体像を得るためには、この3つの指標を全てあるいは2つを組み合わせる必要があるだろう。

a．E2Eの財務的価値

測定が可能ならば、これが最も優れた指標となりうるが、これのみに限定する必要はない。新規顧客の獲得、在庫削減によるキャッシュフローの改善、資材調達コストの削減など、通常、どれも企業にとっての財務上の利益として測定可能だ。ビジネスプロセスを変革して業務コストの削減、キャッシュフローおよび収益の増加が実現できるのなら、財務価値の指標として取り入れる。曖昧な金銭的価値の指標は避け、あるいは、やむを得ず使用する場合は、他の信頼性の高い財務的価値指標で補完する。例として「コスト回避」が挙げられる。これは、調達のようなプロセスにおいて特に厄介な課題だ。良好な調達取引であれば、将来的なコストを回避できる可能性が高いが、将来的にどの程度のコスト削減が見込めるかに関する前提条件は、十分に検証されない限り、判断が難しい場合がある。この場合、正式な審査が行われたかどうか必ず確認しなければならない。

b．エクスペリエンスの価値

ユーザーエクスペリエンス（UX）の価値に対する認識が高まるにつれ、財務上の利益報告を補足する重要な要素となりつつある。ユーザーエクスペリエンスはこれまで、顧客の獲得や定着、活用に関して外部顧客の価値を測る指標として常に認識されていた。その一方で、従業員の定着度やモチベーション、組織文化などへの影響を示しているため、現在は社内プロセスの指標としての評価が高まりつつある。社内のビジネスプロセスに関しては、ネット・プロモーター・スコア（Net Promoter Score: NPS®）の使用が拡大している。このほか、ユーザーエクスペリエンス関連の指標では、次のようなものも使用できる。

- プロセス全体およびタスクレベルでの満足度スコア
- 経験に関する詳細で定性的なフィードバックを得るためのフォーカスグループ評価（概ね6名程度から成る一定条件を満たす顧客のグループ）
- オンラインレビューにおける星による評価システム

- システムユーザビリティスケール（ＳＵＳ）（ユーザーエクスペリエンスの研究者やデザイナーがよく使用する指標）

c．プロセスへの機動性に関する価値

この一連の指標は重要だが見過ごされがちだ。この指標には、市場投入までのスピード、製品開発期間、顧客要求への対応所要時間、製造や物流における柔軟性、アウトソーシングやサプライヤー企業の柔軟性などのパラメータの指標が含まれる。機敏なデジタルネイティブ企業の競合他社が台頭し、新型コロナウイルスによるパンデミックやその他のマクロ経済の影響が大きいなか、この指標はますます重要になっている。このような環境では、ビジネスプロセスのスピードと柔軟性のビジネス価値についての検証が不可欠だ。

3．特定のパフォーマンス指標（ＫＰＩ）に焦点を当てたメッセージングでＫＰＩパフォーマンスの透明性を強化

業務指標の追跡やサービスレベルの契約に対する報告は、業務として当然であるべきだ。しかし実際には、パフォーマンス管理報告は、サイエンス（測定）の要素と芸術（コミュニケーション）の要素の半々で構成される。大げさに聞こえるかもしれないが、事実だ。ＫＰＩのパフォーマンスの透明性を確保するのは、コストの透明性を確保するのと同じくらい難しい。特定

の対象オーディエンスにとって情報を意義のある有用なものにするには、どうすればよいだろう。ＫＰＩの透明性を最も有効な状態にするためには、どのステークホルダーがいつ、何を知る必要があるかをまずは理解しておかねばならない。これをうまくやってのける、まさに芸術ともいうべき技があり、詳細なＫＰＩの配信リストを事後に作成するのではなく、伝達内容やタイミングについて入念に計画する作業が必要とされる。

本章で述べている、正式なマーケティングやコミュニケーションの方法論をパフォーマンス管理に適用する手法は、比喩的な話ではない。文字通りに受け取り理解していただきたい。多くのビジネスプロセスのパフォーマンス報告では、給与計算に不備があったとか、顧客に商品が届かなかったなど、何か問題が起こらないとビジネスリーダーの注意を得られないというリスクを伴う。ビジネスパフォーマンスを継続的に改善したところで、正当に評価される機会に恵まれる可能性はゼロに近い。ビジネスプロセスは遂行して当然のものと受け止められている場合、ビジネスプロセスを通じて競争優位性を実現するために、革新的な介入策を事業に提案する能力が失われていく。

ここで推奨される実施ステップは、マーケティング担当者が対外的なコミュニケーション計画に取り組むのと同じ手法でＫＰＩのコミュニケーション項目に取り組むことだ。ターゲットとするさまざまなオーディエンスを特定し、各オーディエンスが知るべき内容を列挙し、ターゲットに応じて使用する通信媒体を特定する（電子メール、テキストメッセージなど）。メッセージを送る頻度は、熟慮の上計画するべし。規律あるＫＰＩのコミュニケーションは、信頼を構築し、その基盤の上にさらなる協力や変革を推進できるようになる。

ステージ2　ダイナミック・オペレーティングエンジンの終わりに

ビジネスプロセスの成熟度を高めるために透明性をいかに活用すべきかを熟慮すれば、大きなチャンスが生まれる。その方法をダイナミック・オペレーティングエンジンに組み込めば、大きな利益をもたらす。これでステージ2に関連するモデルの説明は終了だ。ステージ2では、第5章で効率化に顧客の価値を加え、第6章でユニファイド・アカウンタビリティに製品管理の原理を適用し、最後に、本章のダイナミック・オペレーティングエンジンに透明性を追加した。まとめると、ステージ2では各ビジネスプロセスの効率と効果をさらに高めてきたわけだ。次のステージでは、継続的なプロセスイノベーションを行い、さらに水準を上げていく。

ステージ2　ダイナミック・オペレーティングエンジンにおけるチェックリスト項目

ダイナミック・オペレーティングエンジンを強化するために、パフォーマンスをステージ2における次の特徴と比較していただきたい。

☑コスト、パフォーマンス、価値の全ての面において透明性の高いビジネスオペレーションが行われている。

☑ＫＰＩが事業成果に基づいており、事業との関連性を最大限に高めるためにステークホルダーとの共同作業によって定義されている。

☑改善や変革を同時にまたはいずれかを行う機会を模索し、コストのあらゆる側面を理解するために、ビジネスプロセスが常に分析されている。

☑ビジネスプロセスの価値が明確に示され、ビジネスプロセスの財務、ユーザーエクスペリエンス、機動性の面に焦点が当てられている。

☑ビジネスプロセスが、顧客やステークホルダーを念頭に置いて運営されている。上記のフィードバックは好循環にとって不可欠な要素である。このフィードバックが業務にどのような影響を与えるかに関しても、完全な透明性が確保されている。

PART 4

ビジネスプロセス　ステージ3
成熟度　統合型へ

ステージ3　統合型　イノベーションを重視

ダイナミックなプロセス変革 実施ステップ

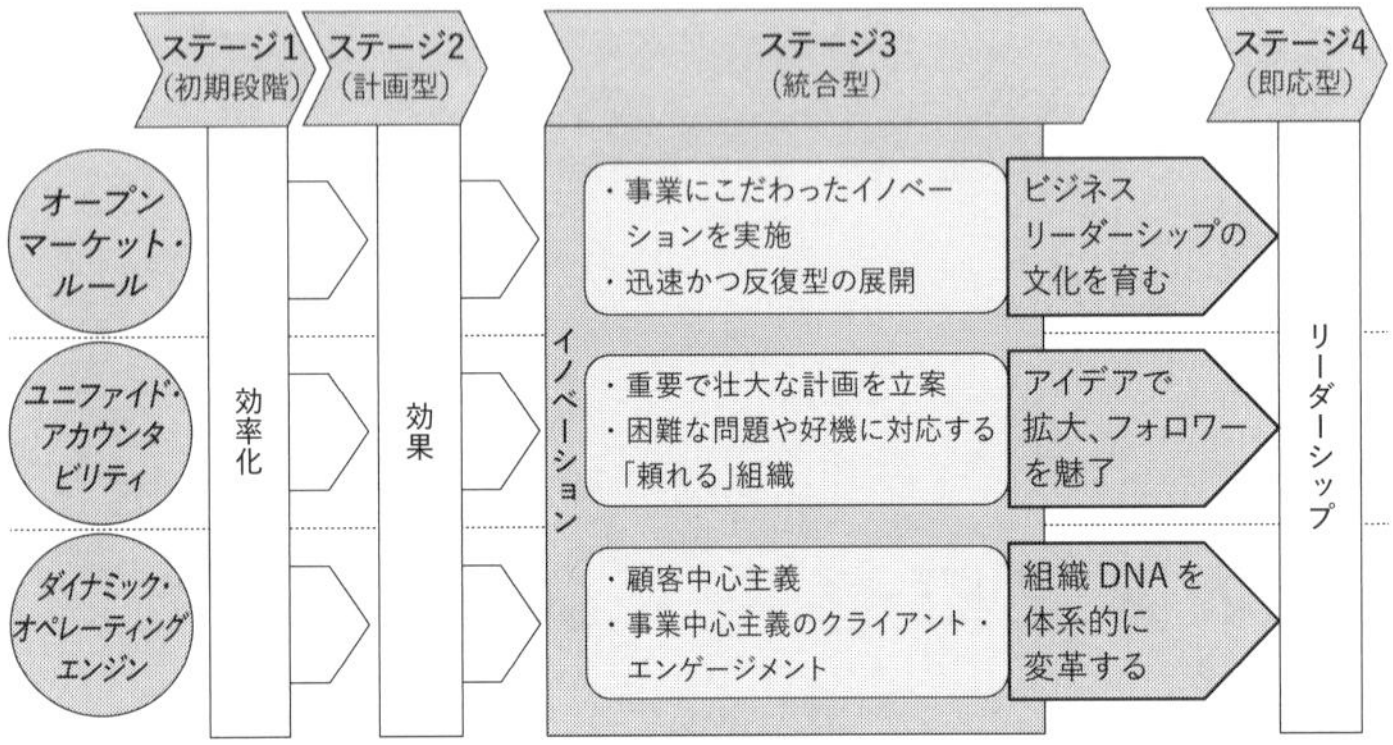

ステージ3とは？

ビジネスオペレーションが継続して革新される。オペレーティングエンジンがさらに完全になり、あらゆる要素を備えるようになる。財務および顧客価値に基づき、プロセスイノベーションが優先される。業務組織が、困難な問題や好機に対応する「頼れる」組織になる。

成熟度を高め、
またはステージ4に進化する
ためのアクション

・ビジネスリーダーシップの文化を育み、プロセスを変革し価値を付加する機会を常に模索する。努力に応じて報酬を与える。
・強力なアイデアと画期的な機会を通じて拡大する。フォロワーを惹きつけて継続的な動きを生み出す。
・必要なスキル構築に加えて、組織のマインドセットを変革する。望ましい行動のロールモデルとなるよう、チェンジエージェント（改革支援者）やソートリーダー（社会問題に対するアイデアや解決策の主導者）に権限を与える。

図11　ステージ3　*ビジネスプロセス変革*の成熟度

第9章 プロセスイノベーションを極める

KEY INSIGHT

ビジネスプロセスのイノベーションの可能性は私たちが考えるよりも3倍大きい。プロセスの継続的な改善だけでは不十分だ。

ようこそ、ステージ3へ！　ステージ2が終了した時点で、すでに非常に効率的かつ効果の高いビジネスプロセスに到達しているはずだ。多くの企業はここで歩みを止めてしまう。「結局のところ、何を解決しようとしているというのだ。弊社のビジネスプロセスには問題はない」と考えるのだ。それは間違っている。現時点では、プロセス変革から引き出せる価値が、少なくとも現状と同程度、あるいはそれ以上まだ眠っている可能性がある。P＆GのGBSでの経験から得られた実際のデータによれば、ここから先の成熟度のステージには、これまでの効率や効果の向上を超えた、3倍のビジネス価値が存在する。とはいえプロセスをさらにスリム化、標準化、自動化しても、その新しい価値は生まれない。例えば、道路輸送の物流プロセスをすでにスリム化している場合、さらに磨きをかけても3倍の価値は生まれない。そうではないのだ。そのプロセスを基盤に新たな試みを行うことによって、新たな価値が生まれるのだ。これまでのステージで行ってきた全ての作業は、私たちに情報の豊かな鉱山ともいうべき宝庫をもたらした。あらゆる企業がデータ企業といえる現代の世界において、これは千金の値を持つ。この貴重なデータを活用して、物流の見直しを始めてもいい。ドローンであれ、新しい配送センターやトラック輸送の新規パートナーシップであれ、どのような手段でもそれこそが次の高みで実現できるイノベーションの成果なのだ。

プロセスイノベーションをたゆまず実施し続けて、どのようにしてその3倍の価値を引き出し始めるか。これがＰＡＲＴ４の３つの章のテーマだ。また、前章までと同じように、類似した組織から知見やひらめきを得たいと思う。今回は、世界屈指の革新的な企業、アマゾンを取り上げる。無料配送を導入するために、同社が行ったイノベーションのストーリーには、多くの知見が詰まっている。

アマゾン無料配送サービス実現に向けて行ったイノベーション

送料無料のサブスクリプション・サービスであるアマゾンプライムは、「史上最高収益を上げた従業員のアイデア」と言われている。[31] 加入者は2億人を超え、23カ国以上で利用可能だ。プライムをはじめその他のサブスクリプション・サービスも含めると、アマゾンは年間250億ドル超の収益を上げる。10人中9人が送料無料を理由にアマゾンプライムに加入している。[32] そんな優れたサービスを成功に導いたイノベーションも、当時はそうすんなりとは進まなかった。2005年2月の立ち上げ当初、懐疑的な意見が少なくなかった。

プライムに先駆けて、アマゾンは2002年1月にフリー・スーパーセイバー・シッピングというサービスを開始していた。ところが期待したほどの成果を上げられず、同社はライバル企業であるイーベイに後れを取るのではないかと懸念した。そこで、従業員チームが発案したのが、無料の2日後配送を提供する会員制サービスだった。前払い79ドルで無制限に追加料金なしで無料配送を受けられるアマゾンプライムは、2005年2月に開始された。これまでにない画期的なサービスだった。このサービスにより、アマゾンは世界のショッピングのあり方を根底から変え、オンラインショッピングにおける利便性の基準を押し上げる結果となった。

その一方で、2005年の立ち上げから今日に至るまで、同社がこのイノベーションを進化させ続けてきた道のりは貴重な教訓を示している。まず、アマゾンプライムが正式な案として採用された事の起こりは、同社のエンジニアであるチャーリー・ウォードのアイデアだった。社内プログラムを通じて、「食べ放題」タイプの無制限の配送サービスを提案したのだ。(33) ジェフ・ベゾスはさらにこの案を一歩前に進め、より迅速な配送という案を追加した。ベゾスは常に徹底した顧客中心主義を指示していた。ユーザーがアマゾンを利用し続け、アマゾンとともに成長する理由を提供するという考え方を極めて重視していた。ホリデーショッピングの繁忙期間中のとある土曜日、ベゾスは自身の所有するボートハウスにスタッフを集めて会議を開いた。この日、アマゾンプライムの構想が誕生した。

実現への道のりは平坦ではなかった。アマゾンにとって配送料は利ざやの一部であったため、アマゾンプライムの実施は同社にとって経済的な打撃を意味した。社内では、この案件は会社を滅ぼしかねない、と危惧する者も現れた。しかし、アマゾンプライムは、人々の期待を受けて現実のサービスとして成功する。経済的な打撃を抑えるために、アマゾンは物流を改善し、航空便で配送する商品の量を減らした。サービス開始から数年後、アマゾンは梱包・発送代行サービスであるフルフィルメント・バイ・アマゾン（FBA）を創設、出品者はアマゾンと契約し、商品の配送を委託できるようになった。アマゾンプライムの魅力はさらに高まる。少し遅れて、学生を対象に1年間無料でプライムを利用できるプライムスチューデント・プログラムの提供が始まった。これにより、若者のオンラインショッピング行動が1世代以上にわたって形成されていくだろう。

さて、アマゾンプライムが本格的に軌道に乗るまでには数年を要した。２０１１年にさらにプライムビデオが会員向け無料特典として追加され、ようやく確固たる地位を築き始める。次いでプライムミュージックがプライム会員限定の特典として提供された。こうして２０１４年までにアマゾンプライムは雪だるま式に大きく成長していたのだが、アマゾンプライム担当のグレッグ・グリーリー副社長は、社内のビジネスユニット・リーダー全員と接触し、彼らのサービスをプライムに追加することに同意を求め、社全体で顧客エンゲージメントの強化を図った。ひとたび転換点を迎えると、もう後戻りはできなかった。

もちろん、プライムはイノベーションのほんの一例にすぎない。アマゾンが革新的である理由についてはさまざまな意見があった。例えば、顧客中心主義をはるかに超える、顧客にこだわるという考え方（顧客至上主義）。それから、スピーディーにイノベーションを行う文化。さらに、長期的な戦略のためには短期の財務結果の犠牲もいとわない姿勢。そして、もちろん、アイデアを資産と捉える習慣もある。この中にはプロセスイノベーションへの適用が明らかに容易なものもあれば、そうでないものもあるだろう。とはいえ、プライムならではのストーリーは、プロセスイノベーションに関する教訓を数多く示している。さらに詳しく見ていくとしよう。

ステージ3におけるオープンマーケット・ルール
アマゾンプライムの教訓に学ぶ

ステージ3の成熟度では、オープンマーケット・ルールのドライバーとなるのは、ビジネスプロセスに絶えずイノベーションを起こすことである。アマゾンプライムのストーリーが示す数ある教訓の中から特に関連性の高い3つを取り上げたい。

1．絶対に満足しない顧客を歓迎する

アマゾンプライムのストーリーが顧客中心主義の優れた事例を示しているのは事実だ。しかし、この事例から得られる教訓は、顧客中心主義をはるかに超え、顧客至上主義にまで広がる。アマゾンは、顧客が必要とするものを提供する段階から数歩進めて、あらゆる出来事を成長の機会ととらえる考え方を歓迎している。変わりやすい顧客の考えをイノベーションの機会として喜んで受け入れるのだ。2017年の「株主への手紙」の中で(34)、ベゾスは顧客の高まり続ける期待を超え続ける取り組みの重要性を強く訴えている。「顧客に関して私がすばらしいと思っているのは、彼らが絶対に満足しない点だ。よりよい方法を求めてどこまでも貪欲であり、昨日の『感動』が一夜にして今日の『普通』になる」。オープンマーケットの顧客が見せる矛

盾や複雑さを喜んで受け入れ、永続的な顧客ニーズを抽出してイノベーションのたゆまぬ流れに落とし込む。この行動はアマゾンにとって確実に効果をもたらした。

気まぐれで要求の多い顧客をイノベーションの機会として歓迎する方法は、ビジネスプロセスにも大いに当てはまる。法人のカスタマーエクスペリエンスにおける取り組みけ、消費者のユーザーエクスペリエンスの規律より、一歩後れを取っている。企業プロセスにおいて絶対に満足しない顧客からのサインをイノベーションの機会として活用すれば、飛躍的に成長できるチャンスがある。例えば、ユーザーが経費レポートを提出しなければならないというルールに不満ならば、これをヒントに、経費レポート自体の完全撤廃も可能だ。あるいは対応策として、自社のクレジットカードのデータをもとに、人工知能（ＡＩ）を使って経費レポートをシミュレートしている企業もある。

2. 点と点を結んで潜在的な解決案を見出す

アマゾンプライムは何年にもわたって無料サービスを何層にも重ね合わせて誕生した。この期間、アマゾンの中で一貫していたのは、顧客がアマゾンを離れて競合他社に移ったりしないように、忠実な顧客を囲い込むモート（堀）を作るという目標だった。だが、新規の無料サービスを1つずつ追加していくやり方は、かなり場あたり的なアプローチだった。当初、従業員の中には、なぜプライム会員にプライムビデオを無料で提供するのか、理解できない者さえいた。無料配送が動画配信とどんな関係があるのか疑問に思ったのだ。これは、一見、関連性のない2つの点を結びつけて顧客の囲い込みを強化するという、より高い次元の目標を達成できた優れた事例である。

3. 迅速かつインタラクティブな取り組みを規律正しく行う

アマゾンプライムの構想が初めて議論された時点で、ベゾスは時間的制約があるなかでも担当チームに対して、適切な期限を規律正しく、設定した。製品発表はアマゾンの決算発表日、つまり6週間後に行うことが決定された。

この進め方は、イノベーションを迅速かつ反復して行うというアマゾン全体の理念とも極めて合致している。そして、その取り組みの中核にあるのは顧客満足の追求だ。この考え方を支えるのがリーダーシップ・プリンシプル（リーダーシップに求められる原則）である。「Think Big（広い視野で考える）」、「Bias for Action（スピード重視で、まず行動する）」、「Frugality（質素倹約）」などを含み、日々の行動指針としての役割を果たす。そして、この指針は全て、アマゾンの方法論のツールボックスから取り出して具体化され、実現される。ツールボックスのツールは、顧客の利益から逆算して考える「working backwards（ワーキング・バックワーズ）」と呼ばれるアプローチに基づいている。理想とするカスタマーエクスペリエンスを想定し、そこから逆算して出発点として何を変革すべきかを考えるのだ。この「ワーキング・バックワーズ」が組織の隅々まで、予算管理など日常の業務プロセスにまで浸透している。したがって、業務のための資金を調達する場合、予算は単に業務を計画した結果にすぎない。計画と予算プロセスはこのようなかたちで組み合わさっている。時間の大半は計画に費やされ、予算はその後についてくる結果なのだ。

これは、多くのプロセス組織における行動とは極めて対照的だ。例えば、プロセスの予算編成は、まず前年度分を合計し、それから生産性向上策を盛り込んで予算を修正するという手順で行われる。イノベーションに関する議論は、ほとんどの場合、予算編成と並行してポートフォリオのプロセスで行われる。その結果、財務プロセスを使った、迅速かつインタラクティブなイノベーションを合わせて促進するチャンスが失われる。

絶対に満足しない顧客を歓迎する、潜在的な解決策の点と点をつないで可能な解決策を実現する、迅速かつインタラクティブなイノベーションを規律正しく実施する。この3つの大切な教訓は、私たちのプロセスイノベーションのモデルにも取り入れられている。

モデル　ビジネス価値を追求するプロセスイノベーション（BOPI）

アマゾンプライムからの教訓を適用するとき、アマゾンにおける「customer（顧客）」は、ビジネスプロセスでは「user（ユーザー）」と「client（クライアント）」の両方に相当する点に留意する必要がある。前述のように、ユーザーもクライアントも、それぞれにビジネスプロセスの顧客である。ビジネスプロセスを通じてビジネス価値の実現を重視する場合、両者にサービスを提供しているのだ。したがって、重要なのは「顧客満足の追求」ではなく「ビジネス価値の追求」だ。すなわち、ビジネス価値を追求するプロセスイノベーションとは、絶対に満足しない顧客を歓迎する姿勢を基盤にプロセスイノベーションを実現し、それにより新たなビジネス価値を創造するモデルを指す。次に示す3つの実施ステップを詳説し、アマゾンプライムの教訓に連携させて、私たちのモデルを具体化していこう。

1. 絶対に満足しないユーザーとクライアントを歓迎する

アマゾンプライムからの教訓では、顧客至上主義が顧客中心主義の一歩先を行く点について説明した。ビジネスプロセスの世界では、現実として、多くの組織がいまだ顧客満足を重視しており、顧客中心主義よりも一段階低いところにいる。よくあるのはこんなケースだ。まず、ビジネスプロセスの管理およびイノベーションのための基盤として、顧客満足度やユーザーエクスペリエンスに関する数値データが使用される。数値データにおける問題は、方向性を示すデータは得られても、新たなイノベーションを行う際に必要となる、データの背後にある状況や細かなニュアンスまで把握するのが難しい点にある。アマゾンでは驚くほど膨大な量のデータが利用可能だが、それでもデータよりも個々の事例が重視される。ベゾスが語るように、

「事例とデータが一致しない場合、多くは事例が正しい。データの測定方法に何か問題がある」。

ビジネス価値にこだわったプロセスイノベーション（ＢＯＰＩ）モデルが示すのは、数値の先を行く行動だ。チャンスを嗅ぎ分け、現実に試してみなければならない。そのための最善の方法は、自分自身をユーザーとクライアント組織に深く入り込ませるか、あるいはその逆で、ユーザーやクライアントを自身の組織に深く入り込ませるかだ。これについては、第11章で解説するクライアントマネージャーの役割によって、クライアントに深く入り込む手助けとなるだろう。同様に、サービスマネージャーの役割（第7章参照）によって、ユーザーに焦点を当てた専門的な研究が可能になるだろう。

2. 点と点を結んで潜在的な解決案を見出す

アマゾンプライムのストーリーで、「点と点を結ぶ」数多くのアイデアがベゾス氏自身から生まれた点は興味深い（送料無料サービスに迅速配送を追加、プライム会員特典へのビデオの組み込みも彼が提案）。この能力は特定の個人にのみ備わるものだ（例えばスティーブ・ジョブズなど）。それ以外では多くの場合、特定の方法論を用いて点と点を結べば、同様の成果を得られる。私たち筆者はここで「デザイン思考」を活用できると考える。デザイン思考とは、創造的な問題解決プロセスで、製品やサービスを提供する組織がイノベーションを行うために広く用いられている。その思考プロセスそのものが、すでに強みを持っている。幾つかに分かれたステップの中に「顧客への共感」が含まれており、ちなみにそのステップこそが、デザイン思考のプロセス全体の出発点となる。さらに、点と点を結ぶことに特に優れた、「ideation（アイデアの創出）」と呼ばれるステップがある。「問題をリフレーム（再解釈）」することで広い視野で問題を定義でき、解決のさまざまな可能性が開ける。また、デザイン思考は、「類似した問題を探す」作業も行い、全く異なる領域や背景と掛け合わせてアイデアを導き出したりもできる。予算編成はダイエットに類似しているかもしれない。

企業のイノベーショングループやシリコンバレーのスタートアップ企業だけでなく、デザイン思考は会計業務やサプライチェーンの再設計など、日常的な業務のアイデア創出にも有効だ。

3. 迅速かつインタラクティブな取り組みを規律正しく行う

プロセス組織における顧客満足に関する取り組みは、製品グループにおける取り組みよりも一歩どころか二歩遅れているとは以前から指摘されていた。同様に、イノベーションの実施の方法論においても、成熟度に遅れが見られる。プロセス改善のためのイノベーションの手法の多くは、ＩＴの自動化プログラムを中心に構築される傾向にある。この場合、陥りやすい落とし穴として、多くの自動化プログラムのプロジェクトが、ソフトウェアパッケージの実装に終わり、迅速かつインタラクティブに取り組まれない可能性がある。ただし、プロジェクトがアジャイル開発の手法でプログラミングされた新しいソフトを使用するとなると、事情は異なる。

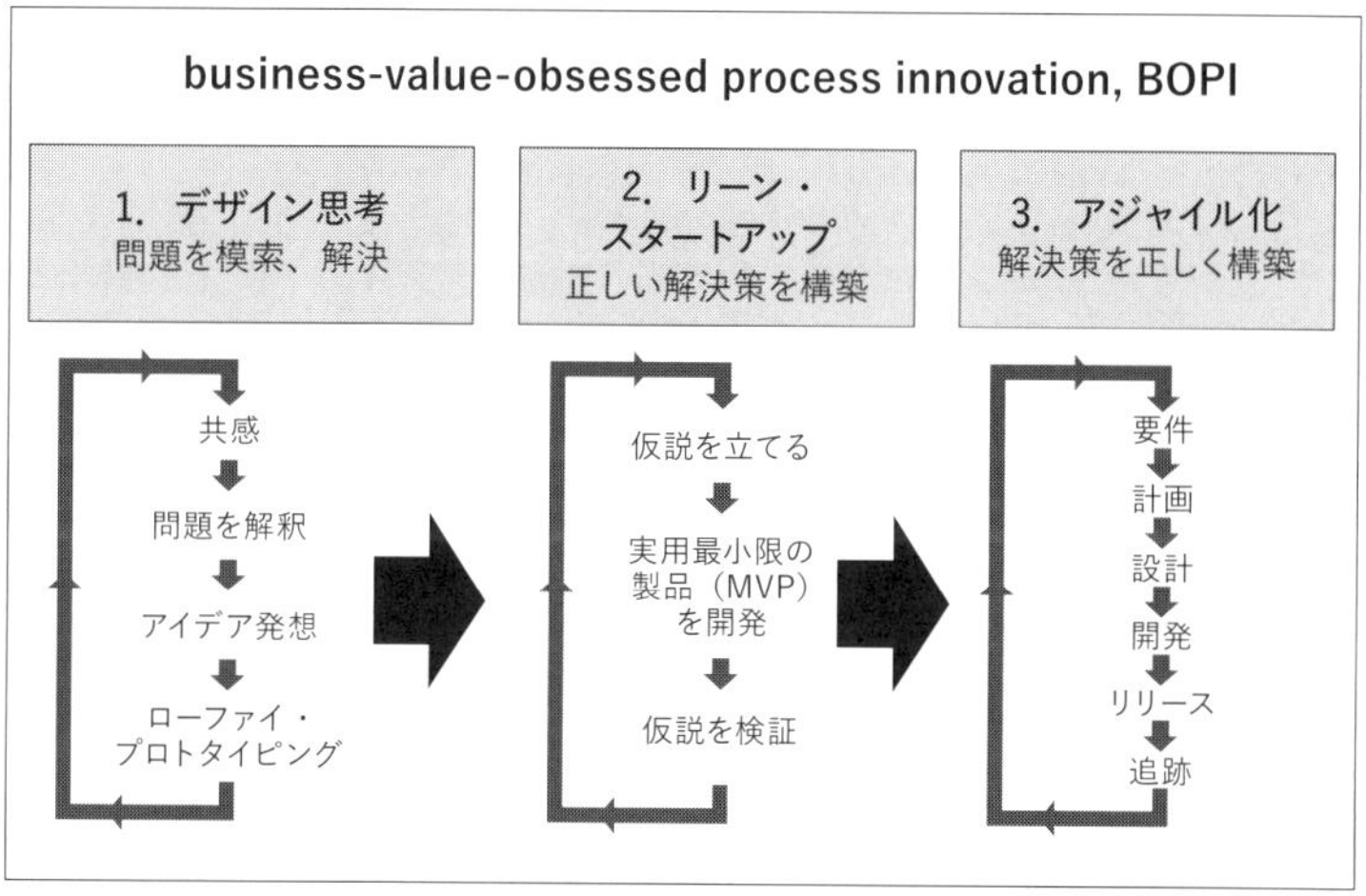

図12　ビジネス価値にこだわったプロセスイノベーション

だが、ＩＴ自動化に関して、全く新しいソフトウェアが採用される例は一般的に少ないため、残る問題は、プロセスイノベーションの方法論における成熟度の遅れの修正だ。

迅速かつインタラクティブなプロセスイノベーションを実現するためには、デザイン思考、リーン・スタートアップ、アジャイルの方法論を組み合わせて、Ｅ２Ｅのプロセスイノベーションを創る方法が、最も効果的であるとわかっている（図12参照）。本質的にこの３つの方法論は補完し合っており、組み合わせれば、顧客志向の結果をインタラクティブかつ迅速に実現できる。ただし、業界ですでに十分確立されているため、本書では深くは触れない。

大まかに言えば、１つ目のデザイン思考[35]は、単に解決策を絞り込む前にアイデアを十分に模索するための手法である。製品やプロセスなど、あらゆる設計要件に関して現実に生じる曖昧な部分に対処するための効果的なツールである。顧客に共感し、学習し、問題を異なる視点から解釈し、潜在的な解決策を模索するよう導く。

2つ目の方法では、顧客中心主義の問題提起があれば、リーン・スタートアップを使ってさまざまな選択肢を素早く、インタラクティブに試行する。これにより、作業に最も近い立場にいる従業員には望ましい結果を実現するための最善の方法を決定する権限を与えられ、同時にその作業を通じて学べる[36]。

3つ目のアジャイル手法とは、短い「スプリント」（開発サイクル）でプロジェクトを実施する手法であり、各チームはその期間内に機能やプロトタイプを開発し、顧客やステークホルダーと共有し、フィードバックを回収して機能やプロトタイプを修正する[37]。この手法により、プロジェクトチームは計画を適応させ、欠陥を特定し、早期に修正できるだけでなく、エンドユーザーのニーズをより良く、安価かつ迅速に満たす方法を模索できる。

この3つの方法論を組み合わせて用いれば、最適とは言えないプロセスを開発するリスクを排除できる。正しいビジネス価値を提供しないサービスを開発するという無駄な作業を回避できるからだ。そこで注目すべきは、変化の早い現代の世界では、ビジネス価値を追求する方法論の規律正しい実践が必要不可欠である点だ。プロセス組織が長年にわたり機能別にサイロ化していた過去を考えると、そもそもたいていの組織ではプロセスイノベーションの方法が「1つ」ではない。また、たとえ「1つ」に絞られていたとしても、ビジネス価値が十分追求できていない場合が多い。

ビジネス価値を追求するプロセスイノベーションが効果的である例

顧客の不満を歓迎する、点と点を結ぶ、迅速かつインタラクティブなイノベーションの実施。このビジネス価値に執着したイノベーション（BOPI）の3つのアクションアイテムは、プロセスイノベーションの価値を最大限に引き出す上で非常に効果的だ。アイテム同士が作用し補完しあい、価値も高く信頼性も高いプロセスイノベーションを実現する。P&Gが創った新しい社内サービスの事例でも示した通りだ。2008年に世界を襲った経済危機（リーマンショック）は他の企業と同様にP&Gにも大きな影響を与えた。コスト削減計画が実施され、その影響は全てのビジネスユニット、世界の全拠点に及んだ。コスト削減策には、交通費・交際費予算の削減も含まれていた。もちろんこれは正しい措置ではあったが、GBSではこれを好機ととらえ、交通費・交際費の分野にさらにビジネス価値を高められないか、検討し始めた。拠点間のコラボレーションを維持あるいは強化するために他に何ができるだろうか。また、その関係を活用して交通費・交際費が削減できないだろうか。

答えは、間違いなく「イエス」だった。プロセスイノベーションとして、対面での会議に限りなく近い経験を提供する高品質のビデオ会議室を導入した。驚くべきことに、これはズームやチームズが登場する前、２００８年の話だ。それまでのビデオ通話は使用はできても信頼性に欠け、実際の出張に比肩するものではなかった。だが、9カ月と経たないうちに、世界各地の43拠点（Ｐ＆Ｇの年間旅費の80％を占める）が、ビデオ会議ソリューション（Video Conference Solutions、ＶＣＳ）と呼ばれるサービスを導入した。これにより、交通費がさらに削減され、拠点間の協力関係が強化されて業務サイクルのスピードが上がった。もちろん、導入の過程では解決すべき問題も幾つかあった。

当時、ビデオ会議技術がまだ成熟していなかったのは、大きな問題の1つだった。また、Ｐ＆Ｇがこの技術を革新するために追加予算を計上する予定はなかった。最終的に、ＧＢＳが実施した方法はシンプルなものだった。その年の交通費・交際費をさらに削減し（全社的なコスト削減分とは別に）、削減した分の金額をイノベーションにあてるというものだった。また、当時ビデオ会議に関して最も成熟したパートナーだったシスコシステムズにアプローチし、新たなゴールデンスタンダードとなるビデオソリューションを共同開発し、後にシスコシステムズがこれを他の企業向けに商品化しないかと持ちかけた。

次の課題は、部屋同士を接続するプロセスをワン・クリックで実現する方法だった。デザイン思考を使って、従業員のニーズを取り入れた。ソリューションが何度も提案され、試行段階では幾度か失敗もあった。だが、最終的には世界の全ての拠点とワン・クリックで接続するという目標を達成した。

この間、全ての国の各拠点で映像の画質を一定に保つために、カメラやモニター、部屋のレイアウトまで、スティーブ・ジョブズ並みに細部にこだわって選んだ。ビデオ会議ソリューション（VCS）用の部屋に置くあらゆる家具、壁やカーペットの色調、部屋の大きさやレイアウトまで、徹底的に吟味した。各部屋のテーブルは半楕円形にし、3台の大型テレビ画面を向かい合うように設置した。画面には、もう1つの拠点の接続先から同じ半楕円形のテーブルが映し出された。2台の半楕円形のテーブルと、よく似せた部屋のデザインや色調の効果で、別々の拠点にいる出席者は同じ楕円のテーブルをはさんで座っているように感じられた。

同様に、リーン・スタートアップとアジャイル手法を使って、高品質で会議を実施できるようにした。以上の作業全てによって、新たなビデオ会議ソリューションが誕生し、シスコシステムズは後にこのソリューションを他社にも提供した。このビデオ会議ソリューションの新製品は、業界で数々の賞を受賞した。シスコシステムズのテレプレゼンス・ソリューション（訳注：遠隔地にいる人がまるで物理的にその場に存在しているような効果を生む仮想現実の技術）はその後も市場シェアを拡大し続けた。振り返ってみると、ビデオ会議ソリューションが次のレベルのコラボレーション、全社的にバーチャルで業務を行える環境という基盤を築けたことが、最も重要な成果であったのかもしれない。

ステージ3　オープンマーケット・ルールにおけるチェックリスト項目

オープンマーケット・ルールをさらに強化するため、パフォーマンスをステージ3における次の特徴と比較していただきたい。

☑プロセスイノベーションが、効率や効果にとどまらない、顧客バリュープロポジションのあらゆる可能性を提供する。

☑イノベーションが計画的に実施されている。また、より高いビジネス価値を提供するために、その実施が顧客ニーズに一致した指標によって測定されている。

☑顧客志向は顧客満足度の指標をはるかに超えるものである。ユーザーのニーズばかりでなく、クライアントのニーズにもこだわる。どちらも、新たなビジネス価値を生み出す源泉となる。

☑プロセスイノベーションにおいて、さまざまな可能性を結び合わせてより強力なビジネス価値を提供する取り組みが熱心に行われている。

☑デザイン思考、リーン・スタートアップ、アジャイルの枠組みを、一貫して広範囲で適用することにより、ビジネスプロセスのイノベーションが体系的に実施されている。

第10章

漸進的イノベーションの罠を回避する

KEY INSIGHT

プロセスイノベーションにおいて漸進主義的な考え方は重大な問題をもたらす。幸い、これを克服するためのさまざまな方法論や組織モデル、トレーニングが存在する。

現代の世界では、競争優位性は製品だけでなくプロセスの成熟度からも大きく影響を受ける。そのため、プロセスイノベーションで他社に劣後しないためにはどうすればよいかが重要だ。筆者たちの経験から言えるのは、現実には、プロセスイノベーションを製品イノベーションと同等に重視する組織は多くはない。その背後には歴史的な理由がある。第一に、もともとビジネスプロセスが長年にわたり機能別サイロ化していたため、プロセスイノベーションが壮大な計画として取り上げられてこなかった。第二に、製品の世界ではプロダクトマネージャーはイノベーションに明確な説明責任を果たすが、サービス管理では同様の構想がこれまで存在しなかった。そしてもう一つ、グローバル・プロセスオーナー（GPO）のような既存のプロセスオーナーシップの役割では、破壊的なイノベーションよりも基準を守るガバナンスが優先されがちだ。その結果、抜本的な手段を避けて徐々に取り組みを進める漸進主義が、プロセスイノベーションでは真の落とし穴となる。一方、デジタルネイティブの組織は製品とビジネスプロセス両方をゼロから構築するので、従来の組織は極めて不利な立場に追いやられる。

今一度、製品の世界において最も優れたイノベーションの取り組みを探れば、新たなアイデアが見つかるはずだ。ここではサムスンのストーリーを掘り下げたい。非常に伝統的な形態から創業し、今や世界有数の革新的な企業として認められるまでに進化した一大組織である。

サムスンのイノベーションの道のり　食料品店から電子部品企業まで

ボストン・コンサルティング・グループ（BCG）は2005年から毎年、イノベーション企業トップ50社ランキングを掲載したイノベーションレポートを発表している。2021年度版[38]には、アップル、アルファベット、アマゾン、アリババ、ファーストリテイリング、P&Gなど、お馴染みの企業が名を連ねる。そして、さらにもう一社記載されている。1938年に干物や地元産の食料品、麺類を扱う地元商社として創業した企業、サムスンだ[39]。ここでは6位に入っているが、驚きでもなんでもない。キャピタル・オン・タップが発表する「世界で最も革新的なハイテク企業」カタログでは常に2位にランクインしている。[40]地元の食品商社というささやかなスタートから、衣料から輸送、通信、そしてもちろんエレクトロニクスまでを幅広く扱う、約80社からなる複合企業へと発展した経緯には、イノベーション戦略も関係している。サムスンは、家電製品分野の無数の問題を読み解き、解決していかねばならなかった。地域から世界へ、クローズドイノベーション（自社内で完結）からオープンなイノベーションへ、また、イノベーションに関しても多重階層型の意思決定からスピーディーな決定へ、さらに、イノベーション能力については状況に応じた構築から体系的な構築へと、問題は多岐にわたった。

まず、李秉喆（イ・ビョンチョル）が、食品を扱う商社として同社を創業した。朝鮮戦争後、事業を製造業に拡大し、最終的には電子部品を手がけるようになる。１９８７年、息子の李健熙（イ・ゴンヒ）が父・李秉喆（イ・ビョンチョル）の後を継いだ。彼こそが、サムスン電子をグローバルリーダー、イノベーション大企業に変身させた立役者だ。今日、サムスン電子は、スマートフォンから液晶テレビ、ＮＡＮＤ型フラッシュメモリまで、あらゆる製品カテゴリーにおいて、一貫してマーケットリーダーの役割を担い、また、イノベーション、設計の先駆的な存在だ。これを実現するために、サムスン電子は社内の製品イノベーションプロセスにおいて、適切なイノベーションを見極め、革新的な製品を正確に作り、市場投入を的確に行う、この各プロセスにおいて優れた成果を上げる必要があった。

適切なイノベーションを市場に投入する方法とは

家電製品分野で世界的に成功するためには、数は少なくとも壮大な、製品イノベーションのアイデアを見極める力が必要だった。現地市場の多様なニーズとグローバルで壮大なアイデアのバランスをうまく取るのは難しいが、同社の場合、バランスが取れない原因は一般的に考えられるようなものではない。原因となる問題は、各地域のイノベーションのアイデア云々よりもイノベーションに関する意思決定のスピードに関係している可能性がある。1990年代初頭、サムスンはこの問題に取り組み、イノベーションに関する意思決定の迅速化とグローバル化を図った。1989年当時、同社ではプロジェクト承認までに3つから7つの階層を経ねばならなかった。(41) 最終段階の会長の承認サインを含めた、7つの階層から成る承認手続きともなれば、完了までに24日を要した。このプロセスがスリム化されてからは、1995年にはわずか3つの階層で承認を得れば完了し、しかも一日で済ませられるようになった。壮大な計画に関する意思決定の迅速化は、サムスンに大きな転機をもたらした。この取り組みは意思決定構造のスリム化や海外市場への進出を含む、初期のグローバル化戦略の一環として行われた。プロセス管理のグローバル化を推進するために、プロジェクト提案書のひな形すら英語で作られていた。

また、変革のイノベーションに携わる従業員と、同社のコア事業に携わる従業員を分ける手法にも取り組まなければならなかった。例えば、革新的な設計を基盤にして競争するためには、さまざまな新しいスキルを備えた人材が必要だと認識していた。そこで、デザインセンターを地方の小さな町から首都ソウルへと移し、プロの若手デザイナーや業界の専門家など貴重な人材との距離を縮めた。(42) また、変革のためのイノベーション用と、継続的な改善用にスキル、人材、資金を振り分け、大きな効果を上げた。

製品イノベーションのための組織モデル

サムスン電子は、創業当時、全てのスキルを社内で養成する、クローズドイノベーションのモデルには限界があることを認識していた。また、非常に優秀な人材に投資し、研究開発部門を集約していた。だが、このモデルでは、急速に変化する消費者の世界に対応するのは難しい。そこで組織モデルをオープンイノベーションに切り替え、顧客やサプライヤーと直接関われるようにした。時間を追って、イノベーションのイニシアチブやグループの数々を創設し、そのほとんどをサムスン・ネクストの傘下に置いた。

サムスン・ネクストは新たな機会の創出を特定する多角的なイノベーショングループだ。ネクスト・プロダクト（社内の専門デザイナーやエンジニア）、ベンチャーズ（新興企業への投資）、マージャーズ・アンド・アクイジションズ（新会社の買収）、パートナーシップス（第三者との商業的提携の機会）などが、複数のサブグループを抱えていた。サムスン電子にとって、このオープンイノベーションのモデルは単なる組織構想ではなく、同社のイノベーション文化に浸透して長期戦略に深く組み込まれている。(43)

変革能力を構築するアプローチ

意思決定の加速化、オープンイノベーションへの路線変更に次ぐ、サムスン電子の成功の3つ目の秘訣は、イノベーション能力を組織全体に広めるのに役立つ研修・開発プログラムに熱心に投資してきた歴史にある。社内研修プログラムのほかにも、57カ国120拠点で働く従業員に、奨学金や大学院での研究、海外勤務といった機会を提供している。(44)その副産物として、サムスンは名門大学とのつながりを手に入れた。また、強力な知見の発見や共有を可能にするために、新しいナレッジマネジメントツールを作り、人材報奨制度を創設した。

こうして李健熙（イ・ゴンヒ）がグローバル・リーダーシップを追求した結果、サムスンのイノベーションの取り組みに革新的かつ体系的な変化をもたらした。さてその成果やいかに？１９９２年、サムスン電子は世界最大のメモリチップメーカーとなり、その10年後には世界最大のＬＣＤパネルメーカーとなった。２０１２年までに、販売台数で世界最大の携帯電話メーカーに成長した。ノキアを追い抜き、現在も世界的優位を維持しており、現在ではアップルやシャオミなどのライバルに抜きんでている。２０１５年には、米国での特許承認数において他の企業を抑えて1位となり、年末までに取得した実用新案は７５００件を超えた。今や世界的なブランドとして認知され、インターブランドのベスト・グローバル・ブランド・ランキングではトップ5に入る。

サムスンから大規模イノベーションの手法を学ぶ

さまざまな理由から、サムスンのイノベーションのストーリーは、プロセスイノベーションの加速化から得た教訓を提供する優れた基盤となっている。従来のイノベーションへのアプローチから現代化したアプローチへの移行方法を示している点で、参考になる。サムスンは、この段階にたどり着くために、方法論、組織モデル、人材の能力に関して熟慮の上で変革を行わなければならなかった。プロセスイノベーションにおける最も重要な教訓は次の通りだ。

壮大な計画を体系的に特定する方法論を開発

サムスンは、案件の承認プロセスに定めた階層の数を減らし、イノベーションに関する意思決定が遅いという大企業特有の問題に取りかかった。また、破壊的なイノベーションの能力を会社のコア業務から切り離し、それぞれ別々の形態に組織化した。このストーリーから、プロセス組織が学ぶべき重要なポイントがある。まず、壮大なイノベーション計画を特定するためのアプローチについて考えてみよう。プロセスイノベーションでは規模の小さいアイデアばかり採用されがちだ。実際に、多くの企業がこの点を課題として認識している。従来のプロセス組織では、コスト削減やサービス水準の安定など、小規模な修正で済ませられる目標を志向するためだ。各企業ではこの問題に対処するため、プログラムマネジメントオフィス（ＰＭＯ）を活用して、イノベーションの優先順位をさらに上げて価値を高めようとする。ＰＭＯとは、プロジェクトの専門的な管理やポートフォリオの最適化における専門知識を提供する組織内の構造である。ＰＭＯはイニシアチブのポートフォリオを最適化するために、小規模な案を停止させる。だが、これだけでは戦略的に十分とは言えない。「ロングテール削減」案とは、価値の低いプロジェクト（グラフ上の「テール」部分）全ての作業を中止すれば、壮大なアイデアのプロジェクトに取り組める余裕が生まれる、という考えだ。ただし、実際のところ、規模の小さなアイデアを停止させるのと新しい壮大な計画を構築するのとは別の話なのだ。小さなアイデアを取り除いたからといって、必ずしも壮大なプロジェクトが生まれるわけではない。ＰＭＯのプロセスは、リソースの割り当てや最適化に優れているが、アイデア創出には不向きだ。はっきり言えば、ＰＭＯは重要な業務規律を提供する。しかし、特にプロセスイノベーションに関しては、壮大かつ画期的な新アイデアをもたらすことと規律とは別物だ。そこは混同しないように。壮大なプロセスイノベーション計画を生み出すためには、さまざまなアプローチが必要だ。これについては、大規模なプロセスイノベーションを進める推奨モデルの一環として後で取り上げる。

サムスンの大規模なイノベーションを促進する組織モデル

サムスン電子は、社内のクローズドイノベーション一辺倒からオープンイノベーションに切り替える際、さらに壮大な計画を生み出すための組織モデルを構築した。オープンイノベーションのアプローチは、現在、各業界で製品組織に広く普及している。プロダクトマネージャーによるユニファイド・アカウンタビリティと組み合わせれば、製品の競争力は確実に維持でき、非常に効果的である。プロセスイノベーションの世界では、これを妨げる問題が2つある。まず、サービスマネージャーなど、ユニファイド・アカウンタビリティに基づいて役割を割り当てる取り組み自体が新しいため、イノベーションに対する説明責任がまだ曖昧な場合がある問題だ。もう1つは、プロセスイノベーションに対するオープンイノベーションの取り組みが希少である問題だ。この点についても、本章の、壮大な計画のイノベーションのセクションにて、改めて取り上げる。

サムスンがイノベーションのための体系的な組織能力の構築に多額投資を続ける理由

サムスンのストーリーは、体系的な能力構築がどのように活用されているかを示している。その方法には研修、職務範囲の拡大、大学との提携、外部ベンダーとの提携などが含まれ、いずれもイノベーションスキルやマインドセットを組織に浸透させるのに役立つ。多くのプロセス組織では、たとえイノベーション能力が多少構築されていたとしても、それはイノベーションそのものではなく業務運営に関係する場合が多い。現実としては、どちらも必要だ。そのため、ステージ3のユニファイド・アカウンタビリティのモデルには、組織能力構築およびその他のニーズを取り入れている（以降参照）。

プロセスイノベーションから大きな価値を生み出すモデル

プロセスイノベーションにおいて漸進主義を回避するためには、慎重に検討した上で意思決定を幾つか行わねばならない。サムスンのストーリーを通じて明確に示した教訓からわかるように、その選択はイノベーションの方法論、組織モデル、体系だった組織能力を構築する手法と関係している。

破壊的なプロセスイノベーションを継続的な改善や日常業務と区別する方法論を持つ

破壊的なプロセス計画を特定するための規律正しいイノベーションプロセスが確立されていれば、大規模なプロセスイノベーションを組織的に実施できる。だが現実として、多くの企業は、破壊的なプロセスイノベーション・チームどころか、プロセスイノベーション組織すら持っていない。これは「ビジネスプロセスを製品事業のように運営する」ことから学ばねばならない、新たな教訓だ。ビジネスオペレーションから継続的に競争優位性を獲得するためには、ビジネスプロセスのイノベーションに重点的に取り組む必要がある。

さらに、プロセスイノベーションに関するバランスのとれたポートフォリオが必要だ。プロセスイノベーションのアイデアをバランスよく組み合わせるためには、（a）日常業務を改善するアイデア、（b）ビジネスプロセスの継続的な進化を実現するアイデア、（c）「10X思考（テンエックス思考）」と呼ばれる、10％の改善ではなく10倍の影響をもたらす破壊的なビジネスプロセスのアイデア、の3つを含めるべきだ。企業がこうした種類のアイデアにまたがるイノベーションをどのように組み合わせているかを示す例は数多くある。グーグル（現アルファベット）では、長らく70－20－10モデルを提唱してきた。従業員がイノベーションを行える力は、基本的に70－20－10の割合だというものだ。

具体的には、次のように考えられている。

- 従業員の能力の70％は、コア事業の操業に貢献している。
- 従業員の能力の20％が、コア事業の継続的改善に関連している。
- 従業員の能力の10％が、破壊的な新規事業に向けられる。

『ハーバード・ビジネス・レビュー』誌の記事で、バンシー・ナジーとジェフ・タフ[45]が指摘したところによれば、イノベーション活動の70％を中核の活動に、20％を隣接する活動に、残り10％を変革の活動に割り当てた企業は、他の企業を株価収益率（ＰＥＲ）で10〜20％、上回っている。これは、プロセスイノベーションのアイデアを組み合わせる割合にも当てはまる。はっきり言えば、70-20-10という数字は普遍的な割合の公式ではない。業界や組織によって、80-19-1や90-8-2など異なる割合が適している場合もある。隣接した活動や中核の活動とは別個に、プロセスイノベーションに大規模な破壊的変革を行う機会を綿密に計画するのが重要だ。

明確な説明責任を持ったオープンな組織モデルを採用

これについては、重要な要素が2つある。1つ目は、オープンイノベーション・モデルの採用に関するものだ。「オープンイノベーション・モデル」とは、企業や個人、外部機関が、リスクや報酬を共有しながらイノベーションの実現を目指して取り組むコラボレーションを指す。プロセスイノベーションにおいてもすでに成功の実績がある。この分野での、特に壮大な計画についてはオープンイノベーションが理にかなっているように思われる。技術提供する企業は、現実のクライアント企業や実際のユーザーと共同でのイノベーションの推進を望む。クライアントは、低リスク、低コストで革新的な製品をいち早く入手できるというメリットがある。イノベーションの知的財産を所有しなくても、その利用から利益を享受できる。

2つ目は、結果の実現に対してユニファイド・アカウンタビリティの設置と関係する。オープンイノベーション・モデルは、結果に対する明確な説明責任が割り当てられていない場合、リスクを伴う可能性がある。この説明責任は、サービスマネージャーに割り当てるのが理想だ。サービスマネージャーは、プロセス管理においてプロダクトマネージャーに相当する。

スキル、人材、報酬を通じて体系的なイノベーション能力を構築する

通常、ビジネスプロセス組織は分析力や運用スキルに強力な基盤を持っている。この基盤は、プロセスの信頼性向上やコスト削減を目的とする報酬制度で強化されるケースが多い。組織全体でビジネスプロセスを改善するためには、イノベーションに関する能力の構築を行って、この基盤を補完しなければならない。つまり、才能ある人材やスキル、報酬がさらに必要となる。

そのためには、イノベーションに有能な人材を見出して養成するための手法を導入しなくてはならない。右脳と左脳、両方のスキルの能力開発をさらに実施する必要がある。だが、おそらく最も重要なのは、報酬制度を導入し、新しいアイデアを受け入れる組織の醸成を目指すことだ。報酬制度を設け、壮大な計画を奨励する企業文化を作れば、必ず成果を上げる。「社内起業家制度」（社内で起業家精神を育成する取り組み）については、さまざまなプログラム案がある。

よく知られる例としては、グーグル（現アルファベット）の「20％ルール」という有名な経営理念がある。考え方は単純だ。従業員が、各自の通常の業務量に加えて、グーグルに最も利益をもたらすと自分が考えるものに業務時間の20％を使用するよう推奨するのだ。この20％の法則を用いた有名なプロジェクトに、グーグルニュース、Gメール、アドセンスといった商品がある。長年の間には、20％の業務時間の使用を推奨する手法にも人気の浮き沈みはあっただろうが、その考え方は重要だ。創造性に富み才能ある人材に対して、公的な監督や管理から外れて、のびのびと壮大な計画に取り組む枠組みを提供できるのだ。

製品からもビジネスプロセスからも最高の競争優位性が得られる世界において、より大規模なプロセスイノベーションを推進するためには慎重かつ規律ある戦略が必要不可欠だ。それにはまず大規模なプロセスイノベーションの成果に対する説明責任を明確化し、次に方法論、組織モデル、関連する人材能力を構築することが肝要だ。

ステージ3　ユニファイド・アカウンタビリティにおけるチェックリスト項目

ユニファイド・アカウンタビリティを強化するため、パフォーマンスをステージ3における次の特徴と比較していただきたい。

☑業務のイノベーション実施に対する説明責任が明確であり、効果的に行使されている。組織内のあらゆるレベルで各サービスに対して説明責任が果たされている。
☑小規模の「ロングテール削減」のアイデアの拡散はイノベーションの妨げとなり、あまり付加価値を生まない。この認識が周知され、その対応策も実施されている。
☑壮大な計画を特定する方法論が確立されている。継続的な業務改善と、破壊的変化を目指す新しいイニシアチブがバランスよく組み合わされ、実施されている。
☑オープンイノベーションに基づく組織モデルが実践されており、サービスマネージャーの役割を定めることによりイノベーションの結果に対する説明責任が明確化されている。
☑プロセスイノベーションが新たなビジネス価値を創出するために、才能ある人材の計画的管理、スキル開発、報酬制度が実施されている。

第11章

事業中心主義を極めてプロセスイノベーションを実現する

KEY INSIGHT

社内のクライアント組織とのつながりにおいて、単なる取引上の関係から事業に重きを置いた事業中心の関係への移行は、ビジネス価値を最大限に引き出すために重要なステップである。

ステージ3のプロセス組織の成熟度を仕上げるにあたり、鍵となる問いから始めよう。そもそも、プロセス組織とそのビジネスユニットのクライアントの間に構築しうる最高の関係とは、どのような関係だろうか。ヒントを得るために、コンサルティング企業も含めて最も優れたベンダーが何を行っているかに注目してみよう。彼らベンダーは、取引相手とのつながりを取引上の関係から戦略的パートナーシップに移行させることを重要目標としている。最高の関係にあるパートナーは、名ばかりの戦略的提携には満足しない。パートナーであるクライアント企業の従業員と同等の思い入れで、その企業の成功に貢献しようと取り組む。売上増加のためではなく、最高のWin-Winのビジネス価値を実現するために、クライアントの世界に入り込もうと努力する。その方法として業務品質を高め、イノベーションに関するよりよいアイデアを提案する。一流のクライアントマネージャーは、これを直感的に行う。ビッグ4（ＥＹ、ＰｗＣ、ＫＰＭＧ、デロイトトーマツ）のようなコンサルティング企業は、何年もかけてこの取り組みを科学の技ともいうべき次元にまで高めてきた。

これを社内という視点から捉えると、ビッグ4のコンサルティング企業に相当するのがビジネスプロセス組織だ。しかし、筆者たちの経験では、多くの社内プロセス組織は、ビジネスユニットのクライアント管理の専門化については、まだ初期段階の成熟度にある。社外の世界では、サプライヤーとクライアント間でどのようにして最高の戦略的パートナーシップが実現されるかについて、優れた知見が数々得られる。Ｐ＆Ｇがウォルマートと取引上の関係からクライアント中心の関係に発展した経緯を語るストーリーを詳しく見ていこう。

P&Gとウォルマート、Win-Winの関係を構築

１９８０年代半ば、ウォルマートの創業者兼ＣＥＯのサム・ウォルトンは、Ｐ＆Ｇの当時の

CEOジョン・スメールと、ふとしたところでばったり顔をあわせたときに会話を交わした。ウォルトンが語った内容は、ビジネス史上最も興味深い「嬉しい知らせと残念な知らせ」とも言えるものだった。まず、ウォルトンは、P&Gが名誉ある年間最優秀ベンダー賞に選出されていたとスメールに伝えた。では、残念な知らせとは……。その賞を別のサプライヤーに授与することにした、と付け加えた。

　つまりこういうわけだ。ウォルトンは、P&Gが名誉な賞を受賞するという嬉しい知らせを伝えようと、スメールに電話を掛けた[46]。当時、P&Gはすでに大手サプライヤーに成長しており、ウォルマートとの取引額は3億5000万ドルに上っていた。残念ながら、社内の営業組織がウォルトンに渡した連絡先は、P&Gの代表番号だった。転送されること5、6回、ウォルトンは諦めて電話を切った。スメールに電話がつながらなかった事実だけが問題だったのではない。この出来事は両社間の関係が単なるビジネス関係にすぎない現状を映し出していた。

　幸い、ウォルマートの言葉にヒントを得たスメールは、すぐにウォルマート本社に上級管理職3人を常駐で配属し、両社の協力関係の改善を図った。これがP&Gとウォルマート間の、「美しい関係」の始まりだったと言われている。この出来事が最終的にもたらしたものが、顧客重視の関係を築くモデルとなり、消費者向けのパッケージ業界などが、販路のパートナーシップを構築する目的で自社を組織化する方法に変革をもたらした。やがてこれに追随する企業が現れ、アーカンソー北西部には1000を超える「ウォルマート顧客チーム」からなる小都市が形成されるまでになった。

P&Gはウォルマートへの売り上げを1987年の3億5000万ドルから2013年には130億ドルにまで伸ばした。(47) パートナーシップにより、両社は、販売、サプライチェーン、会計、その他幾つかのプロセスを連携させた。例えば、P&Gは、ウォルマートのデータシステムにリンクしていたため、ウォルマートの店舗から個々の製品がいつ出荷されたかをリアルタイムで把握できた。すなわち、完璧なタイミングでウォルマートの配送センターに補充品を出荷し、P&Gのトラックからウォルマートのトラックに商品を積み替えて店舗に向かうまでの作業が、ドック・ツー・ドック（またはクロスドック）の完璧なタイミングで行えるようになった。

「仕入れ担当に罰を与えたいならP&G担当に」

1988年、P&Gとウォルマートは取引上の関係にすぎなかった。似たような交渉スタイルで、(48) どちらも交渉相手としては手ごわい、実力を備えた伝統的な組織だった。確かに、両社の事業業績は相互に依存しており、成功するためには互いを必要としていた。だが、価格交渉などで激しくやり合う取引関係では、Win-Winの長期的戦略よりも交渉力がモノを言う。実務レベルの担当者間は常にピリピリしており、バイヤーに罰を与えたければP&Gの担当に回せばいい、とウォルトンが言い放つほどに緊張感があった。こうした摩擦がある一方で、両社は共有する事業を順調に拡大させつつあった。両社間の事業取引は約3億5000万ドルに達していた。だが、ウォルマートにおけるP＆G製品のシェアは米国市場におけるシェアを下回っていた。この状況が、両社がより強固な関係を築く好機をもたらした。

主要なアカウントマネジメントに関する業界モデル

ウォルマート顧客チームの設計を新たに開発するために、幾つかの措置が取られた。まず、P＆Gはアーカンソーのウォルマート本社に専用リソースを構築した。これにより、両社の取引では詳細な法的契約の必要性がなくなり、代わりにレター・オブ・インテント（取引意向書）で対応できるようになった。また、共同のビジョンや目標を設定し、多機能のリソース担当人員を配置した。担当者は相手企業の担当者と直接連携し、目標達成に向けて取り組む。顧客またはサプライヤーの関わり方が、販売組織を通じて蝶ネクタイの中間地点でのみ出会う「蝶ネクタイ」タイプの設計から、複数のレベルと複数の機能で幅広く接点を持つ「逆・蝶ネクタイ型」あるいはダイヤモンド型の構造に転じた（図13参照）。おそらく最も重要なのは、両社にまたがる事業データを公開し共有することに合意した点だろう。

こうした変革を行った結果、両社の事業は大きく成長し、収益性も大幅に向上した。その結果、顧客と小売業者が業界全体で提携するための新モデルが構築された。現在、ほとんどの大

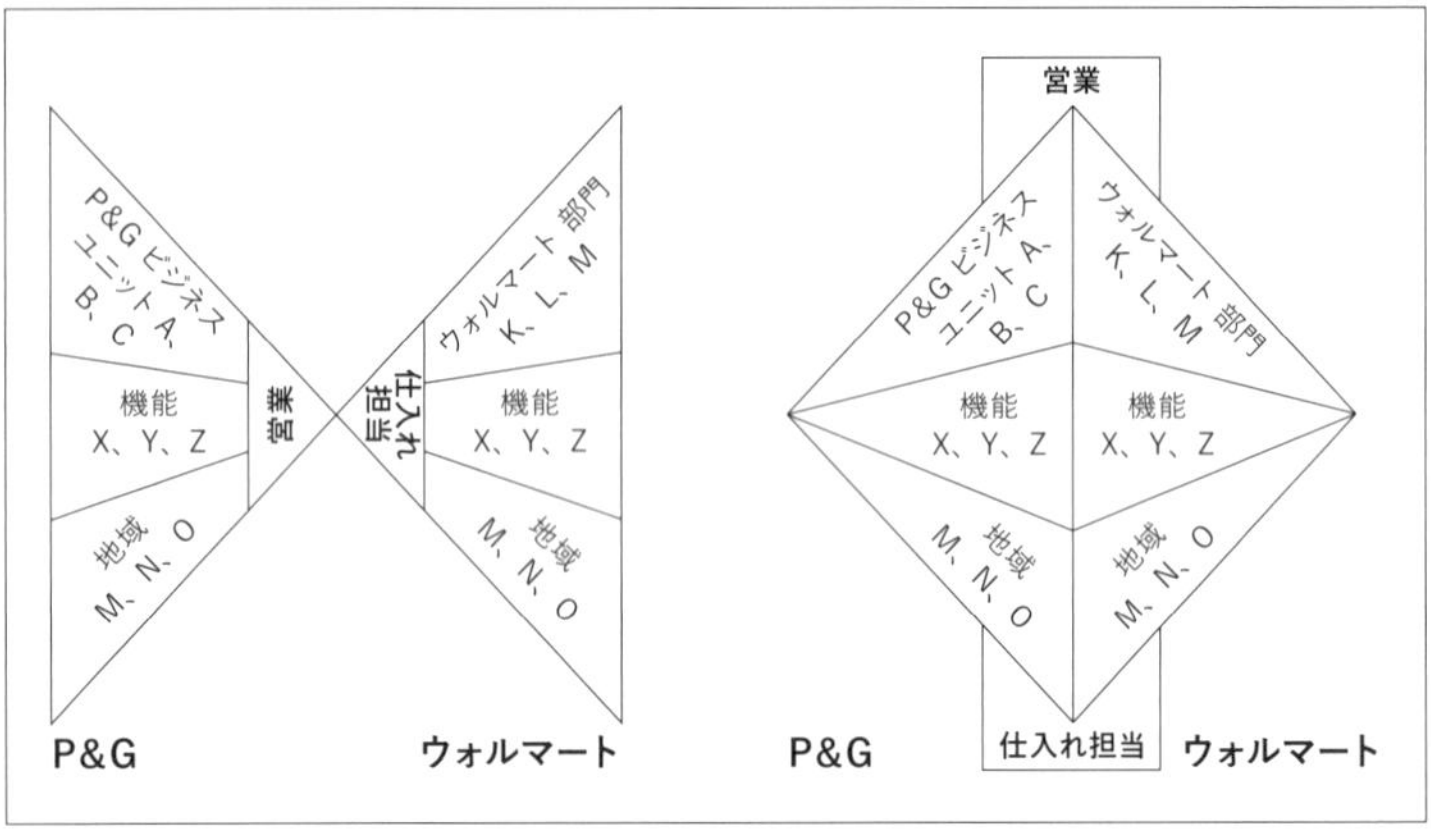

図13　蝶ネクタイ型モデル　対　ダイヤモンド型エンゲージメントモデル

手小売業者とその大手サプライヤーはなんらかのダイヤモンド型構造の組織モデルを採用しており、従業員に対して多種多様なデータと直接的に連携するよう推奨している。こうしたクライアント重視の構造が構築されると、企業間のつながりは単なる取引上の関係から事業中心の関係へと変化する。顧客またはサプライヤーとの関係が取引ベースである場合、Win-Winではなく、Win-Lose（勝つか負けるか）を前提とした交渉になる。つまり、パイを2つに分けて大きいほうの一切れをもらうのは誰か、という問題になる。一方、事業中心の関係は、シェアするパイ全体を大きくするためのコラボレーションを促す。これは社外の顧客またはサプライヤーとの関係に当てはまるが、社内の顧客またはサプライヤーとの関係にも当てはまる（プロセス組織とビジネス顧客の関係など）。

P&Gとウォルマートの主要なアカウントマネジメントのストーリーから学ぶ

P&Gとウォルマートのストーリーは、プロセス組織が社内のビジネスユニットのクライアントに関して抱えるさまざまな問題に対する答えを見事に示している。例えば、ビジネスプロセスとクライアント間に存在する、多対多の関係をどのように整理すればよいだろうか。ビジネスプロセス（財務、人事、IT、サプライチェーンなど）や、ビジネスユニット、機能別の担当役員や地域のビジネスリーダーは数多く存在し、こうした側面から成る多面体のルービックキューブを解く取り組みが必要だ。また別の課題として、規模拡大のための標準化と、機動性を高めるための個別対応という相反するニーズのバランスをいかにしてうまく取るか、についても考えねばならない。解決するためには、考え方を変える必要がある。ウォルマートの創業者サム・ウォルトンの言葉を借りれば、「ビジネスプロセス組織が自らの組織を特定のビジネスユニットの延長線上に捉えた場合、取り組み方は変わるだろうか」。

今一度言っておくが、クライアント管理のためのオペレーティングエンジンを作るとき、新たに一から組み立てる必要はない。P&Gとウォルマートの主要なアカウントマネジメント構造から学ぶという方法もある。確かに、相違点は多少ある（プロセス組織の場合、クライアントは社内にいる）ものの、同じ原則が当てはまる。では次に、ビジネスプロセスのクライアント管理モデルの重要な部分について具体的に見ていこう。

ビジネスプロセスのクライアント管理モデル

ビジネスプロセスのクライアント管理はP＆G─ウォルマート間の提携当初の状況と似ているが、相違点が2つある。まず、ウォルマートの場合、ウォルマートの仕入れ担当とP＆Gの営業担当は、もともと蝶ネクタイ型の構造の中で一対一の関係にあった。対して、ビジネスプロセスの場合、社内またはクライアントは事業を運営するためには複数のビジネスプロセスが必要となり（サプライチェーン、人事など）、一対多の関係になる。次に、クライアントは上級職であるため、自身ではプロセスのサービスをあまり利用しない（販売注文の処理など）。つまり一対一の対人関係を持たない。これを念頭に、図14が示す、不完全な蝶ネクタイ型モデルから見ていこう。喜ぶべきは、推奨する「ダイヤモンド型」モデルがそのまま適用可能である点だ。ただし、適用するためには、ビジネスプロセスをまたいだクライアントマネージャーを配置する必要がある。また、クライアントマネージャーはクライアントの経営陣チームの一員に組み込まれていなくてはならない。では、この仕組みがどのように機能するか、ある状況を仮定して説明しよう。地域ビジネスユニットを持つグローバル企業を見てみよう。損益の責任は

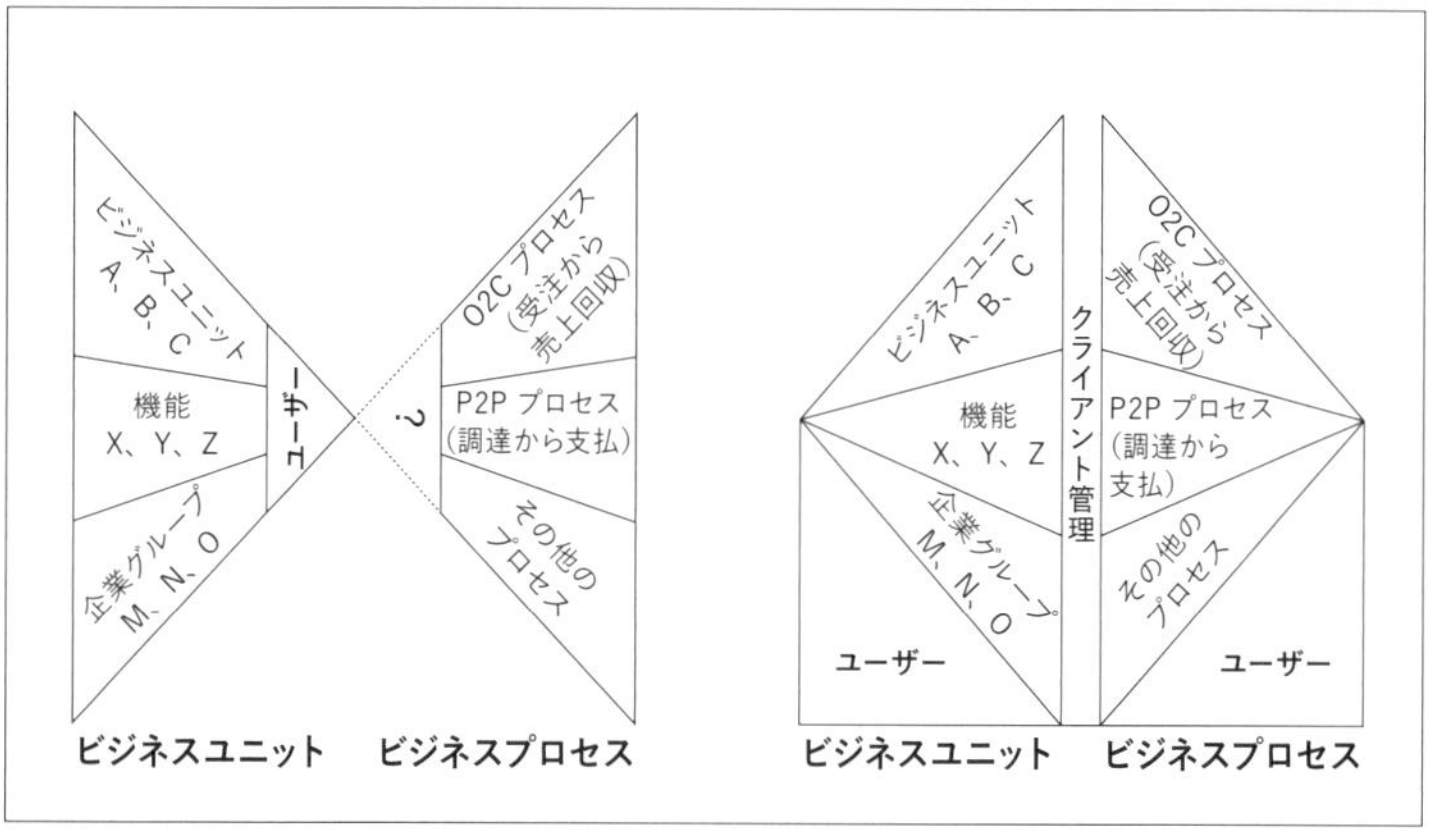

図14　取引主体のモデル　対　事業中心のモデル

各地域が負うものとする。例えば中近東（ＭＥＡ）のあるクライアントに焦点を当ててみよう。ＭＥＡのリーダーは、給与計算から物流に至るまでさまざまなビジネスプロセスにおけるグローバルスタンダードやグローバルベンダーの押しつけに対し、長として当然の懸念を抱いている。ＭＥＡのような地域では、結果として、高価で反応の遅い、地域にはそぐわないプロセスソリューションを採用しなければならないからだ。

ビジネスプロセスを対象とするクライアント管理モデルでは、Ｐ＆Ｇ―ウォルマートの顧客チームのアプローチを再適用する。ＭＥＡ地域ユニット内に、同ユニットのリーダーとグローバルのプロセス組織の両方に報告を行う専任の上級管理職がいたらどうだろう。また、その管理職の任務が、日常業務と進行中の個別イノベーションがＭＥＡ

のために実現されたか確認することだったとしたら？　少し考えれば、この役割は、重要なサプライヤーを担当する従来の「アカウントマネージャー」の構造と何ら変わらないとわかる。アカウントマネージャーが同じ企業のために働いているという意味では、幾つか大きな相違点があり、それについては後ほど見ていきたい。現時点では、ＭＥＡ事業の業務プロセスを担当する「クライアントマネージャー」のような役割を設けると仮定する。

こうした役割はどのような機能を果たすだろう。この考えの核心には、Ｐ＆Ｇとウォルマートのストーリーで前述した、ビジョンや目標を共有するという同じ原則が反映されている。年度初めには、ＭＥＡ地域ユニットに特化した、共通の一連の目標や計画、ターゲットについて従業員全員が合意する。その内容に含まれるのは、コストやサービスレベルなどといった業務上の目標や、ＭＥＡに特化したビジネスプロセスの継続的な改善を実現するためのプロジェクトなどの変革に関する目標、また、ビジネスプロセスの１つ２つの状況を劇的に変革するイノベーションなどの破壊的変化を掲げる目標などだ。これは「ジョイント・ビジネス・プラン（ＪＢＰ）」と呼ばれ、顧客組織や小売組織でも採用されている。一年を通じて、作業を実施して進捗状況の報告を行い、この計画がＭＥＡに最大限の価値をもたらすよう、ＪＢＰに継続的な変更を随時加える。クライアント管理モデルは、過去20年間にわたって、イノベーションとビジネス価値を最大限に引き出すことが実証されている。ただし、このモデルには設計上、微妙な要素を考慮しておく必要がある。このMEAの例を通じて、次に詳しく述べたい。

1. クライアントマネージャーには上級管理職を　MEAチームとグローバル・プロセスチームの両方において、結果を出すために権限を与えられた人材を配置することが重要だ。これは、クライアントマネージャーを社内に置くメリットの1つだ。クライアントマネージャーはMEAのビジネスリーダーに対してもプロセス組織に対しても報告できる。MEA地域の事業戦略や事業計画について経営陣が継続的に行う議論に参加できる。優れたクライアントマネージャーは、MEAに関する計画をサポートするためにグローバルレベルで業務やプロセスを微調整する措置をとるだろう。

2. クライアントマネージャーは全ての業務プロセスに対し代表責任を負う　MEAのビジネスユニット・チームにおいて、ビジネスプロセスごとにソース・ツー・ペイ（S2P）、レコード・ツー・レポート（R2R）、オーダー・ツー・キャッシュ（O2C）など異なるクライアントマネージャーを配置する場合、ユニット内の構造が複雑化するという問題が生じる。ユニット全体が最適化されないばかりか、かえってプロセスのサイロ化を強化してしまう。解決策として、業務プロセス全てを担当するクライアントマネージャーを1人配置する。クライアントマネージャーは、MEAに最良の価値をもたらすよう、個々の業務のプロセスオーナーと協力する。「逆・蝶ネクタイ型モデル」の腕の見せ所だ。

繰り返すが、これは、ビッグ4と呼ばれる大手コンサルティング企業でアカウンティングマネージャーが、社内の縦割りチームから最善の価値を引き出すために組織の裏方で各チームと連携を図るのと、何ら変わらない。クライアントマネージャーを1人配置する別のメリットは、全ビジネスプロセスをまたいだ一元的な説明責任が果たされる点だ。これは往々にして欠落しがちだ。

ステージ3　ダイナミック・オペレーティングエンジンの終わりに

ビジネスプロセスに関するクライアント管理モデルは高度な内容を持つモデルである。企業でプロセス成熟度が高いほど、高いビジネス価値をもたらす。また、高度であるがために、適用には、特定の状況や特殊な前提条件が必要だ。重要な前提条件の1つとして、なんらかのグローバル・オペレーション組織（GOO）やGBSのような構造が存在すると、筆者は想定している。クライアントマネージャーはビジネスユニットに全てのビジネスプロセスが提供する代表責任を負わなくてはならない。ステージ3の成熟度を備えた状況で考えれば、これは極めて当然だ。これまでの章では、サイロ化したビジネスプロセスからE2Eのビジネスプロセスに進化してきた。また、サービスの価格設定を透明化するなど、業務の透明化を確保する標準的な手法を導入した。こうした取り組みは、ビジネスプロセスを集約した一般的な組織の形成につながる。GBSであろうと、COO（最高執行責任者）監督下のサイロ化していない構造にせよ、あるいはもっと小さな構造であるにせよ、この局面では、財務やマーケティング、販売、IT、サプライチェーンなど諸機能にまたがる、シームレスな組織の存在が重要なのだ。

前述のように、このクライアント管理モデルは、検証済みであり、顧客中心の業務運営に最も適したオペレーティングエンジンであると認められている。先の2つの章で詳説した2つの設計要素（ビジネス価値の追求と壮大な計画）と組み合わせれば、ビジネスプロセスのイノベーションに対し体系的なアプローチが可能だ。ステージ3のプロセス組織は、効率、効果、イノベーションを実現する。ステージ4の最終となる3つの章では、さらにレベルを上げ、プロセスにおける真のリーダーシップに焦点を当てる。

ステージ3　ダイナミック・オペレーティングエンジンにおけるチェックリスト項目

ダイナミック・オペレーティングエンジンを強化するために、パフォーマンスをステージ3

における次の特徴と比較していただきたい。

☑技術のための新技術や流行のツールなど、それを取り込むこと自体に価値があると誤った判断をしてしまうことを防止できている。
☑ビジネスオペレーションにおける「クライアントマネージャー」が事業のリーダーシップ・チームの一員に組み込まれている。これにより、さまざまな問題や機会に常に焦点を合わせ、迅速に対応できる。
☑全ての接点において事業とオペレーション部門間の協力が可能である。社外の顧客の場合と同様に、社内のビジネスパートナーとの連携は、ビジネス価値の継続的な創出やイノベーションを基盤として成り立っている。
☑業務組織は、必要とされる変化を常に察知し、迅速に対応できるよう設計されている。
☑明確な指標や評価基準が設定されており、完全に整合され、文書化され、定期的に検証されている。価値の創造に関して混乱が一切なく、万が一混乱が生じた場合には直ちに調整が行われる。

PART 5

ビジネスプロセス　ステージ4
成熟度　即応型へ

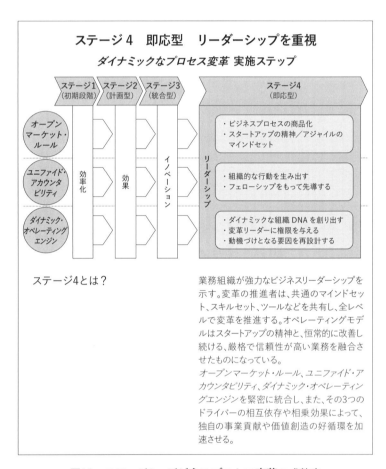

ステージ4　即応型　リーダーシップを重視

ダイナミックなプロセス変革 **実施ステップ**

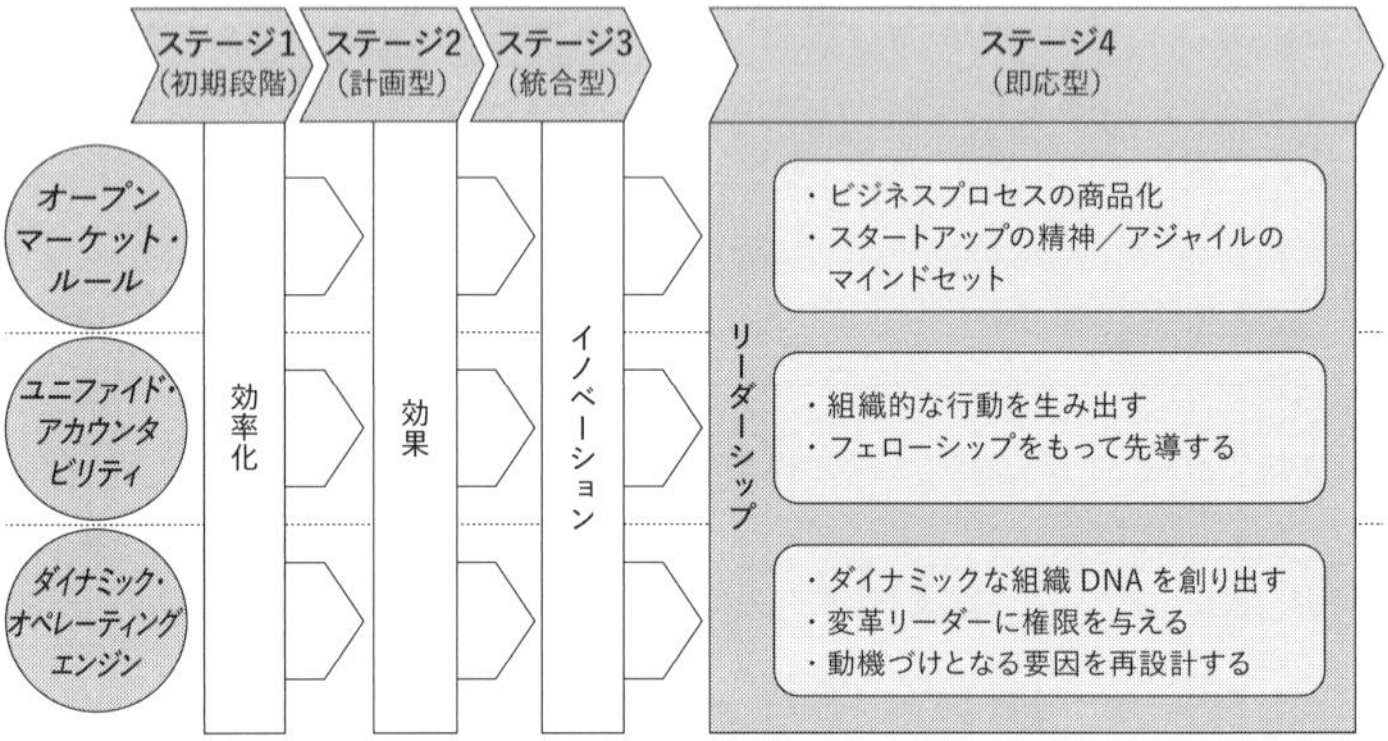

ステージ4とは？

業務組織が強力なビジネスリーダーシップを示す。変革の推進者は、共通のマインドセット、スキルセット、ツールなどを共有し、全レベルで変革を推進する。オペレーティングモデルはスタートアップの精神と、恒常的に改善し続ける、厳格で信頼性が高い業務を融合させたものになっている。

オープンマーケット・ルール、*ユニファイド・アカウンタビリティ*、*ダイナミック・オペレーティングエンジン*を緊密に統合し、また、その3つのドライバーの相互依存や相乗効果によって、独自の事業貢献や価値創造の好循環を加速させる。

図15　ステージ4　*ビジネスプロセス変革*の成熟度

第12章

ビジネスプロセスを商品化する

KEY INSIGHT

効率的、効果的、革新的なビジネスプロセスでは、さらに多くの価値を引き出すことができる。その際、企業が自社製品を商品化するために用いたアプローチを応用する必要がある。

「えっ、ビジネスプロセスを商品化？　社外に業務を売るつもりはないから、うちには関係ないな」って？　いえ。少々お待ちを。違うのだ、そういう話ではない。これは、全てのビジネスプロセス組織にとって非常に重要な、全く別の事柄だ。

つまり、ビジネスプロセスが企業にとって競争上の強みになるためには、これを補うリーダーシップのスキルが必要だ、という話だ。それはすなわち、特にビジネスプロセスにおけるソートリーダーを意味し、さらにもちろん、ソートリーダーシップを持続的なビジネス価値に転換することも含まれる。そのためには、影響力を使ったマネジメントなど、さらなるスキルの強化が必要だ。ステージ4の成熟度とは、プロセスの効率化、効果、イノベーションを超えて、こうしたリーダーシップを取り入れる活動に他ならない。つまり、コミュニケーションや人間関係の構築、適応力など、右脳が司るスキルの強化が求められる。

ステージ4の3つの章に関して考えてみると、いずれも左脳スキルと右脳スキルをいかにバランスよく活用するかに関係している。成熟度の低い段階では、ビジネスプロセス変革に必要な能力としてマネジメントスキルに重きが置かれていたが、成熟度が上がるとリーダーシップがさらに必要とされる。こうしたスキルとはどのようなものなのか、またそれをいかにして活用していくかが、本セクションの焦点である。まずはビジネスプロセスを商品化する能力から見ていこう。

これまでの章では、ビジネスプロセスを製品のように運営する方法について述べた。ステージ3の成熟度を終えるまでに、ビジネスプロセスを「製品としてとらえるマインドセット」を実行するために必要な要素は全て開発済みだ。ステージ4では、次のステップに進まなければならない。優れた製品を生み出した企業家なら誰もが行っているだろう。製品が与えうる効果を最大限に引き出すために、製品の商品化を成功させるのだ。引き続き、製品の世界から教訓を学びながら、商品化のスキルによって、どのようにしてビジネスプロセスを持続的な価値の創出に導けるかを探っていこう。今回はWeChat（微信）を開発したグローバル企業、テンセントを掘り下げる。

テンセントはスタートアップとしてどのように商品化を進めたか

現代においてソーシャルメディアについて誰かと話せば、数分としないうちに「m」の語が登場する。「m」すなわち「メタバース」だ。テンセントは今日のメタバースが出現する以前のメタバースを創った企業である。その前に、まずはメタバースについて少し定義しておこう。簡単に言えば、「コンピューターが創り出した環境を使ってユーザーたちが交流できる仮想現実の空間」だ。[49]困ったことに、この語を簡単な定義で片づける専門家はまずいない。米技術者向けのニュースサイト「ザ・ヴァージ」は、誇大に宣伝されるメタバースをわかりやすく説明しようとする記事を掲載し、その中で次のように述べている。「メタバースとは、永続的に、リアルタイムで提供される三次元の世界とシミュレーションの広大なネットワークを指し、この中では、アイデンティティやオブジェクト、履歴や支払い、権利が継続的にサポートされ、実質的に無制限の数のユーザーがそれぞれの存在感を持ちながら同期的に体験できる」[50]。単純明快な説明だ！　これで十分だろう。

さて、話を戻そう……。

現代のメタバースが存在するようになったはるか昔、フェイスブックやX（旧・ツイッター）、WeChatがまだ誕生していない頃、テンセントがソーシャルメディアのユーザーを対象に仮想現実空間を立ち上げた。「QQ秀（QQShow）」と呼ばれる製品で、2003年1月にリリースされた。リリースの年月にちなんで「メタバース1・0」と呼ばれるときもある。「QQ秀（QQShow）」商品化の成功こそ、テンセントを持続可能な企業に導いた勝因なのだ。それ以前は、優れた製品を持つスタートアップ企業の1つにすぎず、財務上でも安定性がなかった。言い換えれば、「QQ秀（QQShow）」が商品化されていなければ、テンセントも、「WeChat（微信）」（ウィーチャット）や、QQウォレット、Qzone、テンセント・ゲームズなど現在手がけている全ての製品も、存在していなかったかもしれない。こうした製品の一部は欧米のユーザーには馴染みがないかもしれないが、それ以外の地域では非常に大きな存在である。テンセントの製品立ち上げと商品化成功のストーリーは、ダイナミックなビジネスプロセス変革に関する深い教訓を示している。

テンセント「QQ秀（QQShow）」を商品化、グローバル企業として世界に知られる存在へ

2002年、テンセントの主力製品である「QQ」のユーザー数は数億人にも上ったが、まだ持続可能な見通しが立っていなかった。「QQ」は無料のインスタントメッセンジャーアプ

リだ。通信料を収益化できなければ、企業は倒産してしまう。そこでテンセントが打ち出した解決策は、「ＱＱ秀（QQShow）」と呼ばれる製品の新バージョンを開発し、商品化するというものだった。これにより、ユーザーはアバターを作成できるようになり、インスタントメッセンジャーサービスはさらに拡充された。この仮想空間では、ユーザーは自分のアバター画像にかわいい画像を取り込みカスタマイズしたり、当時の韓流ブームに着想を得たファッションを試着させたりできた。また、Qcoinという仮想通貨を使ってデザインの購入も可能になった。現在のメタバースの世界に似ているのではないか、そう思えてきた人もいるかもしれない。「ＱＱ秀（QQShow）」が「メタバース１・０」とも呼ばれた理由がおわかりいただけるだろう。「ＱＱ秀（QQShow）」は２００３年１月のリリースから半年で有料会員数が５００万人に到達した。テンセントは遂に確かな未来を手に入れたのだ！

その後、テンセントは次から次へとヒット商品を繰り出した。２００５年には、マルチメディアソーシャルネットワーキングサービス「Qzone」が登場した。次いで２０１１年には、WeChatをリリースして大成功を収め、WeChat Pay、ゲームセンター、Tencent VideoやＱＱミュージックなどのエンターテイメントサービス、クラウドプラットフォームなど、さまざまな機能が追加された。今やWeChatは、中国において現代の日常ソーシャルメディアの代名詞ともなっている。２０１７年４月には、世界の上場企業時価総額ランキング上位10社へのランクインを果たした。２０２２年には、ランキング上位10社中、唯一の中国企業となった（ちなみに、このときメタは11位）。投資家に断られ続けた昔からは天と地ほどに違う状況だった。その転機となったのは、２００３年の製品商品化の成功だ。

テンセント、スタートアップのドットコム企業が直面する課題

テンセントのストーリーはインターネットの開拓時代にさかのぼる。さまざまな企業が大成功を収めた話は至る所で聞かれ、中国も例外ではなかった。この状況の中、馬化騰（ポニー・マーとしてよく知られる）は独創的なアイデアを思いついた。インターネットを使って、個人の携帯用デバイスで電子メールやニュース、その他のアプリを利用できないだろうか？

やがて、テンセントは、社の事業をワイヤレス・ページングと、Ｏｐｅｎ ＩＣＱ（ＯＩＣＱ）と呼ばれるＰＣ向け無料インスタントメッセージングサービスの2つの事業に再編した。後者は中国で爆発的な人気を博した。１９９９年末にはＯＩＣＱのユーザー数は１００万人に達した。だが、他のスタートアップのドットコム企業と同様に、テンセントでも赤字経営が続いていた。この事態に対処するため、テンセントは売却に踏み切った。買い手が見つからず、ベンチャーキャピタルによる資金調達の道を模索した。その後

まもなく、2度の資本注入を行い、自社製品（現在はQQとして再リリース）を進化させて、事業をさらに拡大できた。しかし、2002年も、インスタントメッセンジャー事業を収益化し持続的な収入源とする取り組みは、依然として実現しないままだった。以前にも、1億人という驚異的な規模のユーザー基盤があったにもかかわらず、ヤフーに買収案を断られていた。

マーに残された唯一の選択肢はテンセントの商品化だった。

そもそも、商品化とは一体何なのか？

ここで「商品化」について定義しておこう。マーケティング、コミュニケーション、商品化。この3語は、意味が似ていて互換性があるかのように扱われている。「商品化」（commercialization）は長らく企業家精神と関連づけられてきた。IT産業が台頭し、それに伴い製品や技術を商品化する必要性が生まれ、この語は以前とはやや異なる意味合いで多用されるようになった。

要は、製品の世界では「商品化」とは、利益をもたらすものとして、製品の対象とする規模を拡大して市場に参入することを指す。企業が製品やサービスを存続させるためには商品化が必要だ。その意味では、商品化は、収益化（製品を有料化する）やマーケティング（消費者や顧客のニーズを理解し、商品を知ってもらうために情報を伝達する）とは、意味が異なる。つまり、商品化には、製品化、マーケティング、コミュニケーションなどの活動が含まれる。だが、それだけではない。商品化は、こうした活動全てを活用して、より広い意味での成果を生み出す。ビジネスの持続可能性を目指すモデルが、利益を生み規模を拡大して機能するのだ。(51)

テンセントの「QQ秀（QQShow）」のリリースは、トラフィックを収益化し、利益の面でも、組織としても、商品化の成功例となった。これにより、テンセントは規模拡大が確実に実施できるようになった。ここで重要な問いに戻ろう。商品化はビジネスプロセスではなく製品のみに関連しているのだろうか。いや、実際には、ビジネスプロセスにも適用できる。ビジネスプロセスの観点から見れば、商品化とは、2＋2＝5で表される、昔ながらの優れた相乗効果の公式だ。ビジネスプロセスの既存のソリューションの断片を集めてそこから価値を引き出す新たな方法を見出すため、効果的である。したがって、商品化とは、あらゆる製品やプロセスの能力を持続可能なかたちで強化するための、より高度で体系的な「プラットフォーム」と言える。プラットフォームとは、ビジネス価値が持続可能なかたちで成長していくための、製品化、マーケティング、コミュニケーションなど多くの専門分野にわたる統合的な取り組みを意味する。そのため、商品化は、ステージ3の優れたビジネスプロセスを、ビジネスの持続可能性を目指したステージ4の競争優位性に転換するには最適なモデルなのだ。

重要な学び　ビジネスの持続可能性のための商品化

製品の世界では、商品化の成功は、優れた生産能力を持つ企業から、実行可能で持続可能なビジネスモデルを持つ企業に進化する、大きな転機となる。

テンセントのような企業で製品を商品化するために何が求められるのか、詳しく見ていこう。

1. オープンマーケットで勝つためのマインドセットを醸成する

まず、成功する製品化と成功する商品化とには、マインドセットに非常に大きな違いがある。ポニー・マーは、製品のさまざまな変化を補完するために、社のビジネスモデルをたゆまず進化させ続けた。彼のような起業家は商品化を成功させるために、絶えず製品を進化させている。こうした製品の進歩のドライバーとなっているのは、市場で勝つために必要なことは何でもするというマインドセットだ。テンセントの事業はポケベルからインスタントメッセンジャーへ、さらにＯＩＣＱ、Qcoin、QQShowへと立て続けに進化を遂げた。これは、どのビジネスモデルから見ても驚異のペースである。しかも各ステップが市場主導で実施されている。

2. ユーザー重視を徹底する　過去も今後も、テンセントやWeChatはフェイスブックやX（旧・ツイッター）よりもユーザーエクスペリエンスを重視している。例えば、WeChatでは、ある時期、ユーザーのWeChatモーメンツ（画像共有アプリ）のフィードに表示される国内広告数を、一日1回に限定していた。収益化に関する優先事項とユーザーエクスペリエンスのバランスを図るためだ。

3. 投資家の期待にかなう成果を出す　スタートアップの世界では、投資家への利益還元が重視されるのは至って当たり前である。同時に、これは、テンセントで商品化を成功させた一因でもある。同社は資金注入を2回行い、いずれも出資者に大きな利益をもたらした。QQShowが持続可能な商品化に成功し、利益還元が大幅に増加した。

4. 隣接製品を作る　テンセントは、QQプラットフォーム、後にはWeChatを土台に次々に開発した関連アプリをリリースし、大きな成功を収めた。実際、機能追加に関しては、同分野の欧米企業よりもはるかに積極的で、モバイルウォレットからオンライン注文、配送状況の確認、支払い、価格比較まで幅広く行っている。

オープンマーケットのマインドセット、ユーザーの重視（獲得）、投資家の期待に応えること（顧客の獲得）、隣接分野への拡大推進、この4つの能力は、ビジネスプロセスを商品化する私たちのモデルの基盤とすべき教えになる。

モデル　ビジネスプロセスの商品化

この4つの能力をビジネスプロセスに適用する前に、ダイナミックなプロセス変革への道のりを、背景を含めて理解しておこう。これまでの解説では、業務プロセスはステージ1では効率化を、ステージ2では効果を、ステージ3ではイノベーションをもたらした。このステージ4では、ビジネスプロセス組織はソートリーダーシップを実践し始め、企業の持続可能なトランスフォーメーションエンジンへと変身し始める。プロセス商品化モデルが、それを支援する。ここでテンセントの教訓を活用できる。

1．オープンマーケットのマインドセット

ダイナミックなプロセス変革のステージ1〜3では、多くの成熟したビジネスプロセスリーダーは、同業他社の業務と比較して自社の業務を評価するだろう。例えば、営業組織のパフォーマンスは、生産性、売上を成長させる力、優先サプライヤーとしての地位といった点において同業他社と比較してどうか、を見て評価する。これは出発点としては良いが、その後の混乱

などの発生を回避するには十分とはいえない。例えば、デジタルネイティブ企業がオンライン配信チャネルで革新的な取り組みを行っているとする。これにより、自分たちの従来の販売モデルが陳腐化する可能性は大いにある。この点に関して、オープンマーケットのマインドセットは、次のような考えを組織内に浸透させる。

a. 現状に疑問を抱く　現在のビジネスプロセスが適切だからといって、将来においても最善の選択肢であるとは限らない。

b. 各従業員が説明責任を負う　これにより、ビジネスプロセスの進化に関して、知識や経験に基づきリスクを取れるようになる。

c. コンテクスチュアル・インテリジェンスを構築する　プロセス基準や専門知識を、適切な状況においてのみ使用する。

プロセスリーダーを対象とした研修を計画的に規律正しく実施すれば、こうした能力が育成できる。卓越性を養成するプロセスプログラムには、この能力を見落としているものが多い。

2. ユーザーを獲得する

ビジネスプロセス管理に関して、現存する文献にはユーザーエクスペリエンス（UX）に焦点を当てたものが多い。だが、ステージ4ではさらに深く踏み込んだ取り組みが必要だ。リーダーシップのスキルには、ユーザーニーズの予測、説得力のあるコミュニケーションの提供、製品に対する長期的な定着の実現などと関連する、さまざまな面がある。いずれも、ユーザーエクスペリエンスを一段階引き上げたものである。これらの取り組みは「ユーザーの獲得」と呼ばれる。ここで、多くの組織が抱える共通の課題、ITシステムの導入を例に解説していこう。eラーニング業界によれば[52]、システム導入プロジェクトの約75%がユーザー定着に関する問題で失敗に終わる。この10年、ユーザーエクスペリエンスがかなり重視されてきたにもかかわらず、この割合は大きく変わらない。

問題はここにある。システムやプロセスの導入を習慣の変化だと捉える必要がある。組織で習慣を変えるには、次の3つのステップが不可欠だ。その1、問題に対する適切な解決策を考案する、あるいは見出す。その2、その解決策を用いるために適した環境や報酬制度を整える。その3、解決策を試そうとする各人のモチベーションを醸成する。ユーザーエクスペリエンスは、1つ目のステップには非常に有効だが、2つ目、3つ目についてはそれほどではない。ここで英語から拝借したいのが、「馬を水辺に連れていくことはできるが、水を飲ませることはできない」という諺だ。少し表現を変えさせてもらえるなら、1つ目のステップで完璧な水たまりを作り、2つ目で馬を水たまりに連れていき、3つ目で馬に水を飲ませる、となる。つまり、3種類の問題が存在し、それぞれに異なるアプローチが求められるわけだ。したがって、1つ目のステップはユーザーエクスペリエンス、2つ目は定着化の方法論、3つ目は専門的なコミュニケーションというアプローチを行う。

繰り返しになるが、求められているのは、プロセスリーダーの新たな能力開発だ。現時点では、この規律ある能力はまだ十分に育成されていない。

3. 顧客を獲得する

プロセスの卓越性からプロセスの商品化へ移行するためには、顧客を獲得する必要がある。社内のビジネスプロセスの世界で顧客に相当するのは、業務（決算、施設の運営、職場の提供など）のコストを負担するビジネスユニットや機能のヘッドだ。彼らは「ライン」のリーダーであり、ビジネス価値を創造する。プロセス成熟度のステージ3では、顧客チームと年間の共同ビジネスプランを用いて、戦略的な連携プログラムを実施した（第11章参照）。では、足りないのは何だろう。

この問題は、クライアント（上級役員のステークホルダー）と、ビジネスプロセス組織で日常業務を行う従業員（ビジネスオペレーション担当者）との間にある深い溝と関係している。顧客に対する認識と顧客との親密度（カスタマー・インティマシー）は全くの別物だ。社外の製品の世界では、多くの市場調査員が多額の報酬をもらい、顧客のあらゆる行動を監視し追跡する。

これは、顧客が何を「求めているか」を知らないからではなく、顧客が何を「必要としているか」を深く知るためであり、おそらくはまだ全く表出されていない部分までたどり着くためだ。

ビジネスプロセスを商品化するには、ビジネスオペレーション担当者が、顧客と親密な関係を築く機会を確保する必要がある。ビジネスプロセスの取引を、物理的でもバーチャルでも、遠隔地にいるチームが運営したとする。かつ、ビジネスオペレーション担当者が顧客との関係を深めようとする機会もなく、仮に深められてもそれに対する報酬もないとしよう。この場合、「顧客と一体になる」段階まで到達せず、「顧客との（ニーズの）調整」に終わってしまう可能性が高い。この問題の解決策として、（a）規律ある能力の開発、（b）ジョブローテーション（定期的な配置転換）による顧客との親密度向上の機会、（c）業務組織の最新の報酬制度、の提供が可能だ。

4．隣接分野を拡大する

テンセントがWeChatに隣接する製品の開発として、モバイルウォレット、オンライン注文、配送状況の確認、料金の支払い、価格比較など、立て続けに行ってきた経緯については先に述べた。この一連の取り組みにより、顧客に対する同社の製品価値は向上した。これは、商品化に関して、プロセス管理に活用すべき、もう1つの教訓だ。ビジネスプロセスの隣接分野に対して、より戦略的に付加価値を構築できる可能性を示す教訓である。レコード・ツー・レポート（記録から報告まで、R2R）のごく一般的なビジネスプロセスを使って解説しよう。

多くの組織において、財務の記録・報告のプロセスは、予測可能な一連のステップで構成されている。まず、収益（売上など）または費用（仕入れなど）に関するあらゆる財務取引を財務帳簿に記録する。次に、社内の各財務組織の間でデータ共有を開始する。続いて、総勘定元帳の締めを行う。その後、該当事業の全部門にわたる財務データを統合する。最後に、全ての報告タスク（社内財務レポート、社外向け財務レポート、規制当局への財務レポート）を実行する。多くの企業ではこの一連の作業をスリム化、自動化している。しかし、R2Rプロセスに隣接する価値を、もしかすると見落としている可能性はないだろうか。例えば、何百人ものユーザーがR2Rプロセスの入力または出力側で使用している無数のExcelシートは強大なデータの力を持っている。人工知能（AI）を使って、この力を財務予測の向上に役立てるというのはどうだろう。あるいは、高度な予測分析の威力を駆使し、主要な意思決定者一人ひとりを対象に、売上や支出に関する意思決定の一部を自動化するのはどうか。ビジネスプロセス同士が交わるところには、ビジネス価値がこんこんと湧き出る豊かな源泉が存在する。そんな隣接する部分のメリットの活用も可能なのだ。

オープンマーケットのマインドセット、ユーザーの獲得、顧客（ステークホルダー）の獲得、隣接分野の開拓。これら4つの力こそ、持続可能な、新たなビジネス価値を生み出す秘訣である。プロセスの商品化は２＋２＝５という考え方をもたらし、これまで利用されてこなかった価値を発見させてくれる。『ハーバード・ビジネス・レビュー』誌に掲載されたサクセスストーリー、「How P&G Presents Data to Decision-Makers」（邦題「Ｐ＆Ｇは情報をどうビジュアル化しているか」[53]）を参考に、商品化の方法を紹介する。

商品化の事例・サクセスストーリー　ビジネス・スフィア

Ｐ＆Ｇでは、２００９年までに財務、人事、ＩＴ、サプライチェーンなど、ビジネスプロセスのほとんどが集中化され、大幅に自動化された。標準的なレポート形式や視覚的なダッシュボードや分析などさまざまな方法により、意思決定支援サービスが集中管理されたサービスとして提供された。一方、Ｐ＆ＧのＧＢＳの組織も、物理的な建物施設の運営や、オーディオ（音声）会議やその他の会議サービスなどのＩＴインフラサービスの提供を行っていた。このとき疑問が生じた。この成熟したステージ３の全サービスを使って、ビジネスプロセスの交わる部分にさらに価値を生み出せないだろうか。加えて、そのサービスを商品化して、これまで存在しなかった、持続可能で高度な「使用例」を新たに生み出せないだろうか。その結果、「ビジネス・スフィア」と呼ばれるＧＢＳの新サービスが誕生し、前述の『ハーバード・ビジネス・レビュー』誌で記事のテーマとしても取り上げられた。

この事例では、商品化は隣接分野における新しいアイデアの創出を意味した。そして、上級経営陣の意思決定のスピードと質を向上させたのだ。Ｐ＆Ｇのグローバル担当の経営陣チームは、毎週月曜日に集まり、社の業績を確認した。ズームやチームズが登場する前の時代に、メール配信された標準レポートに事前に目を通し音声での会議を実施していた。ステージ４における新たなプロセス変革案とは、次の３つの要素によって意思決定を向上させる取り組みだった。

1．Ｐ＆Ｇ本社および会議に参加する地域本部およびビジネスユニット本部の役員室について、参加者が地理的には別々の場所にいても、お互いをより身近に感じられるように、設計を変更する。つまり、使用する会議室に専用の高品質のビデオ会議機能を追加し、さらに高品質の動画画面を表示する機能を追加して、参加者は同じビジネスデータを同時に共有して見られるようにした（言っておくが、これらはテレビ会議やその他の会議技術が普及する以前に行われた）。

2．毎週月曜日に開かれる意思決定会議に必要な特定のデータを提示するために、データの可視化・分析を行うプラットフォームを構築する。共通のプラットフォームが創設されたおかげで、「君のデータの正確性 対 私のデータの正確性」をめぐる議論もなくなった。

これにより、「唯一信頼できる情報源」が同時共有でき、出席者全員でリアルタイムで掘り下げおよび分析が行えるようになった。

3．経営トップの会議に専任アナリストのサポートを加える。会議の準備にあたり、CEOとそのチームメンバーは、こんにちデータサイエンティストと呼ばれる専門家に支援を依頼できた。経営陣は会議開始前に可能な限り最高品質のデータと分析結果を入手できたため、会議では意思決定について集中して議論できた。

さて、「ビジネス・スフィア」は、この3要素の単なる寄せ集めではなかった。この新サービスは継続的なイノベーションのより高次のプラットフォームとしても機能した。プラットフォーム上にはその後何年にもわたって隣接した「ユースケース」がどんどん構築されていった。実用例は幅広く、特定の小売業者向けの新しい商品棚割計画など専門的な意思決定支援から、在庫管理や仮想サプライチェーン・シミュレーションにまで及んだ。

今回のケーススタディでは教訓として、最高水準の卓越性を備えたビジネスプロセスは、E2Eでビジネスプロセスを統合する作業を提供すれば終わり、というわけではないと学んだ。意思決定をより迅速に高品質で行うためのソリューションを創出したからと言って、役目はそれで終わりではない。ビジネスプロセス能力のさまざまな要素をまとめ、商品化を通じてビジネス価値を引き出す新しい方法を見出す努力は、可能性の無尽の源泉をもたらすのだ。

ステージ4　オープンマーケット・ルールにおけるチェックリスト項目

オープンマーケット・ルールをさらに強化するため、パフォーマンスをステージ4における次の特徴と比較していただきたい。

☑ビジネスオペレーションが、社内の「バックオフィス」やコモディティであるという意識ではなく、「オープンマーケットで勝つ」というマインドセットで運営されている。
☑ユーザー、顧客（ステークホルダー）に徹底して重点が置かれている。その取り組みは単なる宣言や善意といったものではなく、指標などにより測定可能であり、現に測定されている。
☑ビジネスプロセスが製品のように商品化されている。新たな持続的な価値が常に創出されている。
☑事業に独自の価値をもたらす新たな方法を模索するため、現状に対し建設的な疑問を持つ。
☑あらゆるレベルにおいて、リーダーシップが目に見える形で発揮されている。効果的、革新的な解決策を実施する際、隣接する領域と関わりを持ち、価値創出の可能性を拡大する。

戦略的かつ計画的に、顧客からの意見に基づいて行われている。

第13章

持続的なプロセス変革を実現するためのムーブメントを起こすには

KEY INSIGHT

企業文化を変革する最も早い方法は、ムーブメントを起こすことだ。そのためには、フェローシップにより管理し、ビジネスニーズを積極的に予測する、リーダーシップ能力が必要だ。

企業文化を変革するためにはなぜムーブメントが重要なのか。その理由を理解するために、少し話を戻そう。永続的なビジネスプロセスの卓越性を生み出そうと考えるとき、私たちは実質的には組織文化の変革に目を向けている。その変革が一度限りのプロセス変革に終わるのか、あるいは持続的な競争優位性をもたらすのかは、卓越性を常に追求しようとする持続的なマインドセットを生み出せるか否かにかかっている。これは非常に困難を伴う取り組みであり、企業文化の変革プロジェクトは失敗に終わるケースが多いのも承知している。だが、失敗をもたらす大きな原因は意外なところにある。米リーダーシップ開発企業ニューロリーダーシップ・インスティテュート[54]が行った研究によれば、失敗の最大の要因は投資不足や支援不足、経営陣のコミットメントや注力の欠如ではない。従業員の習慣を変えられなかったことにある。誰しも経験があるはずだ。となれば別の疑問が湧く。こんな大勢の人間の習慣を、どうやって変えろっていうんだ？　さて、ではムーブメントを起こし始めるとしよう。

ムーブメントを起こす、と言うと、企業文化よりも、社会や宗教、政治の変革と結びつけられがちだ。さらに言えば、その多くは、「難解なジレンマ型」の大変革と紐づけられている。マハトマ・ガンジー、マザー・テレサ、マーティン・ルーサー・キング牧師、そして最近ではグレタ・トゥーンベリなど、彼らは自分自身をはるかに超えた、感動的なムーブメントを生み出してきた。そのムーブメントは彼らの死をはるかに超えて（グレタ・トゥーンベリは存命だが）綿々と続いてきたし、今後も続いていくのだろう。だが、現実的に、そんな劇的なムーブメントが、あなたや私のような一般人から生まれると期待してもいいものだろうか。彼らのようなムーブメントに対する考え方を拡大して企業文化の変革に適用できるだろうか。

プロセス変革において、それは可能だと直感的にわかるはずだ。また、最大の課題は習慣を改めることだともわかっている。さらに言えば、プロセス変革は厄介な代物で、組織内に慣性を生じさせることも、経営幹部が全てのリソースを直接管理していないこともわかっている。だが、どれも克服できない課題ではない。他の状況で成功したムーブメントの例を知っているし、そうした例がプロセス変革に活用できるのも知っている。このアプローチを「フェローシップによる管理」と呼ぶとしよう。では例を挙げて詳しく説明しよう。

ジレット買収のストーリー　プロセス変革に絶好のタイミングを見極める

組織において、プロセス変革を導入するのに都合のいいタイミングなど存在しない。P&Gにおいて、私たちはジレットを買収して統合する過程で、このタイミングに関するジレンマに直面した。具体的には、ジレットのビジネスプロセスや人員、システムをP&Gに統合して約1年が経過した頃、ジレットの3大事業部門であるブラウンのビジネスユニットに、同ユニット特有の大きな課題が生じた。もし10月から12月の間にブラウン事業部門の統合を予定通り進めれば、事業の売上が丸1年、犠牲になるおそれがあった。

説明すると、ブラウン事業を含む小型家電業界では、通常、年間の売上の大半がクリスマスシーズンに集中する。したがって、会計や人事、IT、販売のシステム変更で何か問題が起きた場合、その影響は年間業績全体に及ぶ。単純に、年度の最終四半期がシステム移行に適した時期ではなかったというわけだ。したがって、この問題だけを切り離して見れば、システム移行の時期を設定し直すのは全く問題ないように思われた。しかし、P&G全体で見れば、込み入った事情があった。ジレット買収によるシナジー（相乗効果）目標を全て予定通り達成する上で、個々のビジネスユニットのシステム移行スケジュールを厳守するのは必然だったのだ。

ジレット社買収の背景

２００５年にP&Gが５７０億ドルでジレットを買収したとき、株式市場の反応はかなり好意的だった。ジレットの筆頭株主だったウォーレン・バフェットはこの買収を「夢のような取引」と呼んだ。ただし、業界の統計によれば、買収および事業売却の70％から90％は、シナジー目標の実現に苦戦している。買収が発表されたとき、P&Gの株価は２％ほど下落した。まずはコストシナジーの早期実現が最重要課題だった。

P&Gは3年以内に年間12億ドル以上のコストシナジーを実現すると約束していた。これは統合された業務、特にサポート機能に関する業務が大幅にスリム化されて運営される状態を意味する。実現するためには、ビジネスプロセスとシステムの統合が不可欠だった。とは言え、気が遠くなるほど大変な作業だ。サプライチェーンから販売、財務まで、全てのビジネスプロセスを3年以内に統合するなど、至難の業だ。コストシナジーによるメリットを早期に実現するには、それだけの速いペースで取り組まねばならない。しかし、これほど大規模な統合は前例がなかった。年間売上１００億ドルの企業のビジネスプロセスともなれば、その影響は世界各国に及ぶ。買収を成功させるためには、これらを全て完璧に統合しなければならない。プロジェクトには両社の全ての機能とビジネスユニットが参加し、P&GのGBSが主導することになった。多大なリスクを伴うプロジェクトであったため、プロジェクトスポンサーは、両社の経営トップが担当した。変革を予定通りに遂行するためのプロジェクト計画が綿密に策定された。全ての変革を行うには時間がかなり限られていたため、計画は理想的なかたちでもなければ、タイミングも良いとは言えなかった。しかし、スケジュールについては確かに合意がなされていた。それから約9カ月後、ブラウン事業でビジネスプロセスの変革が実施され始めた頃、販売リスクに関する疑問が持ち上がった。繁忙期に販売、会計、IT、人事のシステムをそっくり入れ替えるなんて、走行中に車のタイヤを交換するようなものだ。

ジレットのシステム切り替え問題、フェローシップによる運営

ビジネスプロセス変革のリーダーとして、この問題に対処する選択肢は幾つかあった。最も簡単なのは、権限を行使して変革を進める方法だ。統合の計画は約1年前からすでに決まっていた。1つのビジネスユニットに計画の見直しを許可すれば、それがきっかけとなり、他の多くの事業も追随して計画変更を提案する可能性がある。さらに、ブラウン事業のビジネスユニットは、当初の計画が立案された時点でクリスマスシーズンの重要性は認識済みだ。また、統合計画を策定し直すとなると、シナジーに関してウォール街と交わした約束を反故にするよう

なものだ。こうした状況はいずれも、ブラウン事業のクリスマスシーズンのシステム移行反対を強引に押し切れる正当な理由があることを示してはいた。さりとて、それが最適な意思決定ではないだろう。

そこで、代案としてP&Gではフェローシップによる運営手法を採用し、3つの取り組みを行った。まず、各機能（財務、人事など）において、担当するプロセス変革のリーダーを統合プロジェクトチームに組み込み、同チーム内のブラウン事業チームメンバーと対等のパートナーとした。これにより、変革の延期に関するメリットとデメリットを一緒に検討できるようになった。次に、「クライアント管理」の構造は、GBSからブラウン事業のビジネスユニットにすでに導入されていた。これにより、ブラウン事業のリーダーシップ・チーム内で戦略レベルの話し合いが可能になった。最後に、コストとメリットを測定可能にした。統合プロジェクトの初期段階で、スケジュールの進行が全体的に1日早まるか遅れるかによる影響は、約束した12億ドルのシナジー目標のうち約3００万ドルに相当すると計算されていた。となると、ブラウン事業において、売上激減のリスクを最低限に抑えるためにシステムの切り替えを遅らせることは賢明な判断なのだろうか。

両社は当初の予定通り進めることで合意した。このストーリーにとって重要なのは、実際の決定自体よりも、その合意にたどり着いた過程だ。両社のCEOが、当初の予定を義務づけることに合意する、という選択も可能ではあった。現実には、整合性のある特定の原則と明確なビジネス施策に基づいて、組織が正しい判断にたどり着けるように導ける方法のほうが、いいに決まっている。

ジレットの統合から得た教訓
フェローシップに基づくムーブメントを起こす

実際のところ、組織内でプロセス変革を実行するのに、都合のいいタイミングなどありはしない。

もちろん、火急の問題が発生すれば、変革の実施は常に可能だ。また、プロセス変革を行うには「それほど都合の悪くない」タイミングを見つけるのも可能だ。では、適切な時期とは？　いや、やめておこう。社内業務に支障をきたしうる変革が、その年度の売上や利益の達成よりも優先されるなど、定義上あり得ない。重要性と緊急性の違いだ。したがって、一般的に、プロセス変革が歯の根幹治療と同じくらい歓迎されないのも、別段驚きではない。

では、コストシナジーかプロセス変革かを迷う状態に、前章で述べたような、商品化スキルの相違という要素が加わればどうなるだろう。結果として、一般的にはビジネスプロセスの変革を求める主張は、定期的にデンタルフロスの使用を求める訴えと同じくらい、説得力に欠ける。

さらに3つ目のデータポイントを加えてみる。ビジネスプロセスの変革を行うリーダーが挙げる最も一般的な課題は、リーダーシップとしての義務が課されていない点だ。「歯科医　対　変革リーダー」の対比が長くなってきたかもしれないが、さらに詳しく見ていこう。口腔衛生に関してより高次の義務が課されていれば、歯科医の生活がもっと楽になる可能性は否定できない。だが現実には歯科医にそうした義務は課されていないし、ビジネスプロセスの変革のリーダーに義務を期待するのはかなり願望的な考え方だ。そもそも、義務が強制された場合、逆効果を招く可能性がある。多くの場合、義務はその性質上、抗体を生み出す。反応はさまざまで、消極的な抵抗からあからさまな反対や、関与や貢献をしないと公然と反論する者もいる。

では、常に困難に見舞われているように感じる場合、どのように積極的なリーダーシップを発揮して、永続的なプロセス変革を実現するのか。その答えは、直接的な権力を伴わない影響力の行使にある。つまり、私たち筆者が考えるところの、フェローシップによる運営だ。現代の複雑な組織では、リーダーがもたらす効果は、在籍する組織の予算や規模よりも、影響力をどのように発揮するかによって決まるケースがますます多くなっている。そのため、今では、影響力を用いた運営がマネージャーなら誰しもが唯一必要とするスキルとして注目を集めている[55]。

変化の拡大を促進する方法とは

従来のリーダーシップスキルでは、次のような直接型のスタイルを偏重する傾向があった。

- 鼓舞型リーダーシップ
- 委任型リーダーシップ
- 権威主義型リーダーシップ
- 取引型リーダーシップ
- 変革型リーダーシップ

直接型のスタイルは、必ずしも容易に構築できるものではないが、理解するのは容易だ。ただし、さらに大きな問題がある。組織が複雑になりマトリックス型化して相互依存度が高まるにつれ、この種のスタイルで組織を十分に機能させるのは難しくなる。その限界は主に、飛躍的な規模拡大を推進し、自律的に持続する力に関連している。

そこで、リーダーシップの手持ちの武器に新たなツールを追加する必要性が出てきた。すなわち、リソースを直接管理せずに結果を実現するスキルである。この新しいリーダーシップのスタイルは、「参加型リーダーシップ」や「影響力によるマネジメント（運営）」などさまざまな名で呼ばれている。ダイナミックなビジネスプロセスの変革を推進するために参加型リーダーシップを適用するにはモデルが必要だ。本書ではこれを「フェローシップによる運営」と呼ぶことにする。

モデル　フェローシップを用いたリーダーシップ

では、このモデルは変革の拡大にどのように貢献するのだろう。また、もしこれをスキルセットとするなら、開発できた暁にはビジネスプロセスのリーダーは企業文化に永続的なムーブメントを生み出せるのだろうか。

1. 説得力のあるアイデアを明示する

まず、参加型リーダーシップを適用するモデルにはビジョンが必要だが、いかにそのビジョンが優れていても、策定すればそれで完成、というわけではない。確かに、策定できればスタートとしては上々だ。だが、それ以上に、そのビジョンを具体的にどう達成するかについて、明確かつ説得力のある一連のアイデアが必要だ。比較として、多くの企業がビジネスプロセスのプロジェクトをどのような言葉で示しているのか見てみよう。「エンタープライズ・リソース・プランニング（ERP）をアップグレードする」や「顧客管理（CRM）システムを導入する」などが見られる。具体的なビジネスプロセスやメリットが述べられている場合でも、「未来のサプライチェーン」のように曖昧なビジョンとして示されている事例は多々ある。それよりも、例えば「分析・ダッシュボード化プロジェクト」なら、「リアルタイムに事業を舵取り」など、メリットを明確に示すタイトルに変えるのはどうだろう。あるいは、マスターデータの品質向上に関するビジョンを「ワンタッチのマスターデータ」のようなタイトルにすれば、最終的に目指す状態や段階、価値創造をより的確に表現しており、従業員たちの士気も上がるのではないだろうか。

2. コミュニティをつくる

コミュニティには大文字の「C」から始まる「Community」と、小文字の「c」から始まる「community」とがある。大文字の「C」から始まるコミュニティは形式的な構造であり、実効性を伴わない委員会になりがちだ。「Community of Practice（COP）for User Experience」（ユーザーエクスペリエンスのためのCOP（コミュニティ・オブ・プラクティスまたは実践共同体））、「COP for Advanced Analytics」（アドバンスド・アナリティクスのためのCOP）などだ。こうしたコミュニティは、知識の共有や基準の設定などを主な目的とする。ムーブメントよりも学習機関に近い組織だ。私たちが思い描くコミュニティとは異なる。私たちがつくりたいコミュニティ（以下、「小文字のcのコミュニティ」と呼ぶ）は、非常に明確な「ユースケース」を実現するためにつくられたビジネス環境であり、説得力のあるビジョンの実行が狙いだ。最も優れた例では、米ゼネラル・エレクトリック（ＧＥ）の「ファストワークス」やシスコの「Innovate Everywhere Challenge」など、イントラプレナーシップ（社内起業家）プログラムとして成功しているものがある。ＧＥの「ファストワークス」[56]は、プロジェクトの資金調達方法から、年間見直しの実施方法まで、日常業務の改善に関する従業員のアイデア創出を支援した。シスコは従業員に革新的なアイデアを募集し、ベンチャーキャピタルのモデルを使って最も優れたアイデアを選び出した。このような創造的なプロセスは、企業文化を変革できる。また、イノベーションやオープンマーケットにおける行動に関連した、潜在意識に働きかけるメッセージを後押しし、一方でビジネスプロセスの品質を向上させる。

3. 信頼性を構築する

大規模なプロセス改善を従業員主体で進めるためには、まず、信頼性の高い基盤の構築が重要となる。従業員はこの取り組みが単なる企業の権力争いなのか、アイデア実現に向けた真剣なコミットメントなのかを見極めるために、私たちの言葉よりも行動に注目する。では、私たちは何をすべきだろう。まずは、社内の問題に対処する。「完全自動」や「欠陥のない」ＩＴオペレーションを進めるムーブメントを推し進めているのに、今のＩＴサービスの品質に不審な点があるようでは、他の従業員にムーブメントへの参加を説得するわけにはいかない。次に、個人の利益よりもムーブメントの目標を優先させる。ガンジーが自らの刑期を受け入れたのは、自由を求めるより大規模なムーブメントが起こって人々に利益をもたらすためだったとすれば、私たちも、自身に対する企業の評価や報酬を諦めてもよいのではないか。そして最終的に、成果を上げること。成果を出せないムーブメントは、単なる空想の世界の冒険だと見なされる。

4. 多様な意見を歓迎する

リーダーが、これまで満たされなかったニーズを満たしたとき、ムーブメントは機能する。ビジネスプロセス上でムーブメントを生み出す状況で、誰がステークホルダーであるかは明確だ。すなわち、ユーザー、クライアント、該当する分野の専門家だ。この3者全ての意見に常に耳を傾ける必要がある。例えば、オーダー・ツー・キャッシュ（O2C）のプロセスに「タッチレスの注文・支払」というビジョンを実現するためのムーブメントを起こしたいなら、私たちの役割は、ステークホルダー全員から意見を取り入れるような設計をすることだ。そうしたビジョンを成功に導く作業は、一人の優秀な人物が単独で取り組むべきものではない。ステークホルダーの3つのグループ全てと協力する体制こそが、持続的に行動を起こす上で不可欠なのだ。

（1）説得力のあるアイデアを明示する、（2）コミュニティをつくる、（3）信頼性を構築する、（4）多様な意見を歓迎する、以上4つのスキルがフェローシップの好循環を生み出すのに役立つ。説得力のあるアイデアを、コミュニティ全体で共有し、そのコミュニティをさまざまな意見を尊重し推進する信頼できる人物が主導する。これがムーブメントにつながるのだ。ビジネスプロセス上のムーブメントは、組織の内側から文化を変革できるというわけだ。

ステージ4　ユニファイド・アカウンタビリティにおけるチェックリスト項目

ユニファイド・アカウンタビリティを強化するため、パフォーマンスをステージ4における次の特徴と比較していただきたい。

- ☑ビジネスオペレーションのリーダーは、組織の境界を越えて企業文化に影響を与えながら、事業変革を積極的かつ効果的に推進する。
- ☑ビジネスオペレーションのリーダーは、ビジネスユニットから、難解な問題や好機に対応する「頼れる」パートナーとして認識されている。事業の結果に対してオーナーシップと説明責任を果たす。
- ☑ビジネスオペレーションのリーダーは、あらゆるレベルで強力なリーダーシップを発揮する。事業における知識や影響力を使った管理は、信頼も厚く、評価も高い。

☑効果的なコミュニケーションは、ビジネスオペレーションを行う組織には必要不可欠なスキルだ。説得力のあるビジネスアイデアを明確に示し、ビジネスコミュニティ全体で強いフェローシップを生み出せる。

☑ビジネスオペレーションが、事業変革の確かなマインドセットとスキルセットを示している。事業との強固なコラボレーション（連携）を通じて壮大な新アイデアを生み出し続けている。

第14章

ダイナミックな組織DNAを創り出す

KEY INSIGHT

組織文化は、いわばその組織のDNAであり、あらゆる活動を決定づけるものだ。組織文化に狙い通りの変革を生み出す方法は、生物学におけるDNA編集から学ぶことができる。

究極の自己永続型ビジネスプロセスデザインとは、どのようなものなのだろうか。特定のテクノロジーに代表されるような、その場限りの一時的な解決法ではないのは確かだ。私たちが求めるのは、時の経過とともにそれ自体が変革を遂げていくようなプロセスデザインだ。永続的な自己変革へと通じる可能性のある唯一の道筋は、組織のDNAとリンクしている。プロセスやシステム、構造には有効期限がある。人材や文化こそが、永続的な優位性を生み出すドライバーとなりうるのだ。持続的競争優位性に向けた達成レベルの第4段階では、ダイナミック・オペレーティングエンジンを駆動する動力源に加えて、「ダイナミックDNA」を創出するための一連のツールが必要となる。それがやがて、恒常的に自己変革し続ける文化の原型をもたらすのである。

とはいえ、組織DNAは変革できるものなのだろうか

組織文化とは、いわば組織のDNAである。[57] その組織のありとあらゆる活動に影響を及ぼす内部的な基盤だ。組織内の隅々まで浸透し、長期にわたって維持され、全ての従業員の行動指針となる。そのため、ここ数十年間に、生物学用語のDNAに見立てた隠喩である「企業DNA」（あるいは「組織DNA」）という言葉がよく用いられるようになっている。例えば、ブーズ・アンド・カンパニー（現ストラテジーアンド[58]）は、生物学上のDNAの4種の塩基であるアデニン（A）、グアニン（G）、シトシン（C）、チミン（T）にちなんで、組織DNAにおける4種の基本的な要素（組織構造、意思決定権、動機づけ、情報活用）を特定するまでに至っている。有機体においては、体内の各細胞に生じるあらゆる事象がDNAからわかり、それら全てはDNAによって決定づけられる。組織DNAもまた、ちょうど同じように、組織における活動を決定づけるのだ。ただ、DNAに変異を生じさせるのは至難の業だ。生物学的なDNA変異は、環境要因によって、あるいは祖先から子孫へと連なる中で、長い時間をかけて生じるも

のだ。となれば、ふとこんな疑問が湧いてくる――実際のところ、組織ＤＮＡは変化させられるものなのだろうか？　その答えは、生物学的ＤＮＡを隠喩として用いることで導き出せる。つまり、環境要因や経営トップの継承に変化を起こせば、組織ＤＮＡもまた、じっくりと計画的に変化させていけるのだ。

生きている人間の体内での遺伝子編集

２０２０年２月、オレゴン州ポートランドにあるオレゴン健康科学大学（ＯＨＳＵ）附属ケーシー眼科研究所（ＣＥＩ）[59]は、既知の遺伝子変異に起因する失明を防ぐ目的で、世界で初めて患者の生体内で遺伝子を編集するという外科的処置を成し遂げた。ＣＲＩＳＰＲ《クリスパー》と呼ばれる技術だ。ＣＲＩＳＰＲは、10年間にわたる研究を経た現在、ＤＮＡ編集において盛んに応用されている。ＣＲＩＳＰＲという名称は、ある種のＤＮＡシークエンス（塩基配列）の構造を表す「Clustered Regularly Interspaced Short Palindromic Repeat（クラスター化された／規則的な／間隔の／短い／回文配列の／繰り返し）」を頭字語化したものだ。細胞内のある特定のＤＮＡ断片の所在を割り出して、それを――まるで、Microsoft Wordなどのアプリケーション上で文字列をカット＆ペーストするかのように――置き換えるべく開発されたものである。当時、人間のＤＮＡを編集する目的でのＣＲＩＳＰＲの適用例はすでに幾つかあったのだが、ＣＥＩの施術が歴史的に見て画期的だったのは、あらゆる医療において、生きている人間の体内で遺伝子編集治療が行われた初のケースだからだ。過去の事例は全て、生体外である研究所《ラボ》で編集された遺伝子を用いたものだった。

この遺伝子治療が行われたのは、遺伝性網膜ジストロフィーと呼ばれる疾患に対してだ。網膜ジストロフィーは、色覚異常や周辺視野狭窄などの副次的症状を伴って徐々に進行し、完全失明をきたすおそれもある病である。臨床研究のリーダーを務めたエリック・ピアース博士は次のように語っている。「視覚に必要な遺伝子の１つが病的変異を起こすと、網膜細胞の機能が障害されたり失われたりします。この治療は、変性のもととなる病的変異の起きた遺伝子のうちの１つを正しいＤＮＡ配列に修正することを目的としています。それにより細胞の機能を回復させ、視力を取り戻せるようにしようというものです」

遺伝子工学によるＤＮＡの変化はなぜ重要なのか

CRISPR《クリスパー》-Cas9《キャスナイン》はまたとない科学的発展であり、ＤＮＡ編集への応用も急速に進んでいる。以下にその例を挙げよう。

・がん、心臓病、ライム病、鎌状赤血球貧血症、アルツハイマー病などの遺伝子治療
・全世界で総額にして年間数十億ドルもの経済損失を与えている豚インフルエンザの撲滅
・蚊のDNAを操作したマラリア対策
・豚の臓器を人間に移植するための開発
・大量生産可能で安価なバイオ燃料の生産

ここに挙げた以外にも多数の応用例がある。なかには、ケナガマンモスの再生や、恐竜の一部の分類群が鳥類に進化する途上で出現した中間生物のリバース・エンジニアリング、はたまた、二日酔いしないアルコールの製造など、一風変わった目的での適用例もある。

生物学的DNAにおける3種の変異

ケーシー眼科研究所の治療は史上初の事例ではあったが、DNA変異の唯一の事例だとは言いがたい。日々の生活では、新たな有機体がこの世に生まれ出るたびに、DNAに変化が起きているのだ。そのようにして生じたDNAは、生殖細胞系列（ジャームライン）DNAと呼ば

れる。親のＤＮＡを受け継ぎ、やがて子へと受け継がせ得るからだ。また、体細胞（ソマティック）ＤＮＡにも変異が生じる。太陽の紫外線やタバコの煙、がんなどの疾病、あるいは細胞分裂時のＤＮＡの単純な複製エラー等の、環境要因によって引き起こされる変異である。そして、ＤＮＡ変異を引き起こす第３の手段が、ＤＮＡ編集テクニックであるＣＲＩＳＰＲ――より正確には、CRISPR《クリスパー》-Ｃａｓ９《キャスナイン》だ。Cas9は、「CRISPR-associated protein 9（ＣＲＩＳＰＲに関連する／9番目に発見されたタンパク質）」の略語である。Cas9タンパク質が遺伝子を正確に検知すると、ＣＲＩＳＰＲがＤＮＡを変異させる。

ここで重要なのは、生物学的なＤＮＡ変異が、かつては、長い時間をかけて進行する制御不可能な事象だと考えられていた点だ。ところが、今日では一転して、CRISPR-Cas9が瞬く間に配列を書き換える格好のターゲットと見なされている。企業ＤＮＡにおいても、同様の工学的な変異メカニズムが存在するのだろうか。これまでの定説では、企業文化の変革には時間がかかるものだと考えられてきた。だが筆者らが確信するに、生物学的ＤＮＡ編集が短縮化した経緯を参照すれば、さまざまな学びが得られるはずだ。

生物学的ＤＮＡ編集に学ぶ　組織ＤＮＡにも応用できる重要な要素

組織ＤＮＡにおける４つの基本的な要素（組織構造、意思決定権、動機づけ、情報活用）を特定した研究が既存することについては前述したが、これは、生物学的DNAにおける4つの塩基（アデニン〔A〕、グアニン〔G〕、シトシン〔C〕、チミン〔T〕）を隠喩として援用したものだった。私たちはそこからさらに深掘りして、組織DNAを編集していく術を学んでいこう。CRISPR-Cas9を引き合いに出すと、以下に挙げる3つの見識が得られる。

1. **DNAは、設計要因と環境要因が生み出す結果物である**　生物学的DNAは、前述のA-G-C-Tの4つの塩基を含む、さまざまな化学元素から成る化学物質（ヌクレオチドと呼ばれる）で構成される。先天的に親から子へこのまま遺伝するケースもあれば、後天的な環境によって修正（変更）されるケースもある。生物学的DNA自体が、こうした設計や環境の要因の影響を受けた結果、形成されている。これは、組織DNAにも当てはまる。組織DNAは、受け継がれてきた形質と環境的な要因の上にのみ構築できるため、設計や環境の要因を変更すれば、組織DNAの「編集」も可能だ。

2. **目的に応じたDNA編集**　遺伝性網膜ジストロフィーの治療に必要なCRISPR技術によるDNA編集は、鎌状赤血球貧血症に関連したDNA編集とは大きく異なる。同様に、ダイナミックなプロセス変革に必要な組織DNAは、効果的な製品イノベーションに必要な組織DNAとは別物だという意味になる。現段階では、ビジネスオペレーションの優位性に焦点を当てたい。

3．利用例は多数、DNAの基本ユニットは少数

最後に、最も興味深い知見をご紹介する。DNA編集の実施例は数多くあるものの、基本となる塩基は必ずAGCTの配列である。すなわち、ブーズ・アンド・カンパニーが特定した組織構造、意思決定権、動機づけ、情報活用を組織DNAにおける基本的な4つの要素として適用すれば、これらを編集してダイナミックなビジネスプロセスを生み出す個々のDNAを創出できる、というわけだ。したがって課題となるのは、この4つの基本要素に対し具体的な変更点を特定することだ。

数々の組織が組織DNAを変革させる支援を行ってきた筆者らの経験から、組織DNAの基本要素4つを修正する上で単純な3つの知見が役立つことはわかっている。では、その3つの知見を次のセクションで紹介する。非常に興味深い結果として、究極の、自己永続型のビジネスプロセスデザインが生まれている。

モデル　ダイナミックな組織DNAを創るには

ダイナミックな組織DNAは、特定の方法で4つの基本的要素を変化させて創り出すことが

DNA基本要素	前段階	新段階
組織構造	安定性	迅速な実行
意思決定権	役割の明確化	役割に対する権限の付与
動機づけ	一般的な報酬制度	事業中心の動機づけ
情報活用	事業の推進を目的とした情報	変革の推進を目指す情報

図16　組織DNAの変革

できる。ステージ4の成熟度では、基本要素それぞれが変化する必要がある。その概要は図16に示す通りだ。

1. 組織構造　安定性から迅速な実行へ

ダイナミックなビジネスプロセス変革を推進するステージ3の成熟度までに、スリム化および一元化を行い、顧客管理と関連指標によって顧客中心主義に基づくモデルを構築した。効率的かつ革新的に、また顧客にとって最善の利益を核心に捉えて運用されるよう、細部まで微調整を行った。社内におけるビジネスプロセス運用によって、金融、人事、サプライチェーン、財務、IT、研究開発、マーケティング部門で業界トップクラスのオペレーションを実現した。組織が新たな組織構造や個々の役割に対する期待、そして日々の業務の新設計に適応するまでには少々時間を要した。

さて、こうして強みを獲得した立場からさらに一歩進み、改めて緻密に調整を行い精度を高めるときだ。

負担が大きいとか、不必要な作業であるように思えるかもしれない。だが、ここが「良い」組織と「優れた」組織の分かれ目だ。弛まず進化を探求し続ける努力は、ビジネス環境の変化を効果的に管理するためだけでなく、競争優位性を確保するべく破壊的なビジネスプロセスを生み出すためにも必要だ。P&GのGBSでは、2、3年ごとに組織設計を変更するという社内目標を設定した。その第一歩として、世界各地にまたがるほとんどのビジネスプロセスを集約し、オフショア化した。その3年後、ビジネスプロセスをオープンマーケットにおける事業のように運営するための組織編成を行った。これには、バックオフィス業務の3分の2をアウトソーシングした取り組みも含まれる。さらに数年後、売上に対してコストを3分の1まで削減する一方で、ビジネスプロセスのイノベーションをさらに進めるためにレベルを引き上げた。最終的に、こうした取り組みによって、GBSは企業のトランスフォーメーションエンジンとして運用されるまでに発展し、デジタル変革やビジネスプロセス変革は同社にとって最重要事項と認識されるようになった。次いで、業界を形成する次世代サービスが登場し、大企業ではなくスタートアップを基準とする製品が生み出されていった。

ただし、ここに重要なポイントがある。この組織構造の進化はいずれも、受動的ではなく、能動的に進められた。また、環境変化に対する反応としてではなく、その変化を予測して実施された。従来のベンチマークで見ればどれほど優秀な組織であったとしても、全ての変革は、組織をさらに改良し迅速に機能させることを目的としていた。私たちは自らを動力源として変革を進め、新しい環境に応じて自らを変えて適応していった。また、同じく重要なのは、組織が私たちの能動的な取り組みを期待するようになったという事実だ。「また変革の時期が来たのでは？」と組織が自問するようになれば、変革を指揮するのもさらに容易になる。そして、この問い自体が、組織ＤＮＡの変革なのだ。

2. 意思決定権　役割の明確化から役割に対する権限の付与へ

現段階の成熟度において、壮大な計画やアイデアとして立案されるのは、ビジネスプロセスやサービス管理、クライアント管理など、与えられた役割における各人の権限強化だ。ビジネスプロセス管理に内在する問題は、製品管理以上に、社内ステークホルダーの多さだ。ソース・ツー・ペイ（Ｓ２Ｐ）プロセスを変革したい場合、調達機能だけでなく、各ビジネスユニットはもちろんのこと、財務、ＩＴ、サプライチェーン、ベンダーも含めた調整が必要だろう。これについては、プロセス組織においても、サービスマネージャーのような役割に権限を与えるための実証済みのアプローチがある。サービスマネージャーだけでなくステークホルダー一人ひとりの最高のパフォーマンスを引き出してくれるアプローチだ。このアプローチでは次のようなステップを踏む。

a．Ｅ２Ｅでサービスマネージャーの責任を強化し、社内に周知する。
b．ステークホルダー全員に対し、自身の貢献の内容の理解と、約束の履行を徹底する。

c．過度な管理を避け、自身が権限を与えられた業務の模範となる。
d．目指す結果を明確な短期サイクルの目標に振り分け、落とし込む。

3．動機づけ　一般的な報酬制度から事業中心の動機づけへ

ビジネスプロセスに携わる従業員にとって重要なのは、主要な報酬制度をビジネスプロセスの自己永続型の向上に結びつける作業だ。まずは、一般的な事業目標から従業員のパフォーマンス指標の一部を導き出そう。株主への利益還元（収益成長、収益性、資本効率によって実現）でもいいし、非営利組織などの場合には会員への影響力も可能だ。多くの組織には、顧客重視や期待以上の効果、事業構築の提案などを対象に一般的な報酬が設けられている。しかし、社内のビジネスプロセスに重点を置く従業員に当てはめると、実現できる結果には限界がある。動機づけに対する報酬として「比類のないコラボレーション」のようなものがよく見られるが、目的が曖昧すぎて事業成果に十分に結びついていない。

4．情報活用　業務の推進を目的とした情報から変革の推進を目指す情報へ

多くのビジネスプロセスは、恒常的には進化していない。業務モードと変革モードを同時進行させるのが困難なためだ。例えば、ソーシャルメディアのコミュニティマネージャーなら、業務として、あらゆるやり取りを常時把握していなくてはならない。一日が終わる頃にはぐっ

たり疲れ果てているかもしれない。そこでソーシャルメディアを破壊的に変革する戦略について考えるためには、意図的に仕事のペースを変え、視点を変えて考える時間を確保する必要がある。

つまり、自己永続的な優れた運営をするためには、日々の業務と変革に伴う変化との間に生じる、相反する2つの力をバランスよく取り入れていかねばならない。世界でも指折りの優秀なリーダーたちは、2つの相反するアイデアを建設的な緊張状態に保ち、双方から最善を引き出して統合する。これについては、ロジャー・L・マーティンが研究しており、『インテグレーティブ・シンキング――優れた意思決定の秘密』（村井章子訳、日本経済新聞出版社）で、2つの相反する力（opposing forces）を親指と反対側の親指の関係（opposing thumbs）に見立てた隠喩を使って詳述している。[60] 組織が果たす役割に対して2種類の相矛盾する期待を持つことが不可欠だ。

幹部役員に限らず業務レベルでも、その期待が状況を一変させる切り札になる。だが切り札が常に威力を発揮するわけではない。現在、業務関連の多くの役職では、従業員を対象に提供される情報は、ビジネスプロセスのパフォーマンス・ダッシュボードに表示される情報など、コア業務に関連したものが大半を占める。ただし、従業員への情報共有やコミュニケーションを設計する際にはその両方を常に同じように強調するのが望ましい。

この4種類の「編集」を組み合わせれば、組織DNAに明確な変革をもたらし、ビジネスプロセスを基盤とする継続的な競争優位性が実現できる。自ら変革を行う望ましい企業文化を創出するためには、組織DNAの編集を意図的に行わなければ、リスクを生む可能性がある。ちなみに、組織文化がはらむ危険を見て見ぬふりをするのは、非常に有能なエキスパートでも陥りかねない罠なのだ。例えば、株価を正しく評価したり、買収のリスクを評価するとき、組織文化の重要性を過小評価したりしてしまう可能性がある。米国のビジネス史上最大の合併が良い例だ。2000年に3500億ドルと評価されたAOLとタイムワーナーの合併は9年後に破綻した。これは、組織DNAの衝突を正しく評価できなかった場合どのような結果をもたらすかを示した、極めて典型的な事例である。

幸い、AOLとタイムワーナーのような事例もある一方で、グーグルやP&G、スターバックスのような成功例も存在する。筆者らの経験では、組織DNAの4つの基本要素を通じて、ビジネスプロセス上の持続的な優位性を実現するために必要な「編集」に焦点を絞れば、一貫した効果を上げられる。組織構造、意思決定権、動機づけ、情報活用の4要素における変化を特定するのに役立つ新たなモデルが複数ある。このモデル同士を連携させれば、究極の自己永続的なビジネスプロセスの設計が可能だ。

ステージ4　ダイナミック・オペレーティングエンジンにおけるチェックリスト項目

ダイナミック・オペレーティングエンジンを強化するために、パフォーマンスをステージ4における次の特徴と比較していただきたい。

☑ビジネスプロセス組織が事業との全ての接点で強力なリーダーシップを発揮している。ビジネスプロセス組織は事業中心の成果を動機づけおよびドライバーとしている。

☑広範にわたる強力なチェンジマネジメント能力によって、ビジネスプロセスが進化し、革新され、変革され続けている。

☑組織文化が、高い積極性や機敏性、変革を推進する能力、即応性などの特徴を示す。事業中心主義と価値創造において「最高の存在であり続ける状態を追求」している。

☑ビジネスプロセス組織のDNAが、ビジネスニーズの進化に基づき劇的に変化している。

☑財務実績、業務効率、新たな事業能力の構築が見事なバランスで保たれ、必要に応じて恒常的に調整されている。

PART 6

ビジネスオペレーションを通じて競争優位性を実現する

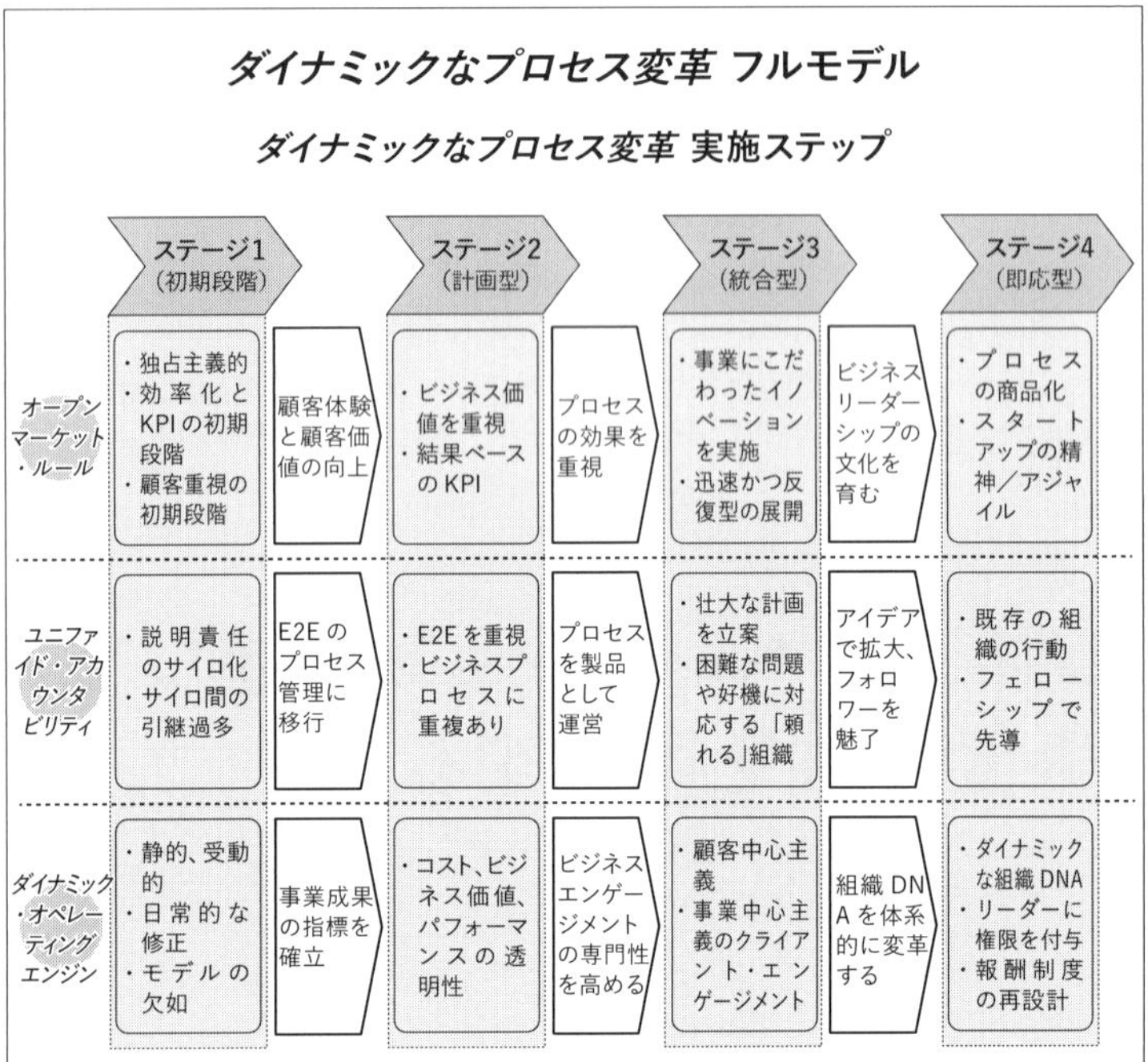

ダイナミックなプロセス変革を実現するためのモデルの完全版とは？

*ダイナミックなプロセス変革*の最終目標は、断続的な変革の衝撃を必要とせずに、常に変化し続けるビジネスプロセスの構築にある。本セクションでは、これを実現するための独自の計画立案の支援に重点を置く。

成熟度を次のステージへ高めるために必要なアクション

・魅力ある最終的な状態に向けたビジョン
・進捗状況を評価するための目標
・最終目的地にたどり着くための最適な選択に関する戦略
・計画的に変革を実現するイニシアチブ

図17　*ダイナミックなプロセス変革*の実現に向けた実施ステップ

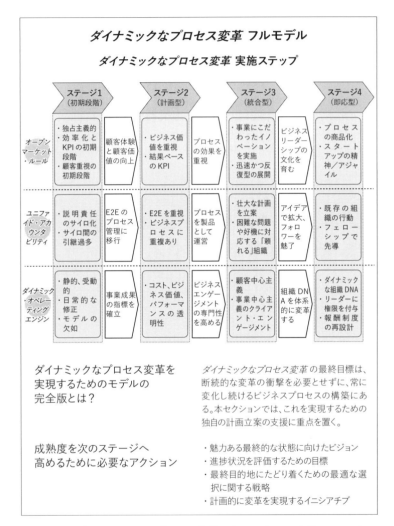

第15章 ダイナミックなプロセス変革を成功させるには

KEY INSIGHT

この変革で一番大事な要素、それは自分自身だ！

本書の狙いは、ビジネスオペレーションに変革を起こすための実践的なガイドとなることだ。その観点から、本書から得た知見を皆さんご自身のダイナミックなプロセス変革への旅にご活用いただける方法を提案したいと思う。ただし、旅の段階に入る前に、筆者らが痛感する事柄について述べておきたい。ビジネスオペレーションにおける変革を成功させる要素とは、ダイナミックなプロセス変革のモデルそのものではない。モデルがもたらす無数の知見でも、新しいプロセス設計でもない。その要素とは人、そう、あなた自身だ。変革を促し実現するには、各人がビジョンを持ち、誰かがそれを先導していかねばならない。組織が変革に前向きかどうか、あるいは、変革への旅が苦難となるか、は二の次の問題だ。リーダーが変革の旅の先頭に立ち最初の一歩を踏み出すまで、確かなことは何もわからない。皆さんが成功を収めるに足る十分な情報を、本書が提供できていればと願う。この困難な旅に挑もうとする皆さんに、今後の4つのステップをご紹介しよう。

ステップ1：ビジョン（展望）
ステップ2：目標
ステップ3：戦略
ステップ4：イニシアチブ

ステップ1：ビジョン
未来像を描く

特定の組織において、変革をもたらす業務の未来像を考えるのは容易ではない。確かに、将来のビジョンについて見解をまとめるとか、競争優位性の提供や、コスト効率が最も高い機動的な業務の実施、ビジネス価値の最大化という一般的なビジョンについてグループで検討するのは、至って簡単だ。だが、ここで言っているのは、そういった取り組みではない。未来像を描くためには、私たちの情熱に灯をともすもの、組織にとって意味のあるもの、時間とともにムーブメントとなって現れるものが必要だ。1つのアプローチとして、このビジョンが企業のミッションを実現するバックボーンとなりうる可能性を考える方法がある。パタゴニアを例に挙げると、同社は「地球上の生命を守るために自社のあらゆる資源を活用する」ことをビジョンに掲げている。これに倣って、仮に事業ビジョンとして、地球上の生命を支援する取り組みを極めて即応的、効率的かつ革新的に行い同社の資源の最大限活用を目指すのも可能だ。

ステップ2：目標
変革の起点と終点を特定する

目標を設定するために、本書の成熟度の4つのステージを活用し、ドライバーの強度を測定するアプローチを推奨する。初期段階、計画型、統合型、即応型の4段階を使えば、達成しなければならない内容が把握できる。このアプローチでは、オープンマーケット・ルール、ユニファイド・アカウンタビリティ、ダイナミック・オペレーティングエンジンの3つのドライバーにおける改善度を測る指標を第2の軸に用いて補完する必要がある。この第2の軸は3つのドライバーを総合して達成できる強度の割合を示す。図18に示す一例では、ステージ1（20％）からステージ4（80％）までの変革の起点と終点となっている。筆者らはこの作業に役立つリ

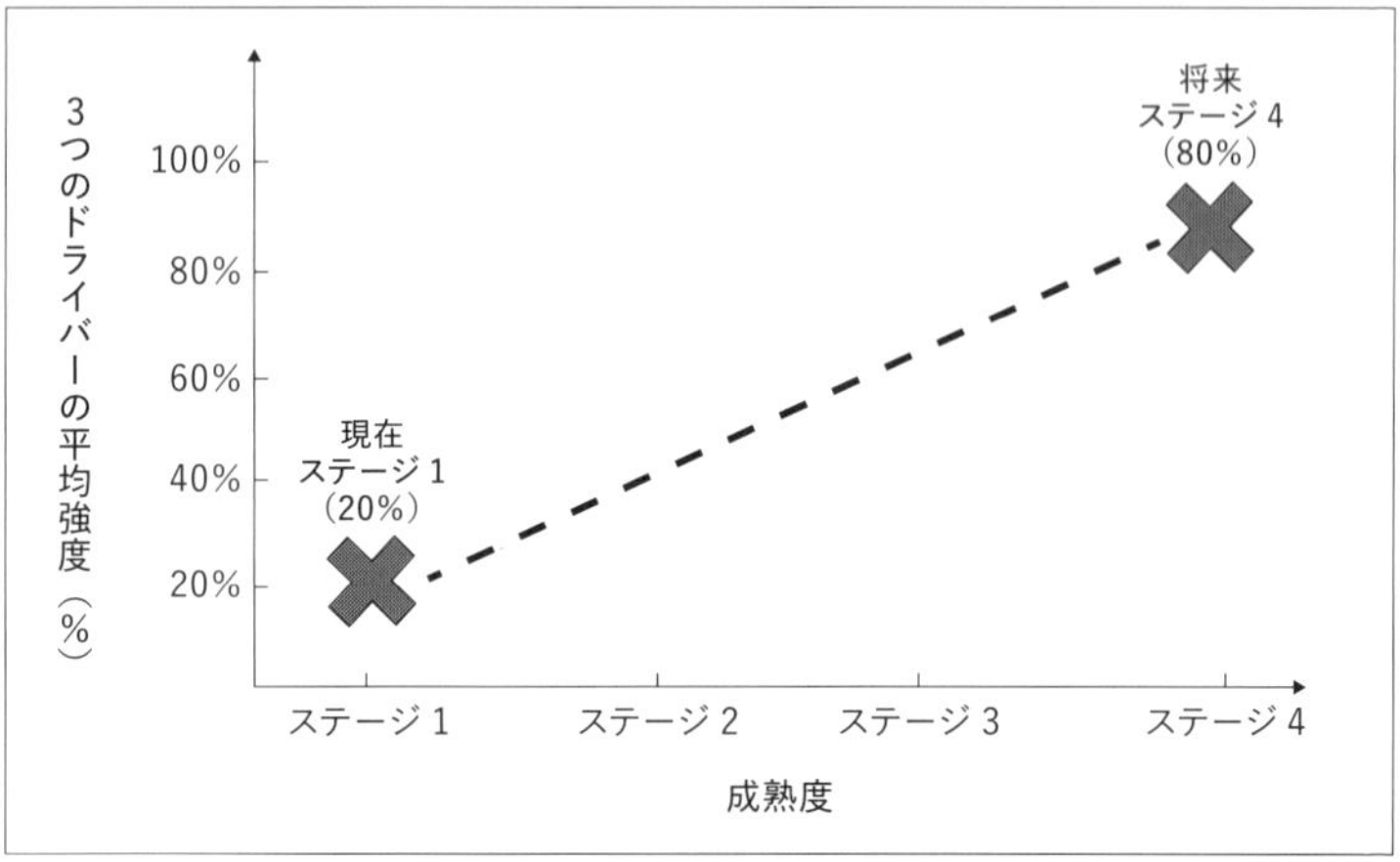

図18　目標——出発点と最終目標点

ソースをさらに、次のウェブサイトにて提供している（https://www.RBO-book.com）。

ステップ3：戦略到達するために必要な選択肢を特定する

これまで、第3章から第14章にかけて、4つの成熟度段階を進むための実施ステップと3つのドライバーについて解説した。最終段階に到達するためには、紹介した案を幾つか組み合わせて利用しなければならない。PART6の冒頭で示した図17は、縦の列に4つの成熟度段階の特徴を、右向きの矢印の枠内に次の段階に進むための戦略を、それぞれ示している。この図を参考に、個々の状況や要望に合わせた戦略が立案できる。戦略の構築についてワークショップを開くのも良いアイデアだ。

ステップ4：イニシアチブ実施すべきプロジェクトまたはプログラムを定義する

ある時点まで来たら、ビジネスオペレーションの変革に必要な活動は全て、組織構造、ビジネスプロセス、報酬、情報システムを変革する作業に集約しなければならない。このステップでは、先に定義した戦略を、この4項目のプロジェクト計画に落とし込む。この際、できるだけ多くのステークホルダーや組織メンバーを巻き込む必要がある。

ビジョン、目標、戦略、イニシアチブの一連のステップは一直線方向の取り組みに見えるかもしれないが、それは筆者らの意図するところではない。組織の年間戦略サイクルの一環として、あるいは必要に応じて、見直し、適応させていく必要がある。絶えず変化する世界では、ビジネス環境の変化に常に敏感に反応しなければならない。業務を進化させるにせよ、戦略自体を進化させるにせよ、あらゆる取り組みは、この観点から捉えるべきだ。したがって、本書を締めくくるにあたり、より広い視点で捉え直すために、一旦具体的な行動から離れて考えてみたい。従来の考え方から恒常的に進化し、未来に目を向ける必要がある。

従来の論理からの脱却へ

経営の権威とも言われるピーター・ドラッカーは次のように語っている。「混沌の時代の最大の危険は、混沌そのものではない。従来の論理に従って行動することだ」。今ほど、この言葉が真実を語るときはあるまい。従来の論理では、会計や注文管理、販売など、あらゆるビジネスプロセスには理想的な設計がある、とされていた。また、その理想の状態を忠実に模倣し自動化できるＩＴシステムが存在すると信じられていた。競争優位性をもたらすのは、主に卓越した製品であり、社内のビジネスプロセスは通常、事業を行う上でかかるコストだとされていた。

こんな考え方は時代遅れだ。実際のところ、情報化以前の時代には十分に理解される考え方ではあった。ビジネスプロセスのスリム化、標準化、自動化を行い、Ｅ２Ｅで管理する。その当時は、この手法を用いれば間違いなくビジネスプロセスを最適化できた。こうした静的なビジネスプロセス変革のプログラムは、実施完了から数年間は効果があったが、それは食事療法が一定期間効果的なのと同じだ。つまり、効果があるのは環境が変わるまで、という意味だ。

近年変わったのは、ビジネス環境の変化のスピードだ。これに対応するためには、単発的（静的）ではなく、永続的（動的）なビジネスプロセス変革を行わねばならない。そのためには、単に最善の食事療法に変えるだけでなく、ライフスタイルそのものを変える必要がある。本書のPART1で、フランシスコ・フラガや、ヤズディ・バグリ、キャロライン・バイジンによる3つのケーススタディから学んでおわかりのように、今の企業にはもはや、大規模な変革プログラムを定期的に実施するだけの時間や費用の余裕がないのだ。したがって、経営陣だった彼らが3つのドライバーを活用したように、従来の論理を変えるには各人のリーダーシップが必要だ。

点と点を結んでチャンスをつかむ

ダイナミックなプロセス変革モデルが効果的であることはわかっている。さまざまな状況ですでに実証済みだ。だが、本セクションで問題とするのはそこではない。ここでの問いは、あなたがどのようにしてこのモデルを適用するか、だ。

30年以上前に私たち筆者がビジネスオペレーションにおけるキャリアをスタートさせた当時、ビジネスプロセスを標準化し、単純化し、自動化するという成功モデルは容易に実現できるように思われた。しかし、10年後に業界で世界最高水準を達成したあと、またふりだしに戻ったような気がした。効率化、効果を推進する私たちの戦略は、社外のビジネスプロセスのパートナーにアウトソーシングしても同様に実現できた。では、私たちの役割の独自性とは何だろう？

次の約10年間、その独自性は、社内の事業中心主義とイノベーションにおいて発揮された。私たち以上にP&Gのニーズを理解し、私たち以上に優れたイノベーションを行える組織は外部にはなかった。そのため、私たちは次にイノベーションに取り組むことになった。イノベーションは長年にわたり、非常に高い効果を発揮し続けた。そう、世界が再び変わるまでは。やがて第4次産業革命の到来により、競争や産業構造の定義そのものが変わり始めた。かつてはインターネットを専門に扱っていた企業が、消費財を扱うライバル企業に変身した。競争というゲーム自体が別物に変わってしまったのだ。スタートアップが新たな競争相手となった今、ビジネスオペレーションにはスタートアップ並みの機動性が求められる。

そして、今日、またもや状況は変化している。スタートアップ企業の機動性だけでは、もうやって行けない。第4次産業革命時代を迎え、求められているのは、機動性、そして顧客一人ひとりを獲得するための個別対応、さらに規模を拡大した取り組みである。

こうしたトレンド全てにわたる、点と点を結ぶことが重要だ。今後も第5次、第6次、第7次と産業革命の時代が訪れるだろう。そしてその周期は時代を追うごとにますます短くなる。対応する変革プログラムに費やせる時間は短くなり、リソースも少なくなる。この課題を現実として冷静に捉えねばならない。単発的（静的）な変革は単純に、今後の時代に適していない。動的なビジネスプロセスの変革が必要だ。「木を見て森を見ず」では、多大な損害をもたらす間違いになりかねない。

皆さんにはこうした事態は回避していただきたい。個人のリーダーシップを活用して、変化する時代を読み取り、ビジネスオペレーションに変革を起こす独自のアプローチをぜひとも創出してほしい。そこから得られるメリットは計り知れない。数年ごとに自社が持つ独自のスキルや競争優位性を再評価する必要がなくなる未来を想像してみてほしい。常に一歩先を行くことで、自分たちの事業や業務の行く末を案じる必要がなくなるとしたら？　ビジネスオペレーションは進化し、またさらに進化する。振り返ってみれば、継続的な進化は可能だと確信するはずだ。

耳を澄ます者には運命が開かれ、耳を閉ざす者には宿命が訪れるそうだ。さあ、運命を切り開く覚悟は決まっただろうか。

著者コメント

次のウェブサイトにてダイナミックなプロセス変革のモデルに関する詳細情報を入手できます。また現在も拡大中のナレッジベースに情報提供のご協力をいただければ幸いです。

https://RBO-book.com

ご意見、ご感想をお待ちしております。皆様のご質問にお答えするのを楽しみにしております。

ビジネスプロセス変革ディスカッション・ガイド

このガイドは、ダイナミックなプロセス変革のモデルの適用を検討して業務リーダー、コンサルタント、教師および学生を対象として作成された。特定の状況に合わせてディスカッションを展開できるよう、経営幹部―コンサルタント、教師―生徒という、2種類のペルソナを設定した質問を用意した。

ディスカッション・ガイド（1）企業の経営幹部と社外コンサルタント編

これから紹介する一連の質問は、ダイナミックなビジネスオペレーションを学ぶ手引きとなり、選択をする際に役立てることを狙いとしている。個人の振り返りや、グループディスカッションに役立てていただきたい。ダイナミックなプロセス変革へのアプローチを行う理由とその方法について考える際に役立つようまとめている。

なぜビジネスオペレーションに変革を起こす必要があるのか

自身の組織あるいはクライアントの組織の業務に変革を起こす必要性について考える際、以下の質問を検討する。

1. 組織が業務を行う目的とは？　その目的は顧客にどの程度貢献できているか。また、今後も引き続き貢献するために、どのように位置づけられているか。
2. 深刻な影響を極めて受けやすい、特定の要素（事業や顧客、社会、環境、組織など）は存在するか。変革の成功をどのように明確に示し、測定するか。
3. （スキル、方法論、権限の付与に関して）組織はどの程度のダイナミックさを備えているか。ニーズの変化に適応できるほどダイナミックか。
4. オペレーションのクライアントや主要なステークホルダーにおいて、ダイナミックなビジネスプロセスの構築の必要性に賛成するのは誰か。また、積極的に反対するのは誰か。
5. ビジネスオペレーションに変革を起こすにあたり、最大の懸念事項とは？

オープンマーケット・ルールに関する質問

ドライバーの1つとするオープンマーケット・ルールは、ビジネスプロセスが事業や顧客、環境のニーズに適応し続けられることを目的とする。これにより、事業のために新たな価値を継続的に創出し、業務を競争優位性に転換させることを指す。

1. ビジネスプロセスは、社内の「バックオフィス」やコモディティとしてのニーズに応えるのではなく、「オープンマーケットで勝つ」というマインドセットで運営されているか。
2. ユーザー、ステークホルダー、顧客に徹底して重点が置かれているか。その重点を置く姿勢が、単なる宣言や優れた心構えにとどまらず、現実の取り組みとして綿密に評価されているか。
3. 組織は、常に建設的に現状に疑問を持ち、独自の価値をもたらす新たな方法を模索しているか。
4. パフォーマンス評価には、顧客にとって重要な顧客価値が含まれているか。この評価には、使いやすさから、エクスペリエンスの向上、新機能まで、さまざまなものが含まれる可能性がある。

5．ビジネスプロセスにおけるイノベーションが、枠組み（デザイン思考、リーン・スタートアップ、アジャイル）の一貫した広範囲な適用を通じて、体系的に実施されているか。

ユニファイド・アカウンタビリティに関する質問

ビジネスプロセスがサイロ化した原因を踏まえると、E2Eのプロセスに対し明確な説明責任を確立することは極めて重要である。これはE2Eでのグローバル・プロセスオーナー（GPO）の役割をはるかに超える責任だ。さまざまな基準や結果、従業員、予算に関してユニファイド・アカウンタビリティが確立されていなければならない。

1．全てのビジネスプロセスは「製品」として運営され、説明責任は一元化されているか。適用されているスキルセットとツールには一貫性があるか。
2．ビジネスプロセスをE2Eで包括的に運営するために、サービスマネージャーが指名されているか。各ビジネスプロセスでは、定められたコストやフィードバック、KPI、品質および実施中の変革を正しく反映しているか。
3．プロセス・カタログが定義され、ユーザーやステークホルダーに対し信頼性の高い透明性や明確性を提供しているか。
4．各ビジネスプロセスを継続的に改善するために、誰が担当者で誰が責任者かについて、混乱が生じていないことを確認しているか。

5. プロセスイノベーションに対する説明責任は明確にされているか。また、その説明責任は効果的に行使されているか。組織内のあらゆるレベルにおいて行使されているか。

ダイナミック・オペレーティングエンジンに関する質問

ビジネスオペレーションを予測可能な優れたものにし、その状態を維持し続けるために進化させていく最良の方法は、確固としたモデルに基づいて運営することだ。そのためには、業務や継続的な改善、顧客中心主義、イノベーション、財務管理に対する専門的なアプローチも可能なオペレーティングエンジンが必要だが、これを備えるビジネスプロセス組織は少ない。

1. 業務組織に標準的な確固としたオペレーティングモデルが存在しているか。オペレーティングモデルは、変革の必要性を常に感知し、適宜速やかに対応できるよう設計されているか。

2. 明確な指標が設定され、完全に整合しており、文書化され、定期的に検証されているか。価値創造に関して混乱が生じる頻度は高くなってはいないか。

3. ビジネスオペレーションの「クライアントマネージャー」が、事業内、およびビジネスユニットのリーダーシップ・チームの中枢部の一員となっているか。

4. 組織文化が、極めて前向きであり、変革推進の権限を与えられ、非常に機動的かつ即応的、という特徴を示しているか。事業中心主義と価値創造において最高の存在である状態を追求しているか。
5. ビジネスオペレーション組織のDNAは、ビジネスニーズの進化に応じてダイナミックに変化しているか。企業と組織間の関わりが中核に置かれ、最高水準にあると評価されているか。

ディスカッション・ガイド（2）　教師と生徒編

次に紹介するディスカッションのトピックは、教師と生徒向けに、ダイナミックなビジネスプロセス変革が必要とされる理由、およびその取り組み方について議論する一助になるようまとめたものである。この質問を活用して4段階の成熟度がもたらす機会とリスクについてブレーンストーミングを行っていただくことをお勧めする。

ダイナミックなプロセス変革を行う理由とは、またその方法とは

ビジネスプロセスはこれまで、製品組織やサービス組織を運営する上で生じるコストとして捉えられていた。デジタル技術の登場により、オペレーションの運営方法が、競合他社に勝て

るか否かを分ける大きな要因であることが明らかになった。以下の質問は、ビジネスオペレーションを変革して勝利をもたらす資産にする方法を検討する際の手引きとなる。

1. ビジネスオペレーションの役割は、時代とともにどのように進化してきたか。また、その役割は組織のタイプ（民間企業 対 公営企業、大組織 対 小組織など）によってどのように異なるか。
2. 陳腐化したプロセスや業務によって、ビジネス、顧客、社会、環境、組織などの要素は、どの程度直接的な影響を受けているか。陳腐化したビジネスプロセスや業務を変革した場合、その効果を明確にし評価する方法があるとすれば、どのようなものがあるか。
3. 組織の能力（スキル、方法論、権限の付与など）を顧客のニーズの変化に適応させる方法にはどのようなものがあるか。
4. なぜ、一部の業務のクライアントや主要ステークホルダーは、ダイナミックなビジネスプロセス構築の必要性に賛成するのか。また反対する者がいるのはなぜか。

ステージ1（初期段階）　成熟度に関する質問

全てのビジネスプロセスは所属する組織の構造に合致した進化をする。機能別組織は、ビジネスユニットや地理的条件ごとに各ビジネスプロセスをサポートする際、組織ごとに独自の進化を遂げる。ステージ１の成熟度にあるビジネスプロセスは、通常、「バックオフィス」としての特徴を持ち、文化としては独占主義の要素が強い。また、業務に関して、または業務を最適化するための、ビジネスプロセスをまたいだ一貫したモデルが存在しない。熟慮すべき質問は次の通りである。

1. ビジネスプロセスがサイロ化および独占的な性質を持つ現状を踏まえ、社内のカスタマーエクスペリエンスや顧客価値を高めるための最高の戦略とは？
2. ビジネスプロセスの「オーナー」である機能別のリーダーは、E2Eでのプロセス管理への移行に対し前向きになる理由とは？　また、どのような点で前向きなのか。
3. 事業成果に基づくE2Eでのプロセス指標をどのように構築すればよいか。

ステージ２（計画型）成熟度に関する質問

ステージ２では、オペレーションはすでにプロセスのE2Eでの管理に向けて進化している。ここでは、効率性を超えて、より効果的な業務運営を目指す。パフォーマンス指標（KPI）は、結果に基づいており、カスタマーエクスペリエンス（顧客体験）を要素として含め、透明性やビジネス価値の創出を中核に構築されている。このステージで推奨するディスカッションの質問は次の通りである。

1．ビジネスプロセスの組織が効率的な低コストの業務を実現している場合、何が、さらなるビジネス価値の創出に大きな役割を果たすのだろうか。

2．ビジネスプロセスの運用と製品グループの管理にはどのような類似点があるだろうか。また相違点とは？

3．プロフェッショナルなアカウントマネージャーは顧客と効果的に関わり、価値を提供するためにどのようなプロセスを用いているのか。また、そのプロセスは、社内のビジネスプロセスのサービス提供にどの程度まで活用できるか。

ステージ3（統合型）成熟度に関する質問

ビジネスプロセスが効率的かつ効果的に機能するようになれば、次のステップはイノベーションの実施だ。ビジネスプロセスは、他の全ての製品と同じく、イノベーションを継続的に実施できる。この成熟度レベルでは、財務価値と顧客価値に優先順位を置いたイノベーションを行う。このステージで推奨するディスカッションの質問は、次の通りである。

1．ビジネスプロセス組織内では、どのようにしてビジネスリーダーシップ文化を育めばよいか。ビジネスプロセスを変革し、価値を付加できるのはどのような種類の機会か。

2．メーカーはどのような方法でイノベーションを行っているか。その手法から、ビジネスプロセス組織は何を学べるか。

3．ビジネスプロセス組織は、通常、どのような行動や成果に対し報酬を与えているか。ビジネスプロセスの各チームが効率的なサービスの提供に加えてイノベーションも行う必要があると想定した場合、報酬の対象とする行動や成果についてはどのような微調整が必要か。

ステージ4（即応型）　成熟度に関する質問

最終的に目指す到達点は、自ら破壊的変化を行う組織ＤＮＡの構築だ。ステージ4の段階にある組織では、変革の推進者は、あらゆるレベルで働きかけ、組織全体で1つのマインドセット、スキルセット、ツールセットを共有している。オペレーティングモデルはスタートアップの精神と、厳格性と信頼性、そして恒常的な業務改善を融合させている。このステージにおいて推奨する質問は次の通りである。

1．多くのビジネスプロセス組織は、組織で運営するプロセスのインプットとアウトプットを直接管理できないため、影響力を用いて管理する必要がある。最良の方法にはどのようなものがあるか。この種のリーダーシップのスタイルを必要とする役割について、類似例はあるか。

2. 既存のビジネスプロセスをさらに活用し価値向上を目指すために、どのようなアイデアがあるか。ビジネスプロセスにおいて、商品化や製品に相当するものは存在するか。

3. ビジネスプロセスが自ら破壊的変化を行い、さらにスタートアップ企業のような組織として成長していくためには、どのような方法でスキルやマインドセットを構築すればよいか。

注記

序章

（1） Shell.com, "Company History," n.d. https://www.shell.com/about-us/our-heritage/our-company-history.html.

（2） Leon C. Megginson, "Lessons from Europe for American Business," *Southwestern Social Science Quarterly* (1963) 44 (1): 3–13, p. 4.

（3） Jennifer Reingold, "P&G Chairman A.G. Lafley Steps Down—for Good, This Time?," *Fortune*, June 2016. https://fortune.com/2016/06/01/pg-chairman-a-g-lafley-steps-down-for-good-this-time.

（4） Icmrindia.org, "Procter & Gamble: Organization 2005 and Beyond," n.d. https://www.icmrindia.org/free%20resources/articles/procter3.htm.

（5） A.G. Lafley, "What I Learned in the Navy," *Medium*, July 5, 2021. https://medium.com/@leadingtowin/what-i-learned-in-the-navy-43aa95ea82b0.

第1章

（6） Matthias Daub, Andreas Ess, Jonathan Silver, and Samir Singh, "Does the Global Business Services Model Still Matter?," McKinsey & Company, July 13, 2017. https://www.mckinsey.com/business-functions/mckinsey-digital/our-insights/does-the-global-business-services-model-still-matter.

（7）Deloitte.com, "2019 Global Shared Services Survey Report 11th Biannual Edition," n.d. https://www2.deloitte.com/content/dam/Deloitte/dk/Documents/strategy/2019GlobalSharedServicesSurvey_ExecutiveSummary.pdf.

（8）Phil Fersht, Tony Filippone, Charles Aird, and Derek Sappenfield, "The Evolution of Global Business Services: Enhancing the Benefits of Shared Services and Outsourcing," Governance Strategies, 2011. https://www.horsesforsources.com/wp-content/uploads/2011/10/HfS-Report-PwC-Developing-Framework-Global-Services-07-2011.pdf.

（9）Deloitte Netherlands, "2021 Global Shared Services and Outsourcing Survey Report," May 21, 2021. Deloitte Survey: Global Shared Services and Outsourcing—Press release | Deloitte US.

（10）Researchandmarkets.com, "Shared Services: Global Strategic Business Report," 2020. https://www.researchandmarkets.com/reports/5140291/shared-services-global-strategic-business-report.

第2章

（11）Leanproduction.com, "Theory of Constraints（TOC）," n.d. https://www.leanproduction.com/theory-of-constraints.

第3章

（12）Rachel Sanderson, "Poste Italiane on Track with Partial Privatisation This Year," *Financial Times*, September 6, 2015. https://www.ft.com/content/4f3d8348-5485-11e5-b029-b9d50a74fd14.

（13）Giovanni Legorano and Giada Zampano, "Italy Raises $3.8 Billion from Poste IPO," *Wall Street Journal*, October 23, 2015. https://www.wsj.com/articles/italy-raises-3-8-billion-from-poste-ipo-as-part-of-economy-recovery-plans-1445592196.

第4章

(14) William Langewiesche, "What Really Happened to Malaysia's Missing Airplane," *The Atlantic*, June 17, 2019. https://www.theatlantic.com/magazine/archive/2019/07/mh370-malaysia-airlines/590653.

(15) Pamela Boykoff, "MH370 report: Search delayed by chaos and confusion," CNN, March 9, 2015. https://www.cnn.com/2015/03/09/asia/mh370-report-search-delays/index.html.

(16) Bibhudatta Dash and Richelle Deveau, "How quote-to-cash excellence can fuel growth for B2B subscription businesses," McKinsey & Company, October 22, 2020. https://www.mckinsey.com/industries/technology-media-and-telecommunications/our-insights/how-quote-to-cash-excellence-can-fuel-growth-for-b2b-subscription-businesses.

第5章

(17) Marli Guzzetta, "The 4 Keys to One of the Biggest Turnarounds in Business History," *Inc.*, October 12, 2017. https://www.inc.com/marli-guzzetta/how-alan-mulally-turned-ford-around-inc5000.html.

(18) Marcia Blenko, James Root, and Nader Elkhweet, "When Weak Operating Models Happen to Good Strategy," *Bangkok Post*, April 2, 2015. https://www.bain.com/insights/when-weak-operating-models-happen-to-good-strategy-bangkok-post.

(19) Marcia Blenko, James Root, and Nader Elkhweet, "When Weak Operating Models Happen to Good Strategy," *Bangkok Post*, April 7, 2015. https://www.bangkokpost.com/business/515723/when-weak-operating-models-happen-to-good-strategy.

(20) Rosevear, John, "Ford's Deceptively Simple Strategy," *The Motley Fool*, September 30, 2010. https://www.fool.com/investing/general/2010/09/30/fords-deceptively-simple-strategy.aspx.

(21) [Former Member], "List of End to End Business Process in SAP," SAP Community Blogs, April 17, 2012. https://blogs.sap.com/2012/04/17/list-of-end-to-end-business-process-in-sap.

第7章

(22) UVA Miller Center, "Neil H. McElroy (1957–1959)," October 4, 2016. https://millercenter.org/president/eisenhower/essays/mcelroy-1957-secretary-of-defense.

(23) Martin Eriksson, "The History and Evolution of Product Management," *Mind the Product*, October 28, 2015. https://www.mindtheproduct.com/history-evolution-product-product-management.

(24) Branding Strategy Insider, "Great Moments in Branding: Neil McElroy Memo," June 12, 2009 https://www.brandingstrategyinsider.com/great-moments-in-branding-neil-mcelroy-memo.

第8章

(25) Kenji Explains, "'Don't Buy This Jacket'—Patagonia's Daring Campaign," *Better Marketing*, June 5, 2020. https://bettermarketing.pub/dont-buy-this-jacket-patagonia-s-daring-campaign-2b37e145046b.

(26) Jamie Gilpin, "Toward a New Model of Business Transparency," *Sprout Social*, September 19, 2018. https://sproutsocial.com/insights/new-model-of-business-transparency.

(27) Tom Swallow, "Patagonia: A Pioneer in the Sustainable Sourcing of Apparel," *sustainabilitymag.com*, December 12, 2021. https://sustainabilitymag.com/esg/patagonia-pioneer-sustainable-sourcing-apparel.

(28) Beth Thoren, "Patagonia Doesn't Use the Word 'Sustainable.' Here's Why," *Fortune*. November 2, 2021. https://fortune.com/2021/11/02/patagonia-doesnt-use-the-word-sustainable-cop26.

(29) "Meet the Company: Patagonia Proves Purpose Can Be Profitable," *business chief.com*, December 2, 2021. https://businesschief.com/sustainability/meet-company-patagonia-proves-purpose-can-be-profitable.

(30) Ryan Smith and Golnaz Tabibnia, “Why Radical Transparency Is Good Business,” *Harvard Business Review*, October 11, 2012. https://hbr.org/2012/10/why-radical-transparency-is-good-business.

第9章

(31) “14 Inspiring Examples of Intrapreneurship and Employee Ideas in Action,” Sideways6, January 13, 2023. https://ideas.sideways6.com/article/inspiring-examples-of-intrapreneurship-and-employee-ideas-in-action.

(32) Matthew Woodward, “Amazon Prime Statistics: Subscribers, Usage & Revenue 2023,” *Search Logistics*, August 31, 2022. https://www.matthewwoodward.co.uk/work/amazon-prime-statistics.

(33) Jason Del Rey, “The Making of Amazon Prime, the Internet's Most Successful and Devastating Membership Program,” *Vox*, May 3, 2019. https://www.vox.com/recode/2019/5/3/18511544/amazon-prime-oral-history-jeff-bezos-one-day-shipping.

(34) Amazon Staff, “2017 Letter to Shareholders,” April 18, 2018. https://www.aboutamazon.com/news/company-news/2017-letter-to-shareholders.

(35) Thoughtworks, “Understanding How Design Thinking, Lean and Agile Work Together,” n.d. https://www.thoughtworks.com/insights/blog/understanding-how-design-thinking-lean-and-agile-work-together.

(36) ExperiencePoint, “Agile, Lean and Design Thinking: How They Work Together,” n.d. https://blog.experiencepoint.com/agile-lean-and-design-thinking-how-they-work-together.

(37) ExperiencePoint, “Agile, Lean and Design Thinking: How They Work Together,” n.d. https://blog.experiencepoint.com/agile-lean-and-design-thinking-how-they-work-together.

第10章

(38) BCG Global, “15 Years of the Most Innovative Companies,” n.d. https://www.bcg.com/publications/most-

innovative-companies-historical-rankings.

（39）"About Samsung," November 11, 2008. https://web.archive.org/web/20110415235250/http://www.samsung.com/us/aboutsamsung/corporateprofile/history06.html.

（40）Capitalontap, "The World's Most Innovative Tech Companies." n.d. https://www.capitalontap.com/en/blog/posts/the-world-s-most-innovative-tech-companies.

（41）Ukessays.com, "Samsung Innovation Strategy," July 29, 2022. https://www.ukessays.com/essays/business/samsung-as-a-modern-innovative-organisation-business-essay.php.

（42）Bansi Nagji and Geoff Tuff, "Managing Your Innovation Portfolio," *Harvard Business Review*, May 1, 2012. https://hbr.org/2012/05/managing-your-innovation-portfolio.
（日本語版）「イノベーション戦略の70：20：10の法則――資源配分の黄金比率」バンシー・ナジー、ジェフ・タフ著、『ＤＩＡＭＯＮＤ ハーバード・ビジネス・レビュー』２０１２年８月号
https://dhbr.diamond.jp/articles/-/46

（43）Onova, "Four Examples of Corporate Open Innovation: How Lego, NASA, Samsung, and General Electric Reached New Heights," n.d. https://www.onova.io/innovation-insights/four-examples-of-open-innovation.

（44）Abey Francis, "Case Study: Samsung's Innovation Strategy." MBA Knowledge Base, June 16, 2011. https://www.mbaknol.com/business-analysis/case-study-samsungs-innovation-strategy.

（45）Bansi Nagji and Geoff Tuff, "Managing Your Innovation Portfolio." *Harvard Business Review*, May 1, 2012. https://hbr.org/2012/05/managing-your-innovation-portfolio.
（日本語版）「イノベーション戦略の70：20：10の法則――資源配分の黄金比率」バンシー・ナジー、ジェフ・タフ著、『ＤＩＡＭＯＮＤ ハーバード・ビジネス・レビュー』２０１２年８月号
https://dhbr.diamond.jp/articles/-/46

第11章

(46) Cornerstone International Group, "How P&G Became 'Part of Walmart,'" August 9, 2018. https://www.cornerstone-group.com/2018/08/09/how-pg-became-part-of-walmart.

(47) SALESBEAT BLOG, "Walmart and Procter & Gamble," SALESBEAT BLOG, April 8, 2022. https://blog.salesbeat.co/2022/04/08/walmart-and-procter-gamble/.

(48) Harvard Business School, "Tom Muccio: Negotiating the P&G Relationship with Wal-Mart (A)," n.d. https://www.hbs.edu/faculty/Pages/item.aspx?num=34008.

第12章

(49) Vasan G.S., "Metaverse of Microsoft, Meta, and All the Madness You Need to Know," Smartprix, January 19, 2022. https://www.smartprix.com/bytes/metaverse-explained-everything-you-need-to-know/.

(50) Adi Robertson and Jay Peters, "What Is the Metaverse, and Do I Have to Care?," *The Verge*, October 4, 2021. https://www.theverge.com/22701104/metaverse-explained-fortnite-roblox-facebook-horizon.

(51) John Watson, "Marketing Vs Commercialization," March 22, 2021. https://accruemarketing.com/marketing-versus-commercialization.

(52) Gabriella Daniels, "75% of All System Implementations Fail—Here Is How You Could Succeed," October 8, 2020. https://elearningindustry.com/how-succeed-in-user-adoption-of-new-systems.

(53) Thomas H. Davenport, "How P&G Presents Data to Decision-Makers," *Harvard Business Review*, April 4, 2013. https://hbr.org/2013/04/how-p-and-g-presents-data.
(日本語版)「Ｐ＆Ｇは情報をどうビジュアル化しているか」トーマスＨ・ダベンポート著、『ＤＩＡＭＯＮＤ ハーバード・ビジネス・レビュー』２０１４年２月７日
https://dhbr.diamond.jp/articles/-/2391

第13章

（54）David Rock, "The Fastest Way to Change a Culture," *Forbes*, May 24, 2019. https://www.forbes.com/sites/davidrock/2019/05/24/fastest-way-to-change-culture/?sh=6debd1463d50.

（55）"Why Managing by Influence Is the Only Skill Every Manager Needs," OpEx Managers, January 10, 2020. https://opexmanagers.com/managing-by-influence.

（56）"How 3 Companies Created an Ecosystem for Innovation," innov8rs, n.d. https://innov8rs.co/news/3-companies-created-ecosystem-innovation.

第14章

（57）Kenneth Acha, "What Is Organizational DNA?," May 13, 2016. https://www.kennethmd.com/what-is-organizational-dna.

（58）Gary L. Neilson, Bruce A. Pasternack, and Decio Mendes. n.d. "The Four Bases of Organizational DNA," n.d. https://www.strategy-business.com/article/03406.

（59）OHSU, Casey Eye Institute, "Innovations: Advancing Surgery 2021," 2021. https://www.ohsu.edu/casey-eye-institute/innovations-advancing-surgery-2021.

（60）Roger L. Martin, *The Opposable Mind: How Successful Leaders Win through Integrative Thinking* (Cambridge, MA: Harvard Business Review Press, 2009).
（邦訳書）『インテグレーティブ・シンキング——優れた意思決定の秘密』ロジャー・マーティン著、村井章子訳、日本経済新聞出版社、２００９年

謝辞

現代の混乱を極めるメディア業界において、真に著者想いの出版社を見つけるのは並大抵ではない。ベレット・ケーラーは、まさにその一社である。さらに幸運なことに、私たちは同社の創業者であり理念の先導者でもあるスティーブ・ペルサーニ氏を担当編集者に迎えることができた。本書執筆にあたり、スティーブは構想の立案を支援し、助言を提供し、最善を尽くすよう奮起させてくれた。スティーブ、改めて、本当にありがとう！

ベレット・ケーラーのCEOであるデビッド・マーシャルの下、優秀なチームが私たちの成功に多大な貢献をしてくれた。並外れた洞察を提供してくれた編集マネジングディレクターのジーヴァン・シヴァスブラマニアム、類まれなセールス・マーケティングチームを率いたマイケル・クロウリー、最高のメディア・広報活動を展開したケイティ・シーハン、見事なマーケティング戦略を立案したクリステン・フランツ、秀逸なデザイン・制作を行ったエドワード・ウェイド、米国での販売と販売支援活動を支援してくれたレスリー・クランデル、海外営業では社内無二の存在であるマリア・ヘスス・アギロ、翻訳ライセンスに関して目覚ましい働きをしてくれたキャサリン・ロングロンヌ、皆さん一人ひとりに感謝申し上げる。本書表紙のアシュリー・イングラムによる傑作は、皆さん御覧になっていただいていると思う。最高の芸術家に手掛けてもらえて誠に光栄である。

そしてロジャー・マーティンには心より深く感謝する。著名な教育者であり、ビジネスアドバイザー、数々のベストセラーの著者であり、世界で最も多くの賞を受けてきた経営思想家の一人である彼には、今回特別に推薦の言葉の執筆をお引き受けいただいた。

イニクシアの同僚にも、あらゆる段階で非常に協力的で、大変お世話になった。調査および編集を行ってくれた、幅広い知識と教養を備えたヴィニシャ・ペレス博士。リチャード・ランカスター、キップ・ファンタ、デビッド・コーエン、プニート・アガルワル、キャシー・プリースト、リサ・ポピク、クリスティン・ダウエンハウアー、キャロライン・トゥーリー、アシュリー・マーティン、トビー・ランカスター。皆さん一人ひとりのご協力への感謝は言葉では言い尽くせない。

ヤズディ・バグリ、キャロライン・ベイジン、フランシスコ・フラガには、サクセスストーリーと知見とを提供していただき、多大なる感謝を申し上げる。ベレット・ケーラーの専門家ネットワークによる批評家であるサイモン・J・ブラットナーⅢ世、レズリー・ゲイル、スー・ミュールバッハが提供してくれた批評は、非常に参考になり、本書をまとめる上で大きな助けとなった。ラジャン・パナンディカーとアルカ・パナンディカーには、技術と時間を大いに提供していただき、感謝している。

　原稿執筆の初期段階では、この分野の専門家に、原稿の批評という難題に取り組んでもらった。彼らは難題に屈するどころか、本書中の知見をまとめる際にもとんでもなくすばらしい働きをしてくれた。アヌパム・ゴヴィル、アンジェラ・ピタシ、アン・ライリー、アンシュル・スリヴァスタヴァ、ベス・ポールマイヤー、ブレント・デュエスク、カルロス・アメスキータ、カルロス・イエバラ、エリック・レバイン、ジャーマン・ファラオーニ、ガナディィープ・レイ・パトローラ、ハリ・ラム・エシュワラ、ジョスエ・アレンカル、マルチェロ・ゼリオリ、マーク・ヴォイテック、マティス・カーステン、ミハエル・モニット、マイク・リングル、ナオミ・セコー、ニコラス・カーリング、レヌ・シン、サンジャイ・ジアンダニ、サルマ・テクマラ、サイモン・ラント、スディィール・クマール、スマン・サスマル、スニル・マルホトラ、ヴァルン・バティア、ヴィクラン・ガドギル。皆さんお一人おひとりのご尽力に心より感謝する。

　そして、最後に、最も大切な、私の家族に。自分たちの文化に忠実に従い、私たちのすること全てに無限の支援の礎を提供してくれた。

　トニーは、無限の支援と愛を与えてくれた、両親のアーネストとベロニカ・サルダナに感謝している。両親の兄弟とその配偶者であるマリリンとアンブローズ、アイビーとチャーリー、フローリーとクリフォードには、存在するという意味で、物理的な距離など無意味だと身をもって示してくれたことに感謝する。常にインスピレーションと学びを与えてくれる、娘のララとレネにも感謝の言葉を。娘たちは今もなお、情熱を追い求める術、変化を起こす術を示す手本であり続けている。そして、いつも変わらず、アイデアと協力と、そして細やかに行き届いた注意を与えてくれる妻ジュリアに、心より深い感謝を。妻の助けがなければ、これほどの書は書けなかった。

フィリッポは、この44年間、無条件の愛と支援を与えてくれている妻ルチアに感謝している。子どもたち、マルタ、チアラ、エマニュエルは、思考や価値観においていつもインスピレーションを与えてくれる。本当にありがとう。また子どもたちのすばらしい配偶者、パートナーのホルヘ、フランシスコ、マリスにも感謝する。彼らみんなのおかげで、本書は今、ここにある。

最後に、両親のマリオ・パッセリーニとエルベジア・エキジ、そして、少年の頃幸運にも巡り合った魂の導き手に、人生の「北極星」を示してくれる彼らに、感謝申し上げる。

監修者による解説

絶えず変化するビジネス環境により迅速かつ効率的に対応することが求められています。その対応への1つの手段として、企業はGBSやシェアードサービスセンター（SSC）といった組織モデルを採用し、業務プロセスの集約化や標準化、効率化を進めてきました。このモデルは、単にコスト削減を目的とするだけでなく、付加価値業務の提供など、企業の競争力を高めるための重要な戦略的取り組みとしても機能しています。

本書で語られているような欧米を中心とした海外諸国でのGBSへの取り組みはますます進化を遂げてきており、1つの大きな産業となりつつあります。翻って、日本国内ではこのような取り組みは、いまだ初期段階にあるものの、今後、海外のGBS先進事例を参考にしつつ日本独自の進化が始まっていくものと考えています。

ここでは日本においてEYストラテジー・アンド・コンサルティングが支援を通じて培った知見を基に、国内のGBS／SSCの最新動向を概観し、業務標準化や組織統合の考え方、人事制度設計における論点などを掘り下げます。また、変革がもたらす企業価値向上の考え方や、ＤＸ戦略とＡＩ戦略立案の方向性と関係性、日本企業に特徴的な「人」の問題に焦点を当て、変革をより具体的に推進する道筋、アプローチを示していきます。これらの内容が、企業が直面する課題に対応し、変革をリードするための戦略的な指針となれば幸いです。

国内外ＧＢＳ／ＳＳＣの動向と導入のポイント

グローバルにおけるＳＳＣからＧＢＳへの進化

グローバルでは、２０００年代前半の効率化によるコスト削減を目的としたＳＳＣに加え、２０１０年代半ばからは事業の展開に合わせてＧＢＳへの進化を加速させているケースが増えてきています。この変化は、従来のコスト削減目的だけでなく、高付加価値業務の提供や、Ｍ＆Ａを通じて統合された新規事業あるいは新興国市場への進出に伴うバックオフィス業務を迅速にサポートする経営インフラとして、ＧＢＳの役割が重要視されているためです。絶えず変化しスピードを増す事業環境に対応し、ＧＢＳの重要性は今後いっそう高まると予測されます。

本書でも述べられているように、従来型のＳＳＣでは個々の機能に対して集約化を行うという考え方でした。ＧＢＳでは「調達から支払いまで」といったように、一連の業務の流れを「Ｅ２Ｅ」で請け負い、また、判断・分析・アドバイス業務など高付加価値業務の提供や、法務・税務などの専門業務への対応など、その役割や範囲は拡大しています（図表1）。

さらに、最近の傾向として、ESG（環境、社会、企業統治）への取り組みにおいても、GBSは積極的な役割を果たしています。GBSは企業のビジネスプロセス全体にわたる関与を通じて、情報とデータを集約し、非財務情報の開示を整理する役割を担っています。また、業務改善を通じた紙の使用削減や、全社的なウェルネスプログラムの企画・運営を含む、環境と社会に配慮した運営をGBSがリードし、グループ全体の企業価値の向上に寄与しています。

日本におけるGBS／SSCの現状・トレンド

日本におけるSSCの動向を観察すると、2000年代初頭から設立が活発化し、変化するビジネス環境に適応する新たな背景と目的を持ちながらも、その重要性は依然として高く、多くの企業がSSCの業務範囲の拡張や新たなSSCの設立を検討し、または運営しています。

従来の主要目的である「業務集約・効率化によるコスト削減」「業務の最適配置」に加え、最近、国内SSCの設立目的として頻繁に言及されるのは、「高齢化と人材不足への対策」です。予測される労働力不足に備え、SSCは個人依存の業務を排し、標準化されたプロセスを用いて効率的に業務を遂行することで、不測の人手不足による業務中断リスクを回避することが期待されています。新型コロナウイルス感染症（COVID-19）の流行がリモートワークの普及を促し、業務の物理的分離と地理的制約が軽減されたことにより、今なお多数の企業が

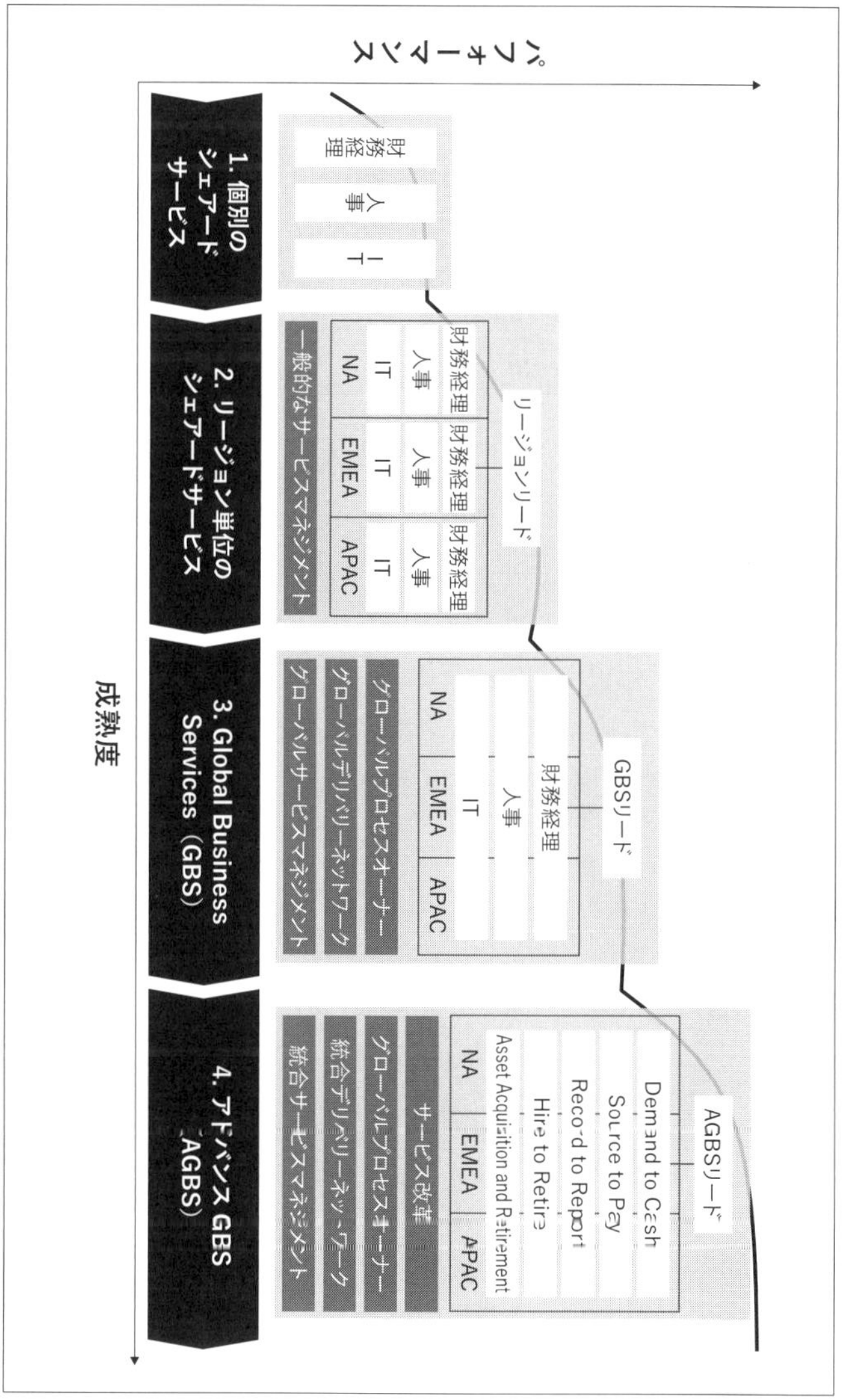

図表1　国内外ＧＢＳ／ＳＳＣの動向と導入のポイント

ＳＳＣ設立へと動き出しています。

一方、日本向けのオフショア業務に対しては、円安、海外での人件費上昇や地政学的リスクの増大を受け、業務の再構築が促進されています。特に近年、中国から国内への業務リショアリングが顕著であり、これを機に国内にＳＳＣを設立する企業が増加しています。このリショアリングのトレンドは、リスク分散の観点から重要な戦略的選択となっています。

加えて、完全な内製化のＳＳＣではなく、ＢＰＯを取り入れたＳＳＣのハイブリッドモデルが増加しています。業界標準のプロセス・システムを使ったＢＰＯを活用してコストを削減する一方で、事業・委託元によるカスタマイズが必要な業務や付加価値の高い業務に関してはＳＳＣを起用するといった役割分担をしています。このハイブリッドモデルの採用は、今後、さらに加速すると予想されます。

将来のＧＢＳに向けた日本におけるＳＳＣ導入・運営のポイント

前項で指摘したように、日本ではＳＳＣの設立や業務範囲の拡張が活発に行われていますが、本書で記述しているようなＧＢＳについては、特定の業界を除いて、まだ広く普及しているとは言い難い状況です。この１つの要因は、日本独自のビジネス文化や組織構造に根ざしていると推測されます。

日本の企業は伝統的にボトムアップのアプローチを重視し、顧客の要望に応じた細かいカスタマイズを施したサービスの提供に力を入れてきました。その結果、プロセスやシステムが統一されにくくなり、一貫したサービスモデルを提供するＧＢＳの導入が遅れていると考えられます。

ＳＳＣから将来のＧＢＳへの進化に向け、現時点でどのようなことに留意して進めるべきなのか、主要な考慮点を以下に示します。

１．業務標準化の定義とタイミング

ＳＳＣを立ち上げようとしているクライアントから、「当社は業務が標準化できていないからＳＳＣの実施によるメリットが享受できない」といったコメントを伺うことがあります。

こういった「標準化」に関する対話を進めるにあたり、はじめに「標準化」とは具体的にはどのような状態を指すのか、関係者間で明確な定義を共有することが重要です。

属人化している業務をマニュアルに書き落とすことで「可視化」し、他のチームメンバーでも同じ業務が遂行できるようにすることを指しているのか、または、業務プロセスあるいはシステムの「共通化」を通じて、人的資源／システム資源の削減を狙っているのか、さらには異なる事業や地域をまたいでパフォーマンス指標（ＫＰＩ）を「共通化」「可視化」することにより、リソース配分の最適化や業務の品質向上を図ることが目的なのか。まずは標準化の目的と定義を整理することから始めます。

また、ＳＳＣの効果を最大化するためには、事前に業務プロセスとシステムの共通化を完了させるべきという意見もあります。しかし、このアプローチが全てのケースにおいて最適とは限りません。業務プロセスやシステムの共通化が想定外に遅れ、それがＳＳＣの導入にも影響を及ぼし、業務の変革全体の停滞につながるリスクがあることを認識する必要があります。このような状況を避けるためには、ＳＳＣの導入を先行し、複数の委託元からの業務を請け負い、その次のステップで業務プロセスの共通化をＳＳＣがリードすることで、結果的に効率的・効果的な推進を行うことができる場合もあります。

ＳＳＣの導入や推進において重要な議題である「標準化」については、自社の環境やビジネス要件に沿ってその目的を明確化し、その目的を達成するために実施すべき具体的なアクションや実施の優先順位を、既成の考え方にとらわれず進めることが重要です。

2．ＧＢＳによる組織統合の考え方

ＧＢＳはグローバルに統合された組織構造を特徴としますが、これは単一の物理的拠点で運営を行うことが必須条件ではありません。ローカル言語や時差などへ適応するため、多くの例では欧州、米州、アジア、中華圏、日本などの地域に拠点を分けて運用を行っています。本書のモデルとなったＰ＆Ｇをはじめとする先進的なＧＢＳにおいても複数拠点に分かれて運用を行っています。

ＧＢＳの本質は、言語の統一や単一拠点での運用ではなく、日本を含む世界各地の組織がバーチャルに統合され、戦略および意思決定プロセスが一元化されていることにあります。

この点において、外資系ＧＢＳ先進企業は、日本も含めたグローバル一体運営を行い、従来日本で実施していた業務であっても英語に変換可能な業務はインドあるいはフィリピンなどの英語圏の国に集約し、日本語制限がある業務は日本で継続しつつも運営マネジメントはグローバルと密に連携しています。

一方で、日系企業では一部の企業を除き、グローバル地域ごとに業務を集約していたとしても、日本と海外拠点間での運営の連携が不十分な場合が多く見られ、グローバル一体運営への移行が課題となっています。具体的にはグローバル視点での集約に関する業務切り分けの方針統一、グローバルに横串を通してのＫＰＩの設定、各地域で委託しているＢＰＯベンダーの整理／統合によるバイイングパワーの向上、テクノロジーに関するグローバル統一／ローカル分散の機能配置方針、などが求められます。

こういった将来のＧＢＳ実現に向けて、現状のＳＳＣとして整備しておかなければならないのは、委託元とのサービスレベル（ＳＬＡ）およびパフォーマンス指標（ＫＰＩ）の定義と合意、業務切り分け方針の明確化、業務移管方法論やＢＰＯベンダーマネジメントの確立などがあげられます。加えて、将来のグローバル統合を見据え、英語でマネジメント層とコミュニケーションを行うことができる人材の育成なども長期的な戦略として計画し、実行することが重要です。

3．人材を確保する人事制度設計

ＳＳＣの導入にあたり、よく寄せられる質問は、人材のモチベーションの維持と向上の方法、およびＳＳＣにおけるキャリアパスの設計に関するものです。この点において重要なポイントは、ＳＳＣ組織のグループ内での位置づけと、組織の立ち上げに際しての人員配置と運営方法です。

ＳＳＣが本社あるいは事業会社／グループ会社の下請け的な存在として見られてしまうケースがあります。これは特に小規模で実施しているＳＳＣの場合に顕著です。単なる定型業務や断片化された業務の請け負いにとどめるのではなく、Ｅ２Ｅの業務を担い、付加価値の高いサービスを提供することで、ビジネスパートナーとして位置づけることが重要です。

同時に、ＳＳＣへの所属が個々のキャリアパスにどのような価値やメリットをもたらすかを明確にし、チームメンバーにその理念を伝えることが不可欠です。ある日系企業では、グローバル本社、国内外のＳＳＣ拠点、海外子会社のローカル経理、国内販売拠点の経理部門を数年ごとにローテーションし、将来の経理人材を育成しています。このようにＳＳＣを人材育成の重要なステップと位置づけることは、良い実践例と言えます。

続いて、組織の立ち上げに際しての人員配置と運営方法について、日本の現状と課題、および解決策について考察します。現在、日本では多くのＳＳＣが出向を利用して組織を構築しています。グループ会社間で出向の文化が根付いており、転籍や新規採用による組織構築よりも容易であると言えます。一方で、出向のデメリットとして、SSC固有の評価や報酬体系の導入が難しく、出向元の影響を長期にわたって受ける傾向があります。

このため、国内の多くのSSCにおいてキャリアパスや評価・報酬体系が十分に整備されていないのが現状であり、メンバーのモチベーション低下や人材流出などの問題を引き起こしています。

これらの課題に対処するためには、SSC内で明確なキャリアパスと評価体系を設定し、定められた方針とルールに基づいた運営を行うことが求められます。複数の委託元業務を横断的に俯瞰・管理する特定業務のエキスパート、大規模組織やプロジェクトの管理を担うマネージャー職、あるいはシックスシグマのような品質管理やプロセス改善の専門家としてのキャリアなど、他社でも通用するスキルを習得できるキャリアパスを提供することが、翻って人材の定着と新たな人材の獲得につながると考えます。

SSCを立ち上げる際に出向を中心に組織を構築する場合には、出向期間の終了を含めた将来の組織構造を明確に定義し、数年にわたる計画のもとでその組織構造に向けてキャリアパスを整備し、新規採用を行うことが重要です。

国内大手製造業A社におけるGBS／SSCの事例

次に、日本企業におけるＳＳＣの業務・組織・人材に関する取り組みに焦点を当て、本書で掲げる理念と深く関連する具体的な事例を紹介します。

はじめにコーポレート部門のファイナンス組織における取り組みとして、国内大手製造業Ａ社の取り組みをご紹介します。Ａ社を取り巻く産業構造やその技術革新の変化は激しく、企業価値を維持・向上させるために事業ポートフォリオの入れ替えを行っている企業の事例となります。

事業変革に伴いファイナンス組織も、事業を支える機能として存続し続けるための改革として次のような取り組みを実施しています。実は、施策の１つとしてレガシーシステムからの脱却である基幹システムの刷新を契機に業務改善を検討したのですが、システム機能・処理単位の改善にとどまり改革の速度が鈍化していました。

A社では、改めて改革プランを整理し、常にTo-Beを念頭に置いた発想に転換し、あるべきファイナンス組織の役割を定義し、最適な機能配置・人材育成へと展開しました。

1．ミッションを明確にしたTo-Beありきの機能設計

事業の新陳代謝のみならずファイナンス組織としても常に改善を続けていかなければなりません。そのような状況の中で必ず意識しているのが組織としてのミッションです。M&Aや事業の売却によって変化する上流プロセスやシステムに対しても柔軟に対応するため、組織が掲げている〝ビジネスパートナー〟という戦略・ミッションからブレイクダウンした機能配置を実施しています。変化が起きた事実ベース、つまりAs-Isを起点とした機能設計をするのではないのです。日本企業においてはトップダウンからの統制が難しいことから現状のプロセスや制約を起点とした改善になりがちです。視点はAs-IsではなくあくまでTo-Beであること、あるべき機能を満たす組織を常に意識しています。

2．人的資本を重視したさまざまなキャリアロールモデルの形成

組織が掲げているミッションの1つに事業をファイナンスのプロとして下支えすることが掲げられています。ファイナンス、アカウンティング、税務、トレジャリーのバックグラウンドのみならず、事業経営に関するノウハウや実務経験も活かされるキャリアパスを提供しています。

キャリアゴールを複数設けロールモデルを明確にしており、ファイナンス組織内でとどまらず事業経営責任者を目指すロールモデルを提供していることが1つの特徴とも言えます。アカウンティングやマネジメントのプロフェッショナル職だけではなく、〝ビジネスパートナー〟の最終形として事業経営を担える企画人材も育成しています。

3．テクノロジー活用におけるE2Eを起点としたプロセス設計

業務を遂行する上で必要になるシステム機能について、現状の事業を起点に考えられた部分最適なシステムが存在しているという事実があります。また既成のERP製品の場合、パッケージベンダーにより品質が担保されているメリットがありながらも、その一方でシステム連携が密結合であることが多く、新たな業務を遂行する上での足枷になっているケースが多く見受けられます。

そのためにもシステムに投資する際に重要視する観点がE2Eでプロセスをデザインすることになります。部分的ではなく俯瞰的に横断的にプロセスの良し悪しを設計し、さらに組織が責任を持ってメンテナンスできる仕組みを構築することを重要視しています。

以上のように、A社では、いかなる環境変化においても外部環境を含めたさまざまな要求事項に対して柔軟・迅速に適応し、かつ安定的に遂行できる組織構築に向けた取り組みを日々実施しています。この取り組みの先には、将来のグループ横断的なSSCの設立という目標があ

り、「ファイナンス組織としてどうありたいのか?」、機能組織・人材・プロセスの観点でTo-Beを描くことを意識しています。

グローバル展開するB社におけるSSCの事例

次に紹介する国内大手製造業のB社は、グローバルに事業を展開しています。国内の複数のグループ会社の統合によりSSCを発足。その後、本社バックオフィス業務の統合や他の主要グループ会社の業務受託を拡大してきました。

会社統合および業務移管当初は混乱もきたしましたが、数年かけて業務プロセス軸での組織再編、DX推進により業務効率化を行い、現在は国内で有数のSSCへと成長しました。B社は、デジタル技術を駆使してグループ全体の業務改革を牽引することを目標に、日々業務を遂行しています。組織と人材の側面からは、次のような取り組みを実施しています。

1. 組織横断的な統括チームによるイニシアチブの推進

B社では、経理財務、人事、営業サポートなど、業務領域ごとに数百名規模でSSCのサービスを提供するとともにサービス管理、テクノロジー、業務改革、人材育成などを組織横断的に管理・推進する統括チームを設け、SSCのサービス提供価値を日々向上させる取り組みを行っています。

2．プロフィットセンターとしての意識の醸成

自らをバックオフィス（コストセンター）ではなく、サービスを提供するプロフィットセンターとして位置づけ、その意識を社内に浸透させています。まさにこれは、本書の第7章で掲げているサービスマネジメント、ブランドマネジメントの考え方と同じものです。

ＳＳＣ企業として中期計画・年度計画を立てて、業務効率化・スコープ拡大のアクションを定義し、毎年の売上・収益について、計画を立てると同時に委託元には顧客満足度調査を行い、経年で提供するサービス品質をモニタリングし、業務品質向上に努めています。

また、ＩＴサービスのＳＳＣ機能においては、インフラ、アプリケーションなど機能軸によりチームを編成していますが、これとは別に各委託元に対して、ＩＴサービス全体の相談・協議ができるクライアントマネージャーを置き、業務上の課題解決、改善、スコープ変更・拡大等の相談窓口となっています。これは第11章におけるクライアントマネージャーの考え方と同じものです。

3．ＳＳＣの運営と機能強化を支える人材のキャリアパスの確立

オペレーション実施者、チーム管理者、ＢＰＲスペシャリストなど、さまざまな職種を設定し、それぞれに段階的なキャリアレベルを設けています。各職種・キャリアレベルに必要なス

キル、役割、責任を明確に定義し、社員が自身の位置を理解し、上司との定期的な面談を通じて成長に向けたフィードバックを受けられる体制を整えています。また、スキル獲得のために豊富なトレーニングを用意し、各メンバーがどのような資格・スキルを保持しているか、組織を管理するマネージャーが把握できる仕組みを保持しています。

これらの取り組みを通じて、B社は組織のあり方と人材育成を強化し、単なるコストセンターやバックオフィス機能を超えた活動を行っていますが、業務プロセス範囲拡大によるE2E促進、最新のデジタル技術を活かしたさらなる進化や、自社のみならずグループの業務改革の推進など取り組むべき課題も認識されています。

また、同企業グループ内ではグローバルでも業務集約を推進しており、日本と一体となった運営が計画されています。

こういった課題について取り組んでいくことで、ビジネスユニットおよびコーポレートファンクションに対する真のビジネスパートナーとして、より重要な役割を果たすことが期待されています。

変革がもたらす企業価値向上のストーリー

企業価値向上を目的とした経営

現在、企業価値の向上を意識した経営への要請が強くなっています。古くは2014年に発表された「伊藤レポート」により日本企業の稼ぐ力は十分ではなく資金提供者の期待を十分に上回るパフォーマンスを上げることができていない点が立証されました。グローバル資本市場から日本企業の資本生産性の低さが注目されることになり、その後のコーポレートガバナンス改革へのきっかけとなりました。2023年には、東京証券取引所より「資本コストや株価を意識した経営の実現に向けた対応等に関するお願い」に関するレポートが公表され、PBRが低迷する上場企業に対してPBR1倍割れ改善の要請が出され、モノ言う株主によるアクティビズムを通した企業経営への改革圧力が強まり、今なお現在進行形で続いています。

どちらも根底で大きく共通しているのは、「資本生産性」で、私たちが属する企業の経営陣はすべからくこの要請と真剣に向かい合っているという前提を押さえる必要があります。

DX／AI変革における経営と執行の視点の差

本書で論じられているビジネスプロセス変革において、その実現手段のほぼ全てにDXが深く関係します。近年の生成ＡＩという革新技術の登場以降はデジタルの中でも特にＡＩを活用した変革が強く期待されるようになり、ＤＸからＡＩトランスフォーメーションへとアップデートされ、一部の先進的な日本企業においてもその方向性の提示と実行が強く推進されはじめています。その中で、ＥＹもさまざまな角度から総合的にＤＸ／ＡＩによる変革を支援していますが、戦略ユニットであるＥＹパルテノンでは単なるＤＸ／ＡＩの導入だけではなく、その結果がどのように企業価値向上につながるのかという経営視点も同等に重視しています。

本来は企業価値を向上させるための「手段」であるＤＸ／ＡＩそれ自体が「目的化」してしまっているケースも少なくなく、それらがなぜ中長期経営計画の実現に必要なのか、ひいては、どれくらい資本生産性を上げ、企業価値向上に寄与するのか、という視点が欠落しているケースも少なくありません。

ＤＸ／ＡＩを通した変革の実行には多額の投資が伴います。企業が持つ資金というリソースをその変革に配分するという意思決定自体が「資本生産性」に強く関わる営みであり、配分する以上は資本コストを上回る経営効果を経営陣ひいては株主からも強く求められますが、他方で、ＤＸ／ＡＩの実質的な企画者はより現場に近い業務執行側であることが多く、そのような全体視点での経営リソース配分や資本コストを上回る効果など経営的な視点を持ち合わせていないケースが多くあります。昨今の資本効率経営が重視され始めて以降、この「視座の溝」は以前より明らかになっているように見えます。ここをブリッジしてストーリーを語れていないDX／AIはしょせん「変革」ではなく現場で行われる「業務改善」レベルにとどまっているものと認識され、そこに多くのリソースを割くという経営のコミットメントにはつながり得ません。また仮に、多くの資金が投下されたとしても、企業価値向上につなげる効果設計がなされていなければ、株主に対してその投資の正当性や妥当性を説明することができなくなります。

２０２２年末頃から生成ＡＩを契機にこれまでのＤＸ戦略をアップデートする機会が増えているタイミングでもありますので、ここではそれらがどのように企業価値向上のレバーに寄与するか、例を交えながら具体的に見ていきたいと思います。

企業価値向上を測るときはＲＯＥ（自己資本利益率）やＲＯＩＣ（投下資本利益率）などの指標が広く用いられます。ＲＯＥは株主にとっての有用な視点ですので、ここでは事業のＫＰＩへと落とし込みやすいＲＯＩＣベースで具体的に見ていくこととします。

収益性の向上

ＤＸ／ＡＩによる変革は、ＲＯＩＣの分子である「営業利益」の向上にさまざまな角度から寄与します。代表的な寄与ポイントは次の通りです。

業務プロセスの効率化／自動化

業務プロセスの効率化や自動化が、1人当たりが捌ける業務量を増やす、言い換えると、1業務当たりの所要人数を減らします。これは売上原価や販管費を減少させますので収益性が向上する方向に寄与します。

また、これと同等以上に大事なのが、社員がノンコア業務から解放されて付加価値性の高いコア業務にシフトできることにつながる点です。直接的なコスト低減だけではなく、間接的にはトップラインの寄与にも通ずる点にしっかりと言及することが重要になります。日本企業の人材不足は社会の構造的課題であり将来にわたって根深い経営イシューとなりつつあります。その点からコアシフトという目標設定は経営上重要な意味合いを持ちます。単なる現場の効率化／改善という貢献ストーリーで終わらせるのではなく、収益性改善およびコアシフトによる付加価値創造の定量化をストーリー設計に含めることで、全社的に重要な営みとして位置づけられ、より広く賛同を得ることができるでしょう。

顧客エンゲージメントの向上

ＬＬＭ（大規模言語モデル）による生成ＡＩは、これまでのデータ分析による顧客理解を推し進め、学習と推論のサイクルによってさらに深い顧客理解や顧客対応を可能にします。また、自然言語を介したＵＩを自社製品やサービスに組み込むことで、高度にパーソナライズしたコミュニケーションや顧客対応が可能になります。エンゲージメントを強める効果は、自社製品へのロイヤリティを強め、ＬＴＶ（顧客が生涯で自社製品へ投入する価値の総額）を向上させます。または、販売後や買い替え時の機能追加によるアップセルにより直接的に売り上げを向上させることもあります。このようなトップラインへの寄与の仕方と定量化も重要なポイントです。特に、製造業のように長らく売り切りモデルで収益性を見てきた企業にとってはＬＴＶへの効果が言及されていないケースも少なくありませんが、既存のビジネスモデルを変革し得るものとして位置づけ、骨太で大きな経営効果へ紐づけていくストーリー設計が重要になります。

資本効率性の向上

ここまでの売り上げや利益率への貢献というものは日常的にＰ／Ｌで事業を運営する現場（執行側）でも親しみやすい考え方ですが、ＲＯＩＣは執行側からボトムアップで現場変革を企画する際に漏れやすい視点です。この指標は、企業が投じた資金を使ってどれだけ効率的に利益を生み出したかを見る指標であり、特に昨今では株主や経営視点で非常に大事な考え方の１つになってきています。

運転資本の効率化

投下資本には、運転資本が含まれており、運転資本の効率化はＲＯＩＣの「分母」である投下資本を減少させることによって、ＲＯＩＣの向上へ寄与します。運転資本は以下のように構成されます。

運転資本＝売掛金＋在庫－買掛金

これらの構成要素を効率化することは、必要な投下資本を減少させ、ＲＯＩＣ改善に寄与するということになります。

在庫管理の効率化／最適化

例えば製造業の場合、在庫管理の効率化／最適化は運転資本の削減に直結します。在庫は運転資本の主要な部分であり、過剰在庫は投下資本を無駄に使う原因となります。

ＤＸ／ＡＩによってサプライチェーン管理や需要予測が高度化し、顧客需要を高い精度で予測できるようになります。これにより、在庫の最適なレベルが把握でき、過剰な在庫を抱えるリスクを減らせます。

また、サプライチェーンがリアルタイムで最適化され、ジャストインタイム（ＪＩＴ）に近い方式が実現できるようになると、過剰在庫を削減し、運転資本の削減につながります。結果として、在庫を削減し、運転資本が減少し、同じ利益をより少ない投下資本で達成できるため、ＲＯＩＣが改善するというストーリー設計が可能になります。

固定資本（設備投資）の効率化

ＤＸやＡＩは、設備やＩＴ投資を最適化することで固定資本の効率的な利用も促進します。同じ投資額または従来より少ない投資で、より多くの成果を上げることができるため、投下資本を抑えることが可能です。

・設備投資の最適化

設備の稼働状況モニタリングや予知保全の高度化によって、設備の稼働率を高め、無駄な設備投資を抑制することができます。これ自体は従来よく言及され珍しい施策ではありませんが、稼働率向上という目標設定にとどめると経営効果までつながりづらい面があります。そのため、これにより投下資本が将来的にどれくらい最適化されるビジョンを描いているか、そして、それがどれくらい投下資本を効率化し得るかの定量化まで寄与度を設計することが大切です。

・ITシステムのモダナイゼーション

また、基幹システムの導入や刷新などITシステムの肥大化に伴うIT投資も増えてきていますが、AIはそういったシステム設計の合理化（モダナイゼーション）にも貢献する可能性があります。今後、新たな機能やケイパビリティを企業に組み込んでいくときに、クラウドベースやSaaSを交えて構築していくことで大規模な開発を必要としないエンタープライズアーキテクチャにしていける可能性もあります。また、ノーコード開発環境やテストの自動化など開発プロセスにおいても効率化が見込めます。

特に、今後は生成AIの基盤モデルを自社に最適化させていくRAG（検索拡張生成）の企業活用が増えていくことが想定されますが、基盤モデルの自社最適化には相当のコストが発生するものの新規性が高いためにコスト見積もりが不十分な場合も少なくありません。そして、RAG自体が目的化されており、その効果がどのように最終的に企業価値向上につながり得るかの寄与ストーリーも不十分な場合が多いので、この点は特に注意が必要です。

企業価値向上に向けて

本書で書かれているようなビジネスプロセス変革を企業価値向上のための「重要な手段」として執行側が認識することが重要です。特に、その変革へ大きな投資を意思決定する経営陣は、その投資がどのように、どれくらい企業価値向上に寄与するかという視点を常に持つべきであり、株主に対してもその説明責任を負っています。

生成ＡＩのような新規技術が生まれたときは、ひとまずそれを導入すること自体が目的化したり、現場業務の改善レベルの効果にとどまったり、投資対効果が不十分なケースも少なくありません。執行側からこういった変革を企画していく際は、先述のような企業価値向上への効果の定量化とストーリー設計を重視すると、経営側との対話のプロトコルも合い、「変革」に十分な投資や意思決定を促しやすくなります。

ＤＸ戦略とＡＩ戦略立案の方向性と関係性

羅針盤となるＤＸ戦略・ＡＩ戦略の策定

本書において著者は、

- 陳腐化したビジネスプロセスの迅速なトランスフォーメーションが肝要

- 企業が大きくなるにつれサイロ化が進みビジネスプロセスが鈍化し整合性が取れなくなることを避けるべき
- 顧客満足度を常に向上させるためビジネスプロセスのアップデートが重要
- 外部環境の変化とともにビジネス継続のために新たな戦略が必要

と論じています。特に最後の「新たな戦略の重要性」は、正しいダイナミックなプロセス変革推進を行う上で、羅針盤となるDX戦略・AI戦略の策定が変革活動の成否を決めるとも言えます。

昨今、ビジネストランスフォーメーション（事業変革）を支えるテクノロジーの進化が止まりません。とりわけ大規模言語モデルを活用したAI領域や、自社内外の多様なデータを収集・分析するデータアナリティクス領域では新たなプロダクト・サービスがグローバルレベルで日々、ローンチされています。現在、さまざまな企業において、これらのテクノロジーを用いたデジタル施策が推進されていると考えます。

他方、4～5年前から世間を席巻しているDXという概念ですが、今や企業経営におけるDXの必要性を理解し、DX戦略を策定した上で全社DXを推進していない企業はほぼ存在しないのではないでしょうか。それでは、このDX戦略と、先端テクノロジーとの関連をどのように考えればよいか。ここでは、「DX戦略とAI戦略立案の方向性と関係性」をテーマに解説を進めます。

ダイナミックなプロセス変革を実現する3つのテクノロジー戦略体系

従前のＤＸ戦略とＡＩ／データアナリティクス領域との構造

①これまでのＤＸ戦略

ＤＸという言葉が世に広まった当初、数々の企業がＤＸ推進に乗り出しました。ただそれは、ビジネスプロセスの一部をデジタル化するだけにとどまっており、ＤＸの真の目的であるビジネストランスフォーメーション、ビジネスモデル変革には到底到達できませんでした。そのため、ＤＸはあくまで経営戦略、事業戦略を実現する手段であることに立ち返り、各企業ではより大局的な視座から、経営戦略に整合したＤＸ戦略を策定した上でデジタル施策実行を目指しました。ただ、冒頭で述べたＡＩ領域とデータアナリティクス領域については、まだまだＤＸ戦略の中のデジタル施策の1つとして位置づけられていることは否めません。この2領域については、これらテクノロジー特有の複雑性と新規性、取り扱う上で求められる専門性が他のものと一線を画しており、ただ導入すればよい、という価値観ではダイナミックなプロセス変革の実現は叶わないといえます。ただテクノロジーを導入するのではなく、しっかりとした自社としての〝戦略〟をこの2領域においてもＤＸ戦略とは個別に策定する必要があります。

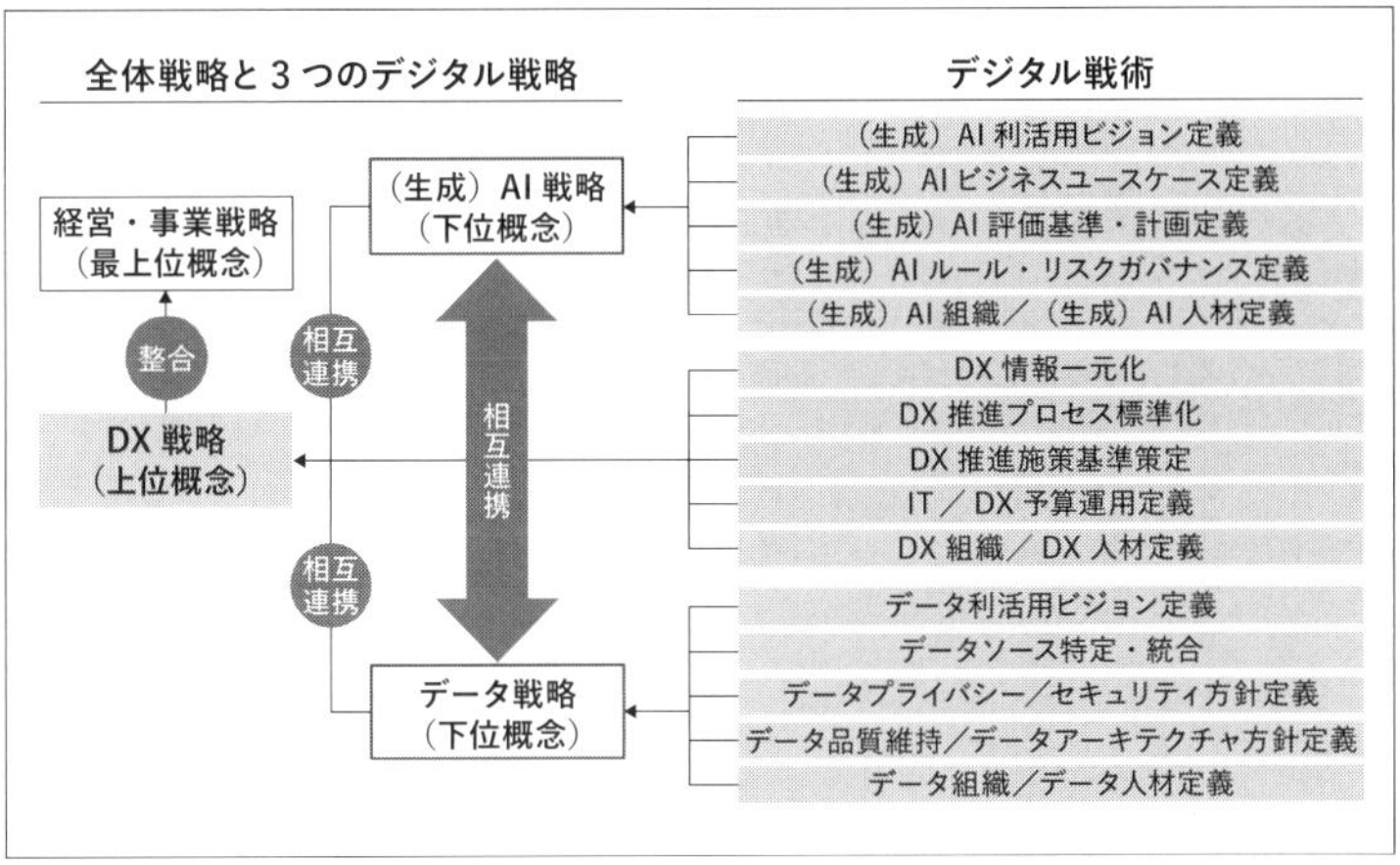

図表2　全体戦略と「DX戦略」「AI戦略」「データ戦略」

②次世代における3つのテクノロジー戦略体系

ここで、私たちの提唱する、〝次世代〟における3つのデジタル戦略体系（Triple Digital-Strategy Model）を紹介します。

まず、最上位概念として「経営・事業戦略」を位置づけます。これは、自企業がビジネス上、競争優位を獲得するための戦略となります。次に、その「経営・事業戦略」の実現の手段として3つのテクノロジー戦略を定義しています。まず、「経営・事業戦略」と完全整合した、上位概念である「DX戦略」を「経営・事業戦略」の下に位置づけます。さらに、下位概念である、「AI戦略」と「データ戦略」を「DX戦略」の下に位置づけています。この3つのテクノロジー戦略を策定し、なお、それぞれの方針に矛盾が生じないよう、これらは常に相互連携し、アップデートしていく必要があります。

本章では特に、「ＤＸ戦略」と「ＡＩ戦略」の策定方向性と関係性について、解説を進めていきます。

ＤＸ戦略で定義すべきこと

私たちは「ＤＸ戦略」とは以下５つの事項で構成すべきであり、これらを定義し、推進すれば全社ＤＸ推進は着実に成功に近づくと考えます。

1. ＤＸ情報一元化

各事業部門で推進しているデジタル施策が情報集約され、ＤＸ案件情報のモニタリングによる可視化・最適化を実現し、デジタルに関する問い合わせも一元的に集約する。

2. ＤＸ推進プロセス標準化

いつ、誰が、何を、どの順番で実行すべきか、ＤＸ推進プロセスを明確に標準化する。また、デジタル施策ライフサイクル全体の一貫した再現性のある標準化されたプロセス運用の定着化を進めることで、ＤＸガバナンスも同時に制定され統制が機能していくようにする。

3. ＤＸ推進施策基準策定

各デジタル施策が経営・事業戦略に整合した体系的な戦術として機能し、経営に資する計画を策定する。また、経営や顧客価値創造に資する形で、各デジタル施策の優先度や実施時期を明確にする。

4．IT／DX予算運用定義

デジタル予算の計画／管理、用途や適用基準が明確であり、投資対効果が評価可能である状態にする。また、各事業部門個別のデジタル支出と全社デジタル予算の統合／使い分けを最適化する。

5．DX組織／DX人材定義

DX専門組織：DXPO（DX Promotion Office）を中央集権型組織的に設立し、デジタル施策推進に係る組織機能／役割／スキル定義をする。また、デジタル人材配置計画（人数含め）が各事業部門バランスに鑑み、最適化し、育成方針を策定する。

上記5つの事項について詳細検討・言語化・図示化し、全社DXを推進することが肝要です。特にDX専門組織：DXPOを中央集権型組織的に設立し、その組織リーダーとしてCDOやCDXOを配置し、執行権をレバーとして、全社員を啓蒙し、リードしていくことが成功の秘訣となります。

また、これら5つの事項を明文化し、社内理解・認知を広げることで、DXPOと、IT部門、各事業部門との認識相違が解消され、コミュニケーションロスのない、一体となったＤＸ推進協働態勢が醸成されると考えます。

ＡＩ戦略の構造

ＡＩ戦略を構成する５つの定義

これまでの解説において「ＡＩ戦略とは何を指すのか？　何のために必要なのか？」と読者の皆さんは疑問をもたれているかもしれません。昨今、企業が取り組もうとしているＡＩへの取り組みにおけるビジネスユースケースは、例えば「稟議書の自動生成をさせたい」「社内の問い合わせ対応を生成ＡＩにやらせたい」と具体的ではあるものの、あくまで点での活動にすぎないと見えることがしばしばあります。また、〝生成ＡＩの機能を使うと何ができるのか〟という機能目線に終始しており、結果として個人の作業効率化や事務処理上の個別課題の解消に終始しているケースもまだまだ散見されます。

先述した通り、テクノロジーとは「経営・事業戦略」を実現するための手段です。自社として、企業経営をどう進めていきたいか、そのためになぜ、どのビジネスユースケースに対し、どのようにＡＩを活用していくのかといった体系が不在であると、一過性のデジタル化で取り組みが閉じてしまう可能性が高くなります。「ＤＸ戦略」同様、ＡＩ領域についても、上記のような体系を戦略として定義しておく必要があります。

私たちは「AI戦略」は以下5つの事項で構成することを推奨しています。

1. AI利活用ビジョン定義

「経営・事業戦略」、「DX戦略」と整合したAI利活用のビジョンと目標が言語化され、AIを用いて何のためにどのような事業に適用し、経営を再考する活動とするかを明確にする。

2. AIビジネスユースケース定義

AIを用いて何のために誰が、なぜどのようなビジネスユースケースに適用し、いかに効果的・効率的にAIをビジネスプロセスに融合させるか検討し、明確化する。

3. AI評価基準・計画定義

AIを適用した取り組みにおいてAIから出されるアウトプットの精度に関する許容範囲をステークホルダー間で定義・合意し、「現時点での技術的な限界点・妥協点の正しい見極めと、AIモデルを含む製品の進化、ソースデータの精度改善も含めた段階的な計画」を立てる。

4. AIルール・リスクガバナンス定義

AIの出力における、低精度／嘘、責任所在の不明性を前提に、ルール・リスクを設定し、守りのＡＩ運用のガバナンスポリシーを言語化し、全社共通で定着化させる。

5．ＡＩ組織／ＡＩ人材定義

ＡＩタスクフォース組織：ＡＩＰＯ（AI Promotion Office）を連邦共和制型組織的に設立し、アプリケーション、モデル、インフラを正しく設計・実装し、アジャイル的に安定的な最適解に到達できる、適切な人材を確保、そして育成計画の策定をする。

1．については、まずは経営・事業戦略として、収益向上（攻め）とコスト削減・コンプライアンス強化等（守り）とでどれほどの比重を持っているかを再考します。収益向上（攻め）であれば、事業ポートフォリオを分析し、どの事業に何の目的でＡＩを適用していくか、またコスト削減・コンプライアンス強化等（守り）であれば、どのビジネスプロセスにボトルネックがあるか、リスクがあるか、を明らかにし、どの業務に何の目的でＡＩを適用していくか、を特定することが重要です。

2．については、〝ＡＩの一本足打法〟になるのを避けるべきです。あくまで目的はビジネストランスフォーメーションであるがゆえに、トータルでの業務最適化・業務改善を目指すべきです。

3．については、企業においてＡＩを用いた取り組みが進む中で、ＡＩの出力精度に満足がいかず、許容ラインを超えられていないと拙速に判断し、本格活用に乗り出せていないのが現状です。ただ、ＡＩの出力結果の精度を上げる方法は、実はＡＩの外にあることにも十分留意すべきです。「プロンプトは有効なものだったのか？」「目的達成のためのＵＩはチャット形式が最適だったのか？」「ソースデータは正しく利用できていたのか？」等、しっかりと推敲と検証を繰り返し、ユーザーを幻滅させないＡＩ利用シナリオを歩む必要があります。また、ＡＩ利活用においては、イチかゼロで判断するのではなく、例えば60点の精度だったとしても享受できるメリットは何なのか、などを評価することも重要です。ＡＩの精度評価について重要なのが柔軟かつ、初期的な許容ラインの設定、つまり、〝ＡＩ評価基準・計画定義〟です。

4．と5．についての補足解説は次項と深く関連するため、続けて解説していきます。

ＤＸ戦略とＡＩ戦略の関係性

これまで解説してきた「ＤＸ戦略」と「ＡＩ戦略」の関連性について考えます。

・戦略の関連性

「ＤＸ戦略」と「ＡＩ戦略」において、「経営・事業戦略」への貢献を目指したビジョン定義が重要であると論じてきました。その前提として、「ＡＩはヒトの〝知識〟そのものを拡張・増幅する」ための副操縦士であり、ＤＸ戦略から導出される具体的な事業の効率化・自動化を目指した従来型のデジタル施策とは作用する対象が異なることに留意すべきです。

ＡＩの本質に着目し、相互連携した「ＡＩ戦略」を改めて立案することで、単なる業務効率化にとどまらない、業務における新たなる価値創出につながると考えます。

●ガバナンスの関連性

「ＤＸ戦略」におけるガバナンスは、デジタル施策を進める上でのプロセス定義により、全社的なＤＸ推進の標準化を目指した統制を目途としていました。他方、ＡＩを採用した取り組みを進めるにあたり、ガバナンスの解釈は異なってきます。ＡＩ活用においては、次の2つが主要なガバナンス要件となります。

・機密情報を言語モデルにインプットし、なおかつ、情報漏洩を防ぐこと
・出力結果を適切にヒトが判断・選択していくこと

よりセキュリティに寄ったガバナンス策定が必要となるわけです。〝責任あるＡＩ活用〟を維持していくためには、ユーザー任せのルール設計だけでは、より積極的な自社データ利活用のステージに進めません。「ＤＸ戦略」において指し示した全社的な統一ポリシーをベースに、その延長線上の「ＡＩ活用における守りのガバナンス」を連動させて、最新のガイドラインを「策定・順守・最新化」するサイクルを作ることが肝要です。

●組織体の関連性

「ＤＸ戦略」における組織体は、上位概念ゆえに、中央集権型が望ましいですが、「ＡＩ戦略」におけるそれは、連邦共和制型がより効果的に機能します。なぜならば、ＡＩ活用に

おいては〝現場の深い知識と経験知〟が必要となるからです。先述した〝AI出力の嘘〟を見抜き、評価できる感性が問われるため、デジタルに特化した人材だけで組織を構成するのではなく、業務に精通したメンバーも巻き込んだ組織体設計、つまり、タスクフォースのような連邦共和制型が適しています。DXPOとAIPOとは常に協働・相互連携を維持することが重要です。

- 人材の関連性

「DX戦略」と「AI戦略」で定義・獲得すべき人材もレイヤーが異なってきます。上位概念である「DX戦略」の推進においては、DX企画、DXプロデューサーのような全社DXを進める過程においてタクトを振れる人材が求められます。一方で、AI戦略推進において特に必要な人材は「ドメインエキスパート」と「機械学習エンジニア」です。「ドメインエキスパート」は、先述したように現場の業務への理解が深い人材です。「機械学習エンジニア」はAI領域特有の大規模言語モデルを的確かつ敏捷に制御し、検証と最適化ができる人材です。これらの人材を社内外から獲得・育成し、「DX戦略」を進めるメンバーと協働していくことが重要です。

人こそが変革に生命を吹き込む～日本企業の変革の成功に向けて～

本書の最終章である第15章を読み、その内容を意外に思うとともに共感した人も多いのではないでしょうか。ダイナミックなビジネスプロセス変革モデルそのもの、多数の事例、実践的なガイド、これらについて手厚く解説してきた著者らは、本書の結びとしてそれらの変革を促し実現する一番大事な要素は「人」、すなわち「自分自身」にあると言います。

どのような変革であっても、必ず誰か一人がその最初の一歩を踏み出さないことには始まりません。その最初の一人は、失敗するかもしれない、傷つくかもしれないリスクを負いながら変革の実現に身を投じます。それに共鳴する人が出てくることによって変革を現実化していきます。そしてその最初の一人は、後にはリーダーと呼ばれるようになるのです。

今日の日本のビジネス環境では、グローバル化、パンデミックによるサプライチェーンやビジネスモデルの見直し、DXやSX（サステナビリティ・トランスフォーメーション）などあらゆる変革が迫られ、「変革疲れ」という言葉すら聞こえてきます。変革疲れを防ぎ、人を中心に据えて変革を促すときに紹介するのが「チェンジマネジメント」という手法をベースにした考え方です。変革の旅の最初の一歩を踏み出そうとするリーダーの皆さんに、日本企業におけるビジネスプロセス変革での人的側面の管理の3つの重要ポイントについて、チェンジマネジメントの方法論をベースに実例も合わせてご紹介します。

1. 変革に生命を吹き込むのは「人」
2. 変革を人的側面から推し進めるWHY・WHAT・HOW
3. 日本企業における人的な変革の成功の要諦

1. 変革に生命を吹き込むのは「人」

私たちEYストラテジー・アンド・コンサルティングは、2023年にオックスフォード大学サイード・ビジネス・スクールと企業における変革成功の秘訣についての共同調査を行いました。調査対象は、年間売上10億ドル以上の企業に所属する846名の経営幹部と840名の従業員です。全体の96%で、変革が思うように進まずに少なくとも一度は経営幹部が対応を余儀なくされる事態が発生していることがわかりました。本調査では、このような重大な局面を「転換点」と称しています。

転換点は、変革の旅路の至るところに潜んでいますが、そのうちの4分の3は計画フェーズから実行フェーズ初期にかけて発生します。このような初期段階で転換点に積極的に対処すれば、変革を成功に向けた軌道に乗せることができます。変革初期は問題が起こっていたとしてもその問題の重大な側面が表面化していないケースも多く、その兆候に気づきにくいとも言わ

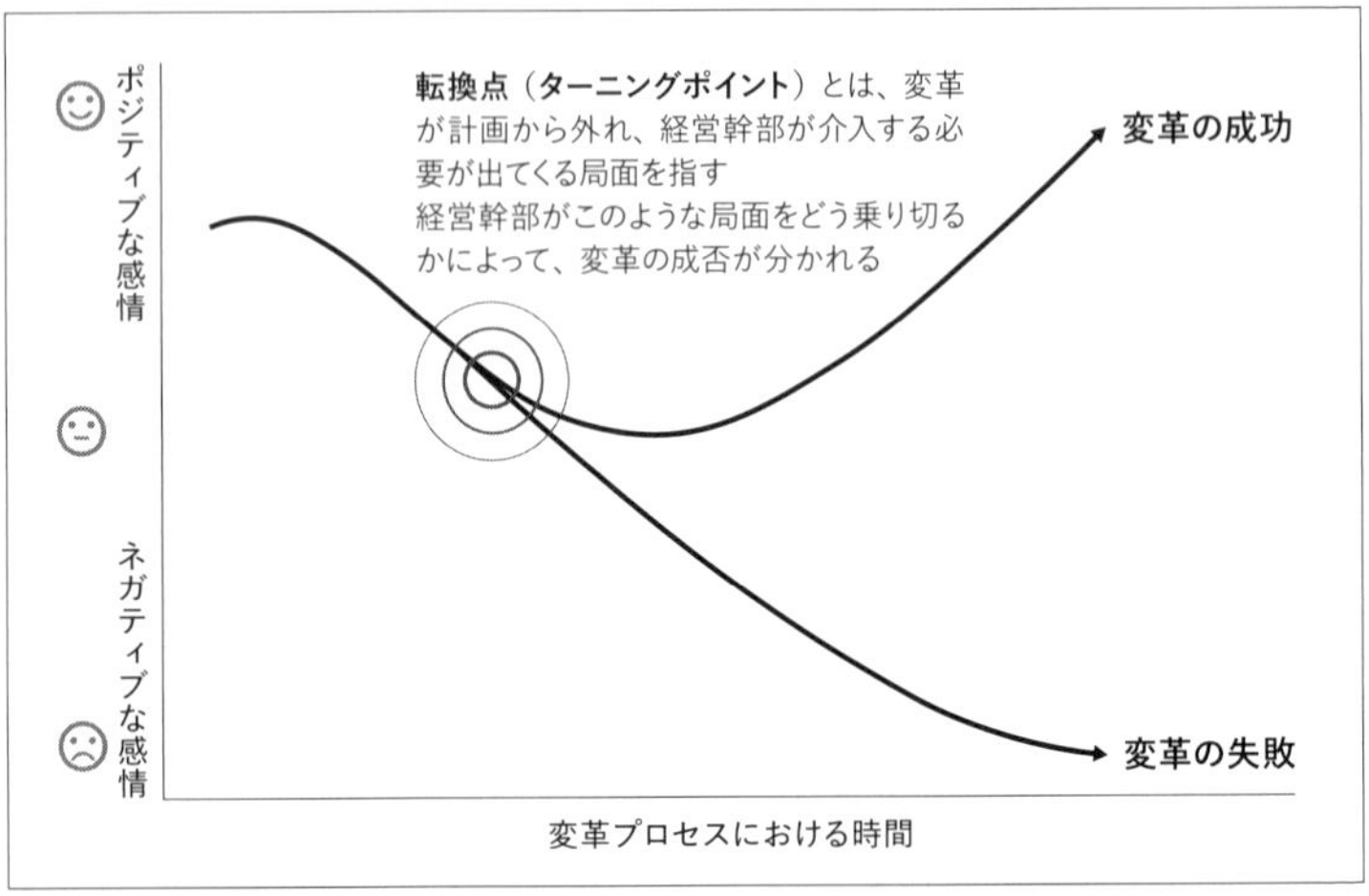

図表3　変革の重大な局面である「転換点」

れています。しかし、問題が表面化してからでは遅いのです。リーダーは、変革に携わる「人」つまりメンバーから発せられる感情面の反応を注視し、「人」への対応を早期に行う必要があります（図表3）。

なぜ、転換点は生じるのでしょうか。そこには2つの要因があります。1つは、パンデミックや戦争、経済的ショックなどの外部環境の不安定さ、もう1つは、現状の働き方と将来的なビジョン実現のための理想の姿とのギャップから生まれる不整合などの組織内の問題です。変革の途中で問題が生じると、変革に参画するメンバーから変革の意義や信念に対して疑問が生じたり、リーダーに対する信頼が低下したりすることがあります。さらに、自分の懸念事項を真剣に聞いてもらえなかった、そもそもリーダーはメンバーの見解や考えを求めなかった、などとメンバーが自分の意見や思いが尊重されていないと感じることがあります。ここでの対処をし損ねるとメンバーのネガティブな感情が大きくなり、負への転換点となるリスクが生じます。

本共同調査では、転換点を効果的に乗り越える可能性を高める3つのステップを明らかにしました。1．感知する、2．問題を理解する（意味づける）、3．人を中心に据えて行動する。この3つを組み合わせることにより、転換点を乗り切る可能性を最大限に高めることができます。

1つ目のステップである「感知する」では、問題の発生を迅速に感知し対応すべきタイミングを見極められるようにする必要があります。リーダーはメンバーの感情や行動の変化に注意を払うことが重要ですが、調査に参加したリーダーの72％がその兆候にはほとんど気づくことができないと回答しています。問題を最初に感知するのは、たいていはリーダーではなく中間管理職であり、解決にあたってリーダーとメンバーの双方をサポートする可能性が最も高いのも彼らです。彼らから理解を得るために十分な時間をかけ、働きかけてもらうことが重要です。

2つ目のステップである「問題を理解する（意味づける）」では、巻き込むべき適切なリーダーとメンバーの代表者を集めて、問題を理解・意味づけし、今後の方向性をともに見出します。ここで言う「理解する（意味づける）」とは、組織全体から代表メンバーを集めて（できれば実際に顔を合わせて）、問題の本質を議論し、結果に対する主体性を醸成するということです。

3つ目のステップである「人を中心に据えて行動する」では、完璧な計画ができるのを待ってから実行するのではなく、一定の方向性が出てきたらリーダー（「人」）が実行開始時期を調整します。段階的にメンバー（「人」）とともに実行に移していくのです。その結果を迅速に検証し、変革のステークホルダー（「人」）の意見に耳を傾け知見を得ながら継続的に施策を改善していきます。

ここまで「人」を変革の中心に据えることの重要性と、転換点を乗り切るための具体的なステップを見てきました。では、実際に企業においては人的側面をどのように捉え、変革を促進しているのでしょうか。

2. 変革を人的側面から推し進めるWHY・WHAT・HOW

変革の人的側面の管理手法に「チェンジマネジメント」があることは、先ほど紹介しました。これは第二次世界大戦中の1940年代に欧米で社会心理学の研究から生み出された手法です。ビジネス界においては、1990年代より欧米を中心としたグローバル企業の多くがこの手法を変革推進の際のスタンダードとして適用しています。本書の著者もそれを念頭に置いて変革に際してのリーダーシップや組織文化、それと連動させたインセンティブ設計の重要性などを説いていると思われます。

チェンジマネジメントの手法はこれまで日本企業で浸透せず、外資系企業を中心に導入がされていました。しかし、パンデミックによる外的環境の大きな変化や事業のグローバル化、生成ＡＩなどの技術の急速な発展を受けて、近年ＥＹには日本企業からのチェンジマネジメントに関する相談が増えています。システムやプロセスだけではなく、変化に対する人の感情や抵抗、組織文化などを考慮しなければ変革はうまくいかないというチェンジマネジメントの考え方を、日本企業も身をもって実感したのだと思います。

世界１５０カ国以上に拠点を有するＥＹで共通のチェンジマネジメントの基本モデルは、ＷＨＹ（なぜ変革が必要か）、ＷＨＡＴ（何が変革を可能にするか）、ＨＯＷ（どのように変革をもたらすか）でそれぞれの重要要素を抽出し、構成されています。ＷＨＹとしてはMeaning（変革の意義）を挙げ、変革と日常業務のつながりが感じられることの重要性を強調しています。ＷＨＡＴでは、Empowerment（エンパワメント）、Growth（成長）の２つの要件を、変革を可能にするものとして挙げています。ＨＯＷとしては、Leadership（リーダーシップ）、Engagement（巻き込み）、Proficiency（スキル向上）、Confidence（自信）の４つの柱で変革は牽引される、と示しています（図表４）。

ただ、チェンジマネジメントをいざ適用しようとすると、日本ではうまくいかないという声が多く聞かれます。ＥＹでは、グローバルでのプラクティスを参照しつつ、日本企業にこの手法を施策に落とし込み適用する際には、日本固有の事情を踏まえて柔軟に適用する必要があることを、数多くの支援実績から学び得てきました。

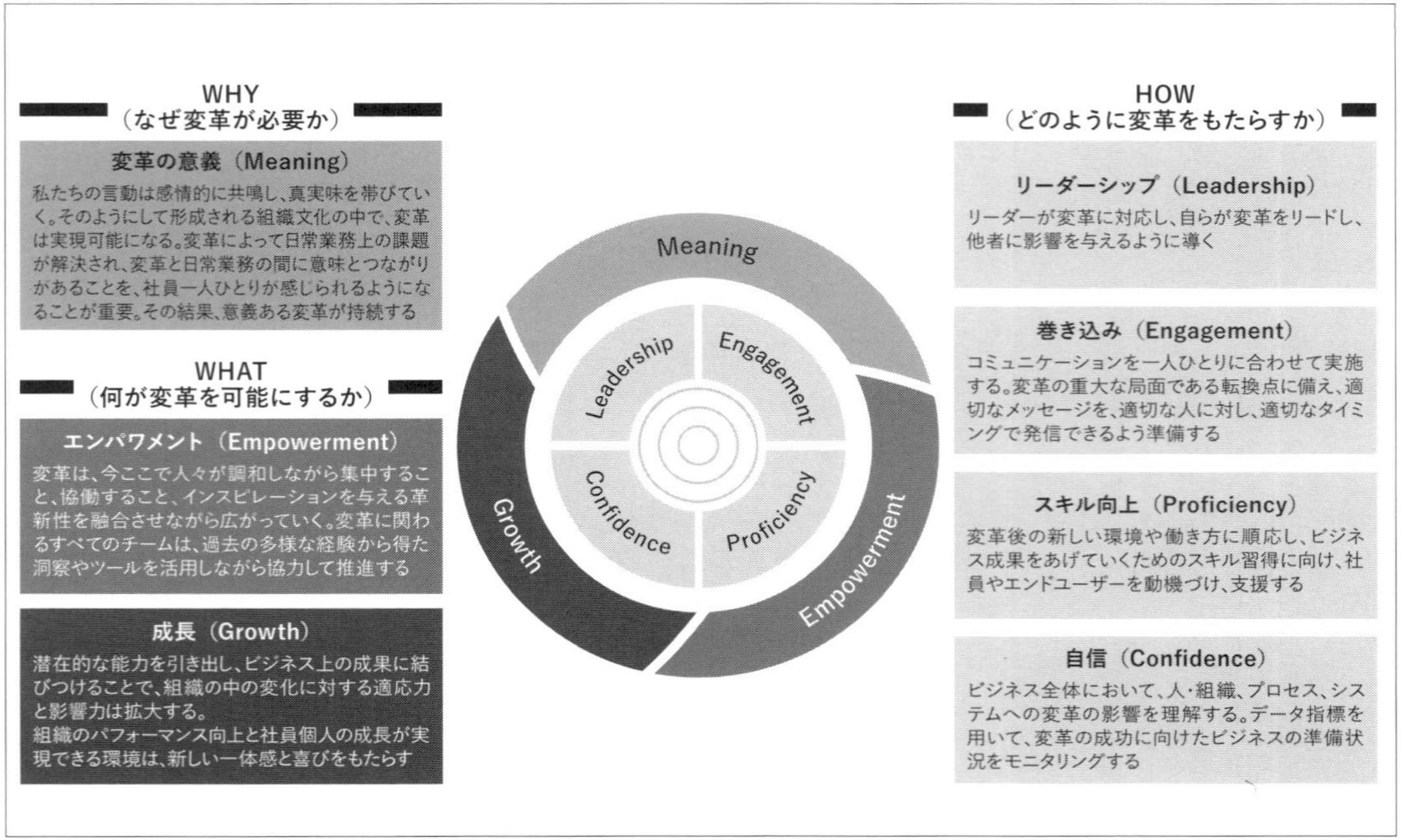
WHY
（なぜ変革が必要か）
変革の意義（Meaning）
私たちの言動は感情的に共鳴し、真実味を帯びていく。そのようにして形成される組織文化の中で、変革は実現可能になる。変革によって日常業務上の課題が解決され、変革と日常業務の間に意味とつながりがあることを、社員一人ひとりが感じられるようになることが重要。その結果、意義ある変革が持続する
WHAT
（何が変革を可能にするか）
エンパワメント（Empowerment）
変革は、今ここで人々が調和しながら集中すること、協働すること、インスピレーションを与える革新性を融合させながら広がっていく。変革に関わるすべてのチームは、過去の多様な経験から得た洞察やツールを活用しながら協力して推進する
成長（Growth）
潜在的な能力を引き出し、ビジネス上の成果に結びつけることで、組織の中の変化に対する適応力と影響力は拡大する。
組織のパフォーマンス向上と社員個人の成長が実現できる環境は、新しい一体感と喜びをもたらす
Meaning
Empowerment
Growth
Leadership
Engagement
Proficiency
Confidence
HOW
（どのように変革をもたらすか）
リーダーシップ（Leadership）
リーダーが変革に対応し、自らが変革をリードし、他者に影響を与えるように導く
巻き込み（Engagement）
コミュニケーションを一人ひとりに合わせて実施する。変革の重大な局面である転換点に備え、適切なメッセージを、適切な人に対し、適切なタイミングで発信できるよう準備する
スキル向上（Proficiency）
変革後の新しい環境や働き方に順応し、ビジネス成果をあげていくためのスキル習得に向け、社員やエンドユーザーを動機づけ、支援する
自信（Confidence）
ビジネス全体において、人・組織、プロセス、システムへの変革の影響を理解する。データ指標を用いて、変革の成功に向けたビジネスの準備状況をモニタリングする

図表4　EYのチェンジマネジメント基本モデル（EY Change Experience Framework）

3．日本企業における人的な変革の成功の要諦

ＥＹのチェンジマネジメントの基本モデルで示すＨＯＷの4要素に沿って、特に日本企業がグローバル化していく、またはグローバル企業が日本で事業展開をするという観点においてチェンジマネジメントを導入するときによくつまずく点やうまくいった事例を中心に紹介します。

a．Leadership（リーダーシップ）

日本人は長期的かつ大きなビジョンを掲げて人を引きつけ動かすビジョン型リーダーシップを発揮できるリーダーが欧米と比べて少ないようです。一方、皆からの意見を求め合意を得て物事を進めていく民主型リーダーシップの発揮度合いが高いと言われています。

例えば、ここ数年で急激に海外売上比率を伸ばしている日本本社の製造業のクライアント企業を例にとります。その企業では慣れない中での海外メンバーとのやり取りが増え、そこでさまざまな意思決定を行わないといけない状況にあります。ビジョン型リーダーが渇望されている、と言われかねない状況であるものの、その企業の幹部が貫いているのは、日本人が得意な民主型リーダーシップを一貫して発揮することです。海外メンバーも含めてステークホルダー全員の意見を聞いてから意思決定をしていくため、その労力と時間は膨大なものとなっています。

一見非効率に思えますが、それには理由がありました。10年ほど前にグローバル化の第一段階に進んだ際には効率性やスピードを重視し日本の本社主導で意思決定をしていたそうです。その結果何が起こったかと言うと、他の国からの共感をまったく得ることができず、結局、日本で決めた方針や計画が他の国で実行されたり浸透したりすることはありませんでした。その苦い失敗を経て、それ以降幹部は覚悟を決めて多大なエネルギーをかけてでも民主型のリーダーシップで変革を推し進めています。まだ変革の途中であるものの、ここに日本企業がグローバル規模でも成功していくための日本型リーダーシップの一つのモデルケースになりうる可能性を感じます。

b. Engagement（巻き込み）

日本人の特徴として、トップダウンで経営陣から社員に対して新しい方針や計画を強制するだけでは人が動かないということがあります。例えば、あるクライアント企業でグローバル共通の人事制度の方針を決めるときに、アメリカ人はプロジェクトメンバーが口々にいろいろな意見を言うものの最後はリーダーが決めたものに素直に従うのに対し、日本ではリーダーがうなずいた後に現場から反対意見が起こり、一度決まったように見えた方針が再度見直しされるということが何度も起こりました。アメリカ人からはそれに対し、「なぜリーダーよりメンバーの意見が通るのか」と疑問の声があがりました。日本では現場が何よりも重視されるということを変革リーダーたちは理解しておかないといけません。リーダーが強制したとしたら、メンバーは表向きは従ったとしても実際には動きません。

もう1つの例として、あるヨーロッパの会社が日本の会社を買収したときのことを紹介します。ヨーロッパ本社の役員が日本のリーダーたちに対して統合後の会社の方向性を示していました。日本のリーダーたちはヨーロッパ本社の役員に面と向かって意見することはなく、水面下でさまざまな不満をつぶやき、その方向性には従っていませんでした。ヨーロッパ本社の役員は当初その状況を受け入れることができず、フラストレーションをためていました。

これらの例からわかるように、日本企業では現場において中間管理職やメンバーを早期に巻き込み、変革することの意義や目的、その具体的内容の納得感を醸成することが重要です。それには時間をかける必要があるでしょう。

c．Proficiency（スキル向上）

人の行動を変容させるために、そのための計画を戦略的に立てて実行していくのがチェンジマネジメントの考え方です。特にビジネスプロセス変革を意図するときには、業務上の変化への対応、コミュニケーション、学習・研修、この3つの観点から計画をつくります。日本人には特に、コミュニケーションを計画する、という概念に馴染みがないかもしれません。日本では間接的なコミュニケーションスタイルが好まれ、変化の本当の意図を伝えたいときや否定や批判がある場合には表向きには言わず非公式な場でコミュニケーションする、ということが多くあります。また、これまでの歴史や伝統を大切にし、急激な変化よりも徐々に進む改善を好む傾向もあります。

変化を導入する際には、既存の価値観や慣習を尊重し、それらとの連続性を保ちながら変革を促進するアプローチが有効です。適切な順序、スピード感でのコミュニケーションによって社員が納得し、変革への動機を高めた上で、スキル習得に向かう気持ちを作っていくことが重要でしょう。グローバル規模での変革を進める際には、欧米のチェンジマネジメント計画をそのまま日本に当てはめればよいのではなく、これらの日本での傾向に合わせたチェンジマネジメント計画を策定することが成功への鍵となります。

d．Confidence（自信）

本書の第14章では、ステージ3から4へ移行するのに必要なダイナミックな組織DNA創出が4つの基本的要素（組織構造、意思決定権、動機づけ、情報活用）によって成り立つことが非常に明確に示されています。EYで支援をしているクライアントの事例はこのモデルの妥当性の裏付けになるでしょう。

例えばあるクライアントは、これまで地域ごとで事業運営していたのに対し、現在は事業のグローバル化のニーズに合わせて、緊急度と優先度を見比べながら組織を事業・機能軸でグローバル化しています。常に変わるビジネスの要求に合わせて組織構造を2、3年ごとに見直しているのです。各事業や機能ごとに変革リーダーの役割を定義し、その責任を負う者にそれに見合う権限と報酬を渡します。そのために、グローバルでの人事戦略、等級・評価・報酬、人事情報管理システムなど連動する仕組みも変化させています。週に何度か行われるグローバルでの役員会議には、コア業務と変革業務の両方の進捗がデータとともに報告され、モニタリングが行われています。

ただ、このような垂直立ち上げと相いれないのが日本的な民主型のリーダーシップや改善文化です。ステークホルダーの納得感を得ながら進めることとスピード感とのバランスをとりながら推進していくことが日本では重要になります。

ビジネスオペレーション変革の推進にあたり、一番大事な要素である「人」すなわち「自分自身」は変えることができる、という前提に立っているのがチェンジマネジメントの考え方です。ビジネスプロセスそのものをどう変革していくかを考えるのと同時に、自分自身がどう自己変容すべきか、チェンジマネジメントの理論をうまく活用し、周囲の「人」と対話を重ねた実践を繰り返すことで日本企業の変革の成功が見えてくるはずです。

野村 友成（のむら ともなり）
EY-Parthenon Strategy パートナー

外資戦略系ファーム等を経て現職。EYではハイテク担当として、AIや半導体領域を中心に、事業戦略策定からM＆A等の戦略実行、デジタルやAIをドライバーとした成長戦略策定やトランスフォーメーション伴走などを中心に長年の実績を有する。

塩野 拓（しおの たく）
Digital Innovation AI＆Data パートナー

日系事業会社／コンサルティングファーム、外資系ITファームにおけるコンサルティング部門（グローバルチーム）、外資系コンサルティングファームにてDX領域に特化したユニットの執行役員パートナー職、等を経て、現職。

テクノロジーに基づいたアドバイザリーを強みとしている。特に昨今では全社DX推進支援（デジタル戦略・組織・人材設計と実行）や生成AIを活用したビジネストランスフォーメーションに注力し、コンサルティング業務を推進している。

竹井 もゆこ（たけい もゆこ）
People Consulting ディレクター

外資系コンサルティングファーム複数社および日系自動車メーカーを経て現職。コンサルティングファームと事業会社の双方での豊富な経験をもとに、幅広い業界における企業のグローバル競争力強化を人材と組織の側面から支援している。特に事業のグローバル化に伴うチェンジマネジメント、人材戦略の立案、企業文化変革、リーダーシップ開発、人事制度改革など大規模かつグローバルでの人材・組織変革に専門性を持つ。

訳者紹介

山本 常芳子（やまもと ともこ）
翻訳者、ライター

京都市出身、大阪府在住。主な訳書に『Never Let the Light Fade: Memories of Soma General Hospital in Fukushima（English Edition）』（福永久典、Amazon Services International）、『数学で考える！ 世界をつくる方程式50』『1日1ページ物理の教養365』（いずれもニュートンプレス）ほか。現在はフリーランスとして翻訳業に従事する傍ら、日本庭園について学びを深めている。

監修者紹介

EYストラテジー・アンド・コンサルティング株式会社

EYストラテジー・アンド・コンサルティング株式会社は、戦略的なトランザクション支援を提供する「ストラテジー・アンド・トランザクション」と、変化の激しいデジタル時代にビジネスの変革を推進する「コンサルティング」の2つのサービスラインを担うメンバーファームです。業種別の深い知見を有するセクターチームとともに、両サービスラインがコラボレーションすることで、より高品質なサービスの提供を目指すとともに、社会に長期的価値を創出します。

永井 康幸（ながい やすゆき）

Global Business Services パートナー

外資系コンサルティングファームにて、業務改革、システム導入に従事した後、外資系ITO／BPOベンダーにおいてBPO事業責任者としてオペレーション改革、中国を中心としたオフショアBPO展開に従事。その後、グローバルのGBS／SSCコンサルティングに従事し、2018年EYに参画。現在はGlobal Business ServicesのJapan Region Leaderとして、主に日系企業向けに業界横断的にグローバルのオペレーションの効率化、高度化支援等に従事している。

岩﨑 哲也（いわさき てつや）

Global Business Services ディレクター

外資系コンサルティングファームにてシステム開発／運用を経験した後、事業会社で品質管理／組織運営を担当。その後、外資系コンサルティングファームにて国内外のクライアントに対するGBS／BPO案件の導入／移行／運用／組織運営に全体管理責任者として従事。EYへ参画後は金融機関／製造業／サービス業を中心にGBS／SSCの業務・組織診断／導入計画／移行／運用支援などEnd to Endのコンサルティングを実施。

宋 東文（そう とうぶん）

Global Business Services ディレクター

外資系BPOベンダー／コンサルティングファームを経て現職。GBS／BPO案件の初期構想策定から移行／立ち上げ、Six Sigma手法を活用した業務プロセス改善、アカウント運営責任者などの実績を有する。現在はGBSやSSCの構想策定、詳細調査、業務移行、運用安定化に至るまでの立ち上げ、運用後のサービス管理導入、業務改善などを支援している。

細野 賢（ほその けん）

Business Consulting Finance ディレクター

外資系コンサルティングファームを経て現職。製造業、流通業を中心に財務会計・管理会計領域のグローバルシステム構想化ならびに経理領域における業務プロセス改善からシステム導入など、多岐にわたるプロジェクトに従事。特にファイナンス領域におけるプロセスエクセレンスを軸に、近年では会社統合に伴う変革支援、組織設計、オペレーション改善プロジェクトに従事。

フィリッポ・パッセリーニ（Filippo Passerini）

フィリッポは世界的に有名な経営幹部である。「GBS」は彼の考案した語で、現在では、より成熟したシェアードサービス組織を表す語として広く使用されている。各業界におけるシェアードサービスやIT機能を構築した功績から、数々の賞（年間最優秀CIO、CIO殿堂入り、シェアードサービスの年間最優秀ソートリーダー賞、ブレイカウェイ・リーダー）を受賞している。P&GのGBSの部門長およびCIOとして、フィリッポが発揮するリーダーシップは、業界最高水準として高く評価されている。

フィリッポ自身は、自分の生い立ちと、その後にP&Gで世界各国を飛び回った経験が、知的好奇心と戦略的な思考を形成したと考えている。ローマで育った後、P&Gに勤めた33年間で3つの大陸の計6カ国で暮らし、最終的に70カ国にわたる組織を率いた。事業変革において世界的に有名になった今、こうした多様な経験が事業変革への深い興味をもたらすカギとなっている、と自身は捉える。自分の意思決定に影響を与える、周囲にある概念的な要素を常に理解しようとするたちで、実体験、つまり、日々の暮らしの中で実際に経験し実践している取り組みを、システムやモデルに変換する名人である。システムやモデルのない実体験は、一過性でしか存在しない。聞く分には興味深い話になるかもしれないが、その経験を他に応用するのは容易ではない。

フィリッポが創出する戦略、原則、アイデアは、数々の著書や記事、『ハーバード・ビジネス・レビュー』誌のテーマとなった。ビジネスモデルばかりでなく、彼の組織もその事業領域では最高水準と評価されている。現在、フィリッポは、企業数社とその経営幹部のコンサルタントを務める。公的および民間企業の教育者および理事会メンバーでもある。妻ルチアとの間には3人の子どもがおり、ニューヨークとローマを拠点に暮らしている。

本書『ビジネスプロセス変革』は、トニーとフィリッポ、2人合わせて計70年にわたる経営幹部としての実践的な経験、絶え間ない変化を喜んで受け入れてきた経験、そしてこうした経験をモデルに変換しようとする熱意とを組み合わせた産物である。本書が、弊社イニクシアとともに、次世代の経営幹部がこのモデルを基に成長し続けるための礎を提供し続けることを願っている。

著者紹介

トニー・サルダナ（Tony Saldanha）

インドとイタリアという、世界の全く異なる環境で育ったにもかかわらず、自分たちには共通点が多い。トニーとフィリッポは常にそう感じてきた。仕事の最前線では、2人とも生涯を通じて、ダイナミックで目まぐるしい変化の経験を喜んで受け入れてきた。自分たち自身は、地に足の着いた変革リーダーであると考えている。地に足が着いた、というのは、大規模な業務運営に根差したスキルを持っている、という意味だ。しかしながら、現状に対し常に疑問を持つのが、彼らの本質的な姿だ。

変革の傾向は、トニーのデビュー作『なぜ、DXは失敗するのか？——「破壊的な変革」を成功に導く5段階モデル』（トニー・サルダナ著、EYストラテジー・アンド・コンサルティング監修、小林啓倫訳、東洋経済新報社）ですでに明らかにされている。この著書は、デジタル変革の失敗率約70％を回避するために、規律あるアプローチの適用に焦点を当てたものだ。著書は、6カ国語に翻訳され、ビジネスとしても大成功を収めた。この成功により、彼らはさらに新たな発見にたどり着いた。デジタル技術がメディアで盛んに取り上げられるが、プロセス変革に関する組織にもそれと同等のチャンスがあるはずだ。それは驚きの発見というほどのものではなかった。トニーのこれまでのキャリアの大部分が、35年余りにわたるGBS業界での経験を含め、業務の変革に長く関係していたからだ。P&Gで働いた27年のキャリアでは、世界の各地域の有名なGBSおよびIT組織の業務と変革を同時に指揮し、最終的にはグローバル・シェアードサービスおよびIT部門のバイスプレジデントを務めた。業界では名の知れたソートリーダーとして、トニーが行ってきた取り組みは多岐にわたる。GBS部門の設計や業務を指揮し、最高情報責任者（CIO）を歴任、買収・売却を管理し、大規模なアウトソーシング事業を運営するとともに、業界全体を対象とする破壊的なイノベーションの構造を構築し、新たなビジネスモデル設計を行っている。2013年には米メディア・コンピューターワールドの「プレミア100 ITプロフェッショナル」の一人に選出されている。

トニーはこれまで、フォーチュン・グローバル（FG）500にランクインする企業20社以上を含む、世界中の企業の取締役会や経営幹部を対象に助言を行ってきた。その傍ら、余暇の時間は、世界的に人気を誇る基調講演者でもある。また、スタートアップ企業やベンチャーキャピタリストたちにも助言を行う。大手IT企業数社の諮問委員会のメンバーを務めてきた。非営利団体では、インター・アライアンス・オブ・グレイターシンシナティの創設メンバーであり、現在は理事長を務めている。コミュニティシェアーズ・オブ・グレイターシンシナティの理事会議長、レミネラライズ・ジ・アースの理事でもある。妻ジュリアとの間には娘が2人おり、オハイオ州シンシナティ市に居を構える。

ビジネスプロセス変革
競争優位を保つGBS成功への4段階モデル

2025年3月25日発行

著　者――トニー・サルダナ／フィリッポ・パッセリーニ
監修者――EYストラテジー・アンド・コンサルティング
訳　者――山本常芳子
発行者――山田徹也
発行所――東洋経済新報社
〒103-8345　東京都中央区日本橋本石町 1-2-1
電話＝東洋経済コールセンター　03(6386)1040
https://toyokeizai.net/

カバーデザイン…………橋爪朋世
本文デザイン・DTP……アイランドコレクション
印　刷………………港北メディアサービス
製　本………………積信堂
編集協力……………株式会社トランネット(https://www.trannet.co.jp)
編集担当……………藤安美奈子
Printed in Japan　　ISBN 978-4-492-55843-0